COMO VENCER

No Mundo do Tudo ou Nada

Outras obras de Neil Irwin

Os grandes alquimistas financeiros

COMO VENCER
No Mundo do Tudo ou Nada

O GUIA DEFINITIVO PARA ADAPTAÇÃO E SUCESSO EM **CARREIRAS BEM-SUCEDIDAS**

NEIL IRWIN

ALTA BOOKS
EDITORA
Rio de Janeiro, 2022

Como Vencer no Mundo do Tudo ou Nada

Copyright © 2022 da Starlin Alta Editora e Consultoria Eireli.
ISBN: 978-85-5081-473-5

Translated from original How to Win in a Winner-Take-All World. Copyright © 2019 by Neil Irwin. ISBN 9781250176271. This translation is published and sold by permission of t. Martin's Press New York, the owner of all rights to publish and sell the same. PORTUGUESE language edition published by Starlin Alta Editora e Consultoria Eireli, Copyright © 2022 by Starlin Alta Editora e Consultoria Eireli.

Impresso no Brasil — 1ª Edição, 2022 — Edição revisada conforme o Acordo Ortográfico da Língua Portuguesa de 2009.

Todos os direitos estão reservados e protegidos por Lei. Nenhuma parte deste livro, sem autorização prévia por escrito da editora, poderá ser reproduzida ou transmitida. A violação dos Direitos Autorais é crime estabelecido na Lei nº 9.610/98 e com punição de acordo com o artigo 184 do Código Penal.

A editora não se responsabiliza pelo conteúdo da obra, formulada exclusivamente pelo(s) autor(es).

Marcas Registradas: Todos os termos mencionados e reconhecidos como Marca Registrada e/ou Comercial são de responsabilidade de seus proprietários. A editora informa não estar associada a nenhum produto e/ou fornecedor apresentado no livro.

Erratas e arquivos de apoio: No site da editora relatamos, com a devida correção, qualquer erro encontrado em nossos livros, bem como disponibilizamos arquivos de apoio se aplicáveis à obra em questão.

Acesse o site www.altabooks.com.br e procure pelo título do livro desejado para ter acesso às erratas, aos arquivos de apoio e/ou a outros conteúdos aplicáveis à obra.

Suporte Técnico: A obra é comercializada na forma em que está, sem direito a suporte técnico ou orientação pessoal/exclusiva ao leitor.

A editora não se responsabiliza pela manutenção, atualização e idioma dos sites referidos pelos autores nesta obra.

Dados Internacionais de Catalogação na Publicação (CIP) de acordo com ISBD

I72c   Irwin, Neil
          Como Vencer no Mundo do Tudo ou Nada: o guia definitivo para adaptação e sucesso em carreiras bem-sucedidas / Neil Irwin ; traduzido por Kathleen Miozzo. – Rio de Janeiro : Alta Books, 2022.
          304 p. : il. ; 16m x 23cm.

          Inclui índice e apêndice.
          ISBN: 978-85-5081-473-5

          1. Administração. 2. Carreiras. 3. Sucesso. I. Miozzo, Kathleen. II. Título.

2022-948   CDD 650.14
               CDU 658.011.4

Elaborado por Vagner Rodolfo da Silva - CRB-8/9410

Índice para catálogo sistemático:
1. Administração : Carreiras 650.14
2. Administração : Carreiras 658.011.4

Produção Editorial
Editora Alta Books

Diretor Editorial
Anderson Vieira
anderson.vieira@altabooks.com.br

Editor
José Ruggeri
j.ruggeri@altabooks.com.br

Gerência Comercial
Claudio Lima
claudio@altabooks.com.br

Gerência Marketing
Andrea Guatiello
marketing@altabooks.com.br

Coordenação Comercial
Thiago Biaggi

Coordenação de Eventos
Viviane Paiva
comercial@altabooks.com.br

Coordenação ADM/Finc.
Solange Souza

Direitos Autorais
Raquel Porto
rights@altabooks.com.br

Produtora Editorial
Maria de Lourdes Borges

Produtores Editoriais
Illysabelle Trajano
Larissa Lima
Paulo Gomes
Thales Silva
Thiê Alves

Equipe Comercial
Adriana Baricelli
Daiana Costa
Fillipe Amorim
Heber Garcia
Kaique Luiz
Maira Conceição
Victor Hugo Morais

Equipe Editorial
Beatriz de Assis
Brenda Rodrigues
Caroline David
Gabriela Paiva
Henrique Waldez
Marcelli Ferreira
Mariana Portugal

Marketing Editorial
Jessica Nogueira
Livia Carvalho
Marcelo Santos
Thiago Brito

Atuaram na edição desta obra:

Tradução
Kathleen Miozzo

Copidesque
Wenny Miozzo

Revisão Gramatical
Carolina Oliveira
Thamiris Leiroza

Diagramação
Joyce Matos

Capa
Rita Motta

Editora afiliada à: ASSOCIADO

Rua Viúva Cláudio, 291 — Bairro Industrial do Jacaré
CEP: 20.970-031 — Rio de Janeiro (RJ)
Tels.: (21) 3278-8069 / 3278-8419
www.altabooks.com.br — altabooks@altabooks.com.br
Ouvidoria: ouvidoria@altabooks.com.br

Para a maravilhosa Sarah Halzack

Agradecimentos

Este livro é resultado das muitas conversas que participei ao longo dos anos, seja tomando café da manhã ou enquanto bebia alguns drinks com centenas de amigos, conhecidos, colegas, chefes e "fontes". O tema recorrente tem sido como navegar pelo mercado de trabalho em vista da economia moderna, preservando nossas perspectivas de alcançar uma carreira que fosse, ao mesmo tempo, gratificante, lucrativa e durável. Às vezes eu buscava conselhos, em outras eu aconselhava, ou então tentávamos encontrar respostas juntos. Todas essas conversas contribuíram para a existência deste livro.

Sou profundamente grato às pessoas cujas histórias permeiam estas páginas. Mais especificamente, as histórias de suas carreiras, das quais se atrelavam às histórias de suas vidas adultas. Espero ter feito justiça a elas, tanto em termos de precisão factual quanto na captura da verdade delas.

A ideia de abordar esse tópico como livro veio de uma das já mencionadas conversas noturnas que tive com meu agente, Howard Yoon, da Ross-Yoon Agency, que percebeu minha maior empolgação ao discutir essa interseção entre gestão de carreira e a mudança na economia da minha própria indústria do que em quaisquer outras ideias que discutimos como potenciais tópicos para livros. Tim Bartlett, da St. Martin's Press, mostrou-se o editor perfeito para transformar essa ideia crua no livro que hoje você tem em mãos. Dara Kaye e Jay Venables da Ross-Yoon, e Alice Pfeifer da St. Martin's foram essenciais para dar vida a esta obra.

Os gráficos deste livro são obra da incrivelmente talentosa Alicia Parlapiano. Andy Parsons contribuiu com um pouco de sua perspicaz e essencial edição enquanto o projeto caminhava para a sua versão final. Ainda, agradeço a muitas pessoas cujos nomes não aparecem neste livro, mas que tornaram possíveis as entrevistas e estudos de caso que compõem esta narrativa. Em particular, agradeço a Vanessa Gray e David Gougé da Weta Digital; Jennifer Friedman, anteriormente da General Electric; Johan Larsson da Volvo; Clarkson Hine da Beam Suntory; Andrew Williams do Goldman Sachs; Blake Jackson do Walmart; Stacy Elliott da Microsoft; Helen Goodman do Union Square Hospitality Group; Hannah Brown do LinkedIn; Caroline Cammarano do LaunchSquad; e Jane Park da OutCast Agency.

Várias pessoas mostraram-se interlocutoras fundamentais para as ideias que apresento neste livro. Entre elas, Paul McDonald e Maureen Carrig, da Robert Half International; Lyles Carr e Stephen Nelson do McCormick Group, e seus colegas, Chris Schroeder, Lester P. Bonos, Katherine Boyle e Anna Soellner.

Obrigado ao *New York Times* por ter sido minha casa como profissional durante a gestação e execução deste livro. Não consigo imaginar lugar melhor para dar esse passo em busca de tornar-me um jornalista com ótimo desempenho na "lei de Pareto".

Ajudar a construir o Upshot, site do *Times* voltado ao jornalismo analítico, tem sido a alegria da minha vida profissional. David Leonhardt me recrutou como membro fundador antes de nosso lançamento em 2014, e Amanda Cox lidera nossa equipe com um misto de rigor e compaixão desde o início de 2016. Um tema recorrente deste livro é que cabe a todos nós encontrarmos um emprego em que nossos colegas nos ajudem a melhorarmos como pessoas, e isso é o que acontece com a nossa equipe no Upshot — Emily Badger, Quoctrung Bui, Laura Chang, Nate Cohn, Kathleen Flynn, Josh Katz, Claire Cain Miller, Toni Monkovic, Kevin Quealy e Margot Sanger-Katz.

Além de nossa equipe, fui beneficiado no *Times* por todos os colegas dessa crescente organização. Em Washington, onde moro, a chefe do departamento Elisabeth Bumiller tem sido uma líder admirável em uma época de notícias ininterruptas sobre Washington, enquanto também fornece suporte a nós, interlocutores do universo do jornalismo de dados que habitam seu departamento. Colegas como Binyamin Appelbaum, Jeremy Bowers, Annie Daniel, Lisa Friedman, Brad Plumer, Nadja Popovich, Alan Rappeport, Rachel Shorey, Deborah Solomon, Ana Swanson e Jim Tankersley tornam-no um lugar energizante para ir trabalhar todos os dias. Colegas por todo o *Times,* como Adrienne Carter, Ben Casselman, Patti Cohen, Conor Dougherty, Jack Ewing, Max Fisher, Natalie Kitroeff, Kevin McKenna, Ellen Pollock, Eduardo Porter, Nelson Schwartz, Nick Summers, Amanda Taub e Jia Lynn Yang fizeram de mim um profissional melhor de inúmeras formas. A liderança sênior do *Times*, que inclui AG Sulzberger, Dean Baquet, Joe Kahn e Rebecca Blumenstein, criou um ambiente que encoraja jornalistas como eu a fazer o melhor possível, algo pelo qual agradeço todos os dias.

Dentre os amigos que ofereceram grandes ideias e incentivo durante esse processo, cito Daniel Drum, Steve e Tara Goldenberg, Nick e Erin Johnston, Bill McQuillen e Amy Argetsinger, e também Aaron e Ellen Rosenthal.

Devo muito à minha família pelo apoio e muitas outras coisas, enquanto corria atrás deste projeto, incluindo Co e Nancy Irwin; Nick, Ellerbe, Lilia e Charlie May; Molly Irwin; Greg e Mary Halzack; e Eric Naison-Phillips e Laura Halzack.

Sarah Halzack, que acompanhou a evolução deste projeto desde o início de sua ideia até a sua execução final (e se casou comigo em algum ponto no meio disso), é minha maior fonte de inspiração e alegria.

Sumário

Introdução: O Vento e a Corrente	1
1 — A Ascensão dos Agregadores	11
2 — Adequando-se ao Padrão de Pareto	39
3 — O Poder do Mindset	63
4 — Como o Big Data Pode Melhorar sua Performance	95
5 — A Economia da Gestão	125
6 — Navegando pelo Mundo do Tudo ou Nada	155
7 — Quando o Software Devorou o Mundo	187
8 — Devo Ficar ou Devo Ir?	211
9 — Afinal, o Que É um Emprego?	237
10 — Um Quarto de Milhão de Horas	257
Apêndice	265
Notas	277
Índice	287

Introdução

O Vento e a Corrente

A NOVA ECONOMIA DA GESTÃO DE CARREIRAS

Aos 22 anos, depois de me formar na faculdade, meu primeiro emprego foi no *Washington Post*. Minha função era escrever sobre empresas locais. Mas pode-se dizer que eu simplesmente trabalhava na ponta de uma longa linha de montagem.

Ao concluir um artigo — digamos, 400 palavras sobre uma manchete maçante como "A CyberCash Descontará Ativos por US$20 Milhões" —, ele seria publicado depois de passar por um processo que se repetiria centenas de vezes por dia. Primeiro, meu editor revisaria o rascunho para tentar dar uma melhorada. Em seguida, seria a vez do copidesque, em que outro editor revisaria de acordo com as regras de estilo do jornal; mencionar uma empresa sem revelar seu nome completo ou anotar em qual cidade sua sede está localizada era um pecado mortal. Então, mais alguns editores fariam revisões, antes de encaminhá-lo para o departamento de pré-impressão, cujo papel no processo nunca entendi totalmente. Depois disso, seria impresso e formatado, empacotado, transferido para

2 COMO VENCER NO MUNDO DO TUDO OU NADA

caminhões e, finalmente, levado pelos serviços de entrega que os deixariam em centenas de milhares de residências na área metropolitana de Washington.

Em outros tempos, as carreiras eram similarmente lineares. Um escritor, por exemplo, se fizesse um bom trabalho, poderia ser promovido a editor júnior, supervisionando algumas pessoas, e então a editor pleno, supervisionando mais pessoas ainda. Muitos de meus colegas fizeram exatamente o mesmo trabalho durante anos, ou até mesmo décadas. Os mais ambiciosos sabiam exatamente como canalizar essa ambição e desejo de ascensão profissional.

Mesmo que não conseguissem um emprego no *Washington Post* ou onde trabalho atualmente, o *New York Times,* não era algo que os preocupassem, porque dezenas de jornais em outras grandes cidades ofereceriam oportunidades de carreira e salários quase tão bons quanto. A tecnologia dos jornais impressos criou monopólios locais que permitiram que ao menos um grande jornal em cada cidade de qualquer tamanho fosse altamente lucrativo e oferecesse muitos bons empregos. Quando falamos sobre carreiras, simplesmente não havia uma disparidade tão grande entre, digamos, o *Philadelphia Inquirer,* o *The Baltimore Sun,* o *Times* ou o *Post.*

O que eu não sabia na época era que o cenário econômico de nossa indústria estava prestes a mudar, afetando radicalmente pessoas como eu, que tentavam construir uma carreira ali. Hoje, se visitarmos o *Post* ou o *Times,* não veremos aquela imensa linha de montagem única na qual os repórteres alimentam o jornal com artigos, agora vemos equipes de pessoas com uma infinidade de habilidades, criando não apenas jornais, mas uma variedade de produtos — *podcasts* viciantes, aplicativos otimizados para dispositivos móveis e experiências imersivas de realidade virtual, dentre outros.

Como se pode imaginar, isso fez com que a ideia do que era preciso para se ter uma carreira de sucesso na mídia caísse por terra. Quando o fluxo representa a base de um negócio, e o melhor trabalho é realizado por equipes de pessoas com habilidades drasticamente diferentes — podendo incluir engenheiros de software, artistas gráficos, cientistas de dados, editores de vídeo, além de escritores —, não fica mais tão óbvio o que é preciso ser feito para manter seu emprego, muito menos conquistar algum tipo de ascensão na carreira.

A diferença entre o pequeno grupo de publicações principais e a camada seguinte foi ampliada, tanto em termos de número de empregos oferecidos quanto a pagamentos. Quando falamos em mídia digital, a porção de organizações com os melhores produtos e tecnologias alcança leitores de todo o planeta, enquanto os antigos monopólios impressos locais foram extintos. Consequentemente, se a ideia for manter uma vida de classe média alta como repórter investigativo ou correspondente estrangeiro, lugares como o *Times* ou o *Post* ou o *Wall Street Journal* oferecem oportunidades fantásticas — as seletas organizações com alcance global —, porém, se você estiver em uma organização de segundo escalão, pode ser extremamente difícil.

E não existe mais aquele antigo padrão de que funcionários dos principais meios de comunicação conseguiriam manter seus empregos por décadas fazendo basicamente o mesmo trabalho. Quem mantém seu emprego por um longo tempo consegue fazê-lo ao se ajustar à mudança de estratégias e formas de trabalho; já os que não conseguirem se adequar, provavelmente serão demitidos.

Precisei prestar muita atenção a essas mudanças na minha indústria por razões existenciais. Porém, quanto mais falo com profissionais de outras indústrias, mais me impressiono com o fato de aqueles que buscam uma carreira profissional bem remunerada, em quase todos os setores, enfrentam os mesmos desafios: a reinvenção de modelos de negócios em decorrência da tecnologia digital; o surgimento de uma série de empresas bem-sucedidas "superfamosas"; e a rápida mudança de entendimentos quanto à lealdade e nível de comprometimento mútuo com o relacionamento empregado-empregador.

Nos setores de manufatura, varejo, bancário, jurídico, saúde e educação, e certamente em todos os cantos da indústria de softwares e no resto do universo tecnológico, o significado de fazer um bom trabalho e ter uma carreira de sucesso está mudando mais rápido do que a maioria consegue compreender. Dessa forma, o local de trabalho se tornou algo ligeiramente mais assustador, especialmente para pessoas em pontos médios de carreira que, de repente, acham que o que aprenderam com seus pais desde pequenos (chegar cedo, trabalhar duro, aprender seu ofício) não é mais suficiente.

Mas, também, conferiu uma vantagem — considerável — àqueles suficientemente estratégicos para mudar sua abordagem.

O CÓDIGO DO SOBREVIVENTE

A maioria das pessoas com quem trabalhei quando cheguei ao *Post* se afastou da indústria há muito tempo, muitas foram vítimas de ondas de contratações e demissões que vieram com a derrubada da rentabilidade de nosso setor pela internet.

Já outras tiveram carreiras extremamente bem-sucedidas, além do que um repórter médio poderia imaginar a poucas décadas atrás. Talvez você até tenha ouvido falar de alguns deles. Mike Allen e Jim VandeHei eram correspondentes da Casa Branca quando eu era um jovem escritor de negócios, participavam de coletivas de imprensa e discursos, relatando com esmero o que ouviram. Mas, em 2007, fomos pegos de surpresa quando eles fundaram o *Politico* e o *Axios* pois; ambos foram empreendimentos que lideraram a reinvenção da indústria de mídia para a era digital. Quando comecei, Michael Barbaro era um jovem escritor do caderno de negócios do *Post* e agora é o editor sênior e apresentador de um popular podcast do *New York Times,* chamado *The Daily.* Ele ajudou a criar um novo estilo de narrativa que facilitou um melhor entendimento do mundo para milhões de pessoas. Kara Swisher deixara o departamento alguns anos antes da minha chegada; eventualmente, ela se tornou não apenas a principal jornalista de tecnologia da atualidade, no *Wall Street Journal* e depois como fundadora do *Recode*, mas foi inovadora na construção de um modelo de negócios de mídia que depende de eventos ao vivo. Além desses nomes notáveis, há centenas de pessoas nos bastidores cujas carreiras prosperaram na era digital, atuando em funções que suas versões mais jovens sequer reconheceriam. Os copidesques costumavam fazer comparativamente serviços de correção de erros de digitação e aplicação de regras de estilo; no geral, eram tidos como introvertidos incorrigíveis. Aqueles que agora têm carreiras de sucesso são, na verdade, estrategistas digitais, buscando formas de "embalar" cada artigo visando maximizar suas chances de encontrar um público. Eles selecionam recursos visuais, preveem qual endereço da web tem maior probabilidade de atrair mecanismos de busca algorítmica, criam uma versão para as redes sociais e colaboram com escritores, artistas gráficos e outros profissionais na criação do título mais interessante possível.

De fato, para quem conseguiu fazer a transição, agora é, de muitas formas, o melhor momento. O trabalho em equipes fluidas, criativas e empreendedoras é muito mais divertido do que fazer parte de uma linha de montagem.

Escrevi este livro porque minha carreira me deu uma visão única das habilidades que permitiram que as pessoas prosperassem na economia atual. Meu objetivo, ou missão, é essencialmente mostrar a você habilidades, hábitos e atitudes comuns àqueles que têm mais chances de desfrutar de carreiras gratificantes e com alto desempenho em quase qualquer indústria relevante nos dias atuais.

—

Se no início dos anos 2000 me pedissem para prever qual dos meus colegas seria o líder desse movimento, eu provavelmente teria indicado aqueles que eram tidos como brilhantes escritores ou editores, com outros cuja ética de trabalho era considerada descomunal. Uma pessoa mais cínica poderia ter apontado aqueles mais conhecidos por sua capacidade de bajular os chefes.

Nenhuma das três respostas estaria exatamente errada. É claro que ser realmente talentoso, bom na política interna do escritório ou trabalhar de verdade ajuda a alcançar uma carreira duradoura! Mas, de longe, o ponto mais significativo entre os vencedores e os perdedores no meu setor era a disposição de abraçar a rápida mudança e a inerente fluidez dos negócios da era digital como uma oportunidade, e não fugir, como se fossem uma ameaça. Os vencedores perceberam que nossa indústria estava mudando debaixo dos nossos narizes e dedicaram algum tempo a pensar em formas de impulsionar essa mudança; os perdedores queriam apenas cumprir a tabela. Quem venceu estudou a mudança

6   COMO VENCER NO MUNDO DO TUDO OU NADA

econômica de nossa indústria; já quem perdeu ficou preso à esperança de que as coisas voltariam a ser como antes.

Posso não ter previsto que Mike Allen e Jim VandeHei se tornariam empreendedores de sucesso — mas sabia o quanto Mike se irritava com a forma como as restrições físicas dos jornais impressos o impediam de compartilhar rapidamente com os leitores tudo que aprendeu, e, assim, foi atrás de modos de superá-las. Também nem podia imaginar que Michael Barbaro se tornaria a voz com a qual muitos acordariam pela manhã todos os dias, mas sabia o quanto ele desejava encontrar novos meios de contar todas as histórias, mesmo em uma época em que esse tipo de criatividade era, às vezes, desencorajado. Kara Swisher era uma concorrente que constantemente chegava à frente em nossa corrida pelo furo em matérias de tecnologia; na época, eu nem fazia ideia de que ela já compreendia como transformar essa franquia em um gerador de receita para sua organização.

Nenhum desses profissionais era particularmente experiente quando começaram a mudar suas rotas. Em um tempo distante, apenas os executivos mais graduados de uma empresa precisavam se preocupar com as mudanças de alto nível na economia que este livro explicitará. Na última década, descobrimos que os funcionários de baixo a médio nível também precisam cultivar a habilidade de compreender a economia móvel de sua indústria e do mundo dos negócios de forma mais generalista.

Felizmente, essa capacidade de enxergar o que está por vir — entender como a economia de uma indústria está mudando e se posicionar da melhor forma para capitalizar com isso — não precisa ser algo nato. Pode ser aprendida, *se* você estiver aberto a aprender.

COMO SE TORNAR INDISPENSÁVEL

Este livro é para qualquer pessoa que pretenda ter uma carreira gratificante em uma profissão de alto nível, seja em empresas tradicionais, gigantes de tecnologia ou startups de ponta, esteja ela no começo, meio ou fim da carreira. Ao escrevê-lo, recorri ao trabalho de centenas de acadêmicos, consultores e outros que exploraram todo tipo de fontes de dados para entender essas tendências, e muito desse trabalho está refletido nas próximas páginas. De forma ainda mais proveitosa talvez, procurei líderes de várias empresas atrás de respostas para as seguintes perguntas:

1. O que uma pessoa ambiciosa precisa fazer para ter uma carreira de sucesso em sua empresa na era moderna?

2. Posso conversar com algumas das pessoas na empresa que são exemplos desse sucesso?

Minhas pesquisas me levaram a algumas das empresas mais conhecidas do mundo, incluindo Microsoft, Goldman Sachs, General Electric e Walmart. Também visitei empresas menores que ofereceram lições particularmente importantes, em que aprendi sobre as pessoas que fazem os filmes da saga *Planeta dos Macacos*, preparam os cheeseburgers na rede Shake Shack, fabricam carros sem motorista na Volvo e produzem o whisky Jim Beam. Literalmente rodei o mundo para conhecer as pessoas cujas histórias estão apresentadas nestas páginas, que mostram suas respostas.

Há debates acalorados sobre como as pessoas podem se preparar melhor para uma carreira moderna. Dependendo de a quem se pergunta, a resposta pode ser estudar ciência avançada na faculdade, frequentar *boot camps* para se tornar um programador de primeira ou estudar artes liberais, o que lhe oferece uma ampla exposição a todos os tipos de campos. Mas o que era mencionado em todas as conversas era a importância do treinamento na arte da *adaptabilidade,* a habilidade de aprender algo novo e complicado. O que separa os profissionais com carreiras duráveis, em meio a esse cenário econômico fluido, daqueles que não as têm é uma capacidade de adaptação quando ocorre uma mudança na linguagem de codificação prevalecente, ou a antiga abordagem de marketing não funciona mais. Mas como conseguir esse superpoder?

Os três primeiros capítulos explicam como se tornar o tipo de profissional mais desejado — e recompensado — pelos empregadores modernos. Entre as coisas que ouvi repetidamente, destaco: é um erro significativo se prender a uma função excessivamente rígida de especialista qualificado, responsável por uma única função. Por um lado, o que é importante hoje pode não ser amanhã, então será preciso adaptabilidade e resiliência que só adquirimos com a exposição a coisas novas. E as ultracomplexas organizações atuais requerem pessoas com habilidades excepcionais, sim, mas que também entendam como as diferentes partes do negócio se encaixam. Elas precisam de profissionais que possam trabalhar em equipe com outros colegas, que podem ter habilidades técnicas muito diferentes entre si, grupos que podem criar produtos muito maiores do que a soma de suas diferenças.

Descobri que a melhor forma de tornar-se uma dessas pessoas é procurando ativamente se expor a diferentes especialidades, ultrapassando os limites departamentais, desde os primeiros dias de sua carreira. Apresentarei indivíduos que fizeram isso de forma eficaz e floresceram como resultado.

Em seguida, os Capítulos 4 e 5 trazem as lições do trabalho de ponta em *big data* e economia de gerenciamento. Na prática, a nova habilidade de processar terabytes de dados sobre como as pessoas realizam seu trabalho que os maiores empregadores possuem — para o benefício da empresa — também oferece um roteiro surpreendente para mudanças orientadas por dados no que diz respeito a ser um funcionário bem-sucedido, se você souber como usá-lo. E, se compreender as evidências mais recentes sobre quais abordagens de gerenciamento são mais eficazes, ampliará seu potencial de encontrar melhores gerentes que possam ajudá-lo a aprender e crescer e, eventualmente, tornar-se um melhor gerente você mesmo.

Já os Capítulos 6 a 9 contextualizam a compreensão das quatro profundas mudanças econômicas que estão moldando o local de trabalho moderno: a ascensão dos efeitos "tudo ou nada"; a crescente importância da informação relativa ao capital físico; o fim da lealdade entre empregadores e funcionários; e o uso mais difundido do contrato e outras relações trabalhistas não convencionais.

Munido dessa informação, é possível aumentar *drasticamente* suas chances de alcançar uma carreira longa e satisfatória (ou, mais precisamente, uma série de carreiras). Você será empoderado a abraçar e impulsionar a mudança, ao invés de temer e negá-la.

Naturalmente, o objetivo da vida não é simplesmente ter uma carreira plena, mas uma *vida* plena. Felizmente, como veremos neste livro, as mesmas habilidades que produzem uma também geram a outra.

ZARPANDO

Se você for pilotar um veleiro, há certas coisas que pode controlar, como posicionar as velas e guiar o leme. Há outras que não pode, como os ventos e as correntes. Ainda assim, para chegar ao lugar que deseja, é essencial entender esses ventos e correntes. Bons marinheiros adaptam tudo que está sob seu controle para que reajam de forma inteligente aos ventos e às correntes que não estão.

Em nossas carreiras, podemos controlar os trabalhos para os quais nos candidatamos, o treinamento e a educação que buscamos e as tarefas para as quais nos dispomos. Mas nossos destinos são moldados significativamente por grandes mudanças econômicas e tecnológicas que dão forma a quase todos os setores. Este livro serve como um guia para entender esses ventos e correntes.

Ninguém deve se iludir de que é possível dominá-los, mas pode-se obter a confiança necessária para entendê-los e fazer com que trabalhem a nosso favor. Afinal, para um marinheiro, ventos fortes e mar agitado podem ser assustadores, mas também podem tornar tudo muito mais divertido.

1

A Ascensão dos Agregadores

A PELAGEM DO KING KONG E O CUSTO DA COMPLEXIDADE

As forças que moldam o novo mundo profissional — economia da informação, efeitos do "tudo ou nada", globalização, as novas relações empregatícias não convencionais e muito mais — vão de encontro a uma violência particular no ramo de produção cinematográfica. Enquanto isso, longe do glamour dos tapetes vermelhos de Hollywood, vastos exércitos de pessoas com todos os tipos de complexas habilidades técnicas trabalham. Em essência, a indústria cinematográfica é um microcosmo para muitas das tendências mais amplas do mundo dos negócios. Isso significa que todos podem aprender alguma coisa com as pessoas que desenvolveram uma carreira de sucesso nela, e é por isso que voei mais de 2.400km até Wellington, na Nova Zelândia, para conhecer algumas delas.

As respostas mais convincentes que recebi vieram de um italiano franzino chamado Marco Revelant. Talvez você o conheça como o cara que "embelezou" o King Kong.

12   COMO VENCER NO MUNDO DO TUDO OU NADA

Na manhã de quarta-feira em que o conheci, Revelant usava óculos sem armação, um casaco de capuz cinza e tinha uma barba que sugeria que não era feita há uns dois ou três dias. Nosso encontro foi em uma sala de conferências em um prédio baixo na esquina de um lugar onde turistas desciam de ônibus para dar uma olhada em artefatos da trilogia *O Senhor dos Anéis*.

Nascido em Pádua, no nordeste da Itália, Revelant estudou Direito nos anos 1990, mas era louco por videogames e, como hobby, se interessou pelo uso de computadores na criação de imagens 3D. Ele conseguiu um emprego em uma empresa de arquitetura, auxiliando os arquitetos a fazer uma transição de plantas tradicionais para o software de design computadorizado, enquanto, nas horas vagas, aprendia sozinho a criar imagens digitais com computadores para vídeo, usando o software que havia comprado com suas próprias economias. Ao aceitar um emprego em uma empresa em Milão, que produzia gráficos para comerciais de TV, descobriu prontamente como tornar seu hobby em profissão. Não era particularmente glamoroso, mas trabalhar em uma pequena empresa com projetos de baixo orçamento deu a ele uma noção de como todas as diferentes etapas de produção de um comercial envolvendo efeitos 3D eram transformadas em uma coisa só — não apenas as imagens digitais, mas também o roteiro, atores, cenas de *live-action*, áudio. Ele estava, por necessidade, focado não apenas em gerar imagens com seu toque artístico e a potência dos computadores, mas em compreender como funcionava o encaixe dessas diferentes partes móveis. "Se tratava de uma empresa pequena", disse-me ele, "então fazíamos um pouco de tudo, é preciso ser mil e uma utilidades".

Quando recebeu uma oferta para aplicar essas habilidades em um filme com um grande orçamento, ficou empolgado, mesmo que isso significasse uma mudança para o outro extremo do planeta. Ele assinou um contrato de nove meses com uma empresa chamada Weta Digital para trabalhar no terceiro filme da saga *O Senhor dos Anéis*; quinze anos depois, ele ainda estava lá, e foi assim que me encontrei sentado diante dele naquela manhã, enquanto vários assistentes corriam de um lado para o outro, oferecendo a qualquer um que encontrassem

A ERA DA COMPLEXIDADE E A QUESTÃO DA PELAGEM PERFEITA

uma garrafa de água ou um café expresso. Como ele conseguiu manter-se em uma indústria em que a tecnologia e a economia mudam o tempo todo?

A ERA DA COMPLEXIDADE E A QUESTÃO DA PELAGEM PERFEITA

Em 1933, a Radio Pictures lançou o primeiro filme do *King Kong*, uma maravilha tecnológica que arrebatou o público com seu impressionante retrato de um macaco gigante invadindo Manhattan antes de despencar do recém-construído Empire State Building. Kong foi "interpretado" por um boneco de *stop motion* com um esqueleto de alumínio sob um casaco de pele de coelho.[1] A equipe do filme era formada por 113 pessoas — desde cinegrafistas e maquiadores até os 21 homens que trabalhavam no setor de efeitos visuais.[2]

Em 1976, o diretor Dino De Laurentiis lançou uma nova versão contemporânea do filme. O recém-construído World Trade Center substituiu o Empire State Building como o local da morte de Kong. E o gorila agora era interpretado, em algumas tomadas, por um técnico de 25 anos de idade vestindo uma fantasia de macaco, já outras tomadas eram feitas por um fantoche-robô de 10m de altura controlado por hidráulica e coberto de crina de cavalo. Mesmo com o aumento das despesas de produção e a sofisticação dos efeitos, essa equipe era do mesmo tamanho daquela que produziu a versão anterior — 113 pessoas.

Em 2005, foi a vez de Peter Jackson produzir a sua versão. Ele escolheu voltar aos anos 1930, retornando a cena climática do filme para o topo do Empire State Building. Seu Kong foi interpretado por um ator britânico chamado Andy Serkis que, ao invés de usar uma fantasia de macaco, usava equipamentos de captura de movimento que cediam sua fisionomia e trejeitos notavelmente expressivos à criatura renderizada digitalmente em parques de servidores localizados em Miramar, um subúrbio de Wellington.

O *King Kong* de Jackson contou com uma equipe de nada menos que 1.659 pessoas, dentre as funções nessa equipe, muitas seriam familiares àqueles que produziram as versões anteriores do filme, como figurinistas e carpinteiros, já outras seriam algo completamente novo: "*data wrangler*" e "chefe de composição estereoscópica", por exemplo.

Esse aumento de quinze vezes na quantidade de mão de obra necessária para produzir um filme imersivo e visualmente deslumbrante, cheio de criaturas fantásticas, é mais do que apenas um detalhe qualquer. É evidência de uma mudança fundamental no funcionamento da economia global, com profundas implicações no modo como pessoas ambiciosas devem gerenciar suas carreiras.

Primeiro, quando a versão de *King Kong* de 1933 foi lançada, o mercado de filmes era relativamente pequeno; apenas uma parcela da humanidade, nos EUA e em alguns outros países, tinha acesso a filmes, e somente se fosse ao cinema. Agora, bilhões de pessoas em quase todos os países do mundo podem fazê-lo. O alcance da classe média global — pessoas que conseguem pagar por um luxo ocasional — explodiu e, caso prefiram não ir ao cinema, podem assistir a um filme na televisão em casa ou até mesmo no celular. O potencial de mercado global de telespectadores de filmes é exponencialmente maior.

Segundo, para todas as centenas de filmes produzidos a cada ano, apenas alguns se tornam sucessos. Dos 289 filmes que foram lançados nos cinemas dos EUA em 2017, apenas cinco foram responsáveis por 19% de sua receita global acumulada nas bilheterias, e os 50 primeiros foram responsáveis por 81%. Os últimos 200 da lista foram responsáveis por 6% do total.[3] Gasta-se muito dinheiro para fazer um filme, mas o custo de sua distribuição é mais módico. Essa economia significa que vale a pena gastar cada centavo — e aproveitar o talento de cada organizador de dados adicional ou líder de composição estereoscópica — necessário para aumentar as chances de um filme se tornar um dos poucos a alcançar domínio global; a recompensa é enorme.[4]

Terceiro, a tecnologia digital tornou possíveis formas de trabalho desconhecidas há até alguns anos. Os criadores do *King Kong* de 1976 precisaram colocar um técnico em uma fantasia de macaco e construir um boneco hidráulico de 10m de altura, pois essa era a única forma que eles puderam conceber a criação de um macaco gigante de aparência verossímil; o poder de computação necessário para extrair uma cena de três segundos de uma cena renderizada digitalmente em um filme moderno não estaria disponível a qualquer preço em um passado não muito distante. Além disso, tecnologias como e-mail, armazenamento em nuvem e videoconferência facilitam a colaboração das equipes intercontinentais de uma forma inimaginável há até pouco tempo.

Às vezes, este parece ser o melhor momento para ser um empresário independente, um lobo solitário. Afinal, há algo intrinsecamente empolgante na ideia da startup, alguns jovens ambiciosos que começam uma empresa em uma garagem com financiamento dos próprios bolsos na ânsia de se tornar a próxima Apple ou Google — ou, usando a metáfora cinematográfica, um grupo de estudantes de cinema com uma câmera digital nas mãos e a ideia de se tornarem os próximos Steven Spielberg ou Peter Jackson. Mas os dados não mentem. Vivemos um tempo em que empresas maiores, mais bem gerenciadas e mais avançadas tecnologicamente estão ganhando mais mercado do que nunca. Dentro do debate de como a tecnologia digital nivelou a competição — permitindo que os empresários de garagem ou cineastas com uma câmera digital deixem sua marca — de maneiras importantes, podemos ver a outra face da moeda.

E os tipos de filmes que conseguem um alcance global e bilheteria de centenas de milhões de dólares quase sempre dependem de efeitos digitais sofisticados, como os que são produzidos na Weta Digital que, além de trabalhar nos filmes da saga *O Senhor dos Anéis* e na versão de 2005 de *King Kong,* contribuiu para o memorável (e muito bem-sucedido) *Avatar* e a trilogia do *Planeta dos Macacos,* concluída em 2017. Para entender como isso impactou a carreira de Revelant, é importante entender como são criados os efeitos digitais fundamentais para a maioria dos filmes de maior orçamento da era moderna.

Pode ser tentador assistir a uma cena de um filme cheio de efeitos como *Avatar* ou *Planeta dos Macacos: A Guerra* e imaginar que eles são criados da mesma forma que um pintor desenha um quadro. Na verdade, os criadores desses filmes constroem um universo completo na tela, modelado com detalhes tridimensionais intensamente precisos, para emular o mundo real da forma mais fiel que a tecnologia permitir. Assim, por exemplo, no *King Kong* de 2005, as vistas deslumbrantes de Manhattan da década de 1930 foram criadas não por alguém desenhando retratos da cidade por ângulos necessários, mas construindo um modelo tridimensional inteiro da cidade com cada prédio detalhado individualmente. Primeiro, os artistas da Weta Digital criaram manualmente modelos 3D dos prédios que são mais perceptíveis no horizonte, chamados de "edifícios dos heróis", a partir de fotografias antigas. Então, desenvolveram um software personalizado chamado CityBot que lhes permitiu preencher o cenário com edifícios menos memoráveis com altura e estilo apropriados em cada quadra da cidade, com o software projetando cada estrutura individual. O resultado permitiu que Peter Jackson fizesse tomadas de qualquer ângulo e garantisse que o plano de fundo parecesse realista. Ao construir a cidade quadra a quadra, eles deram a Jackson uma máquina do tempo virtual.

Uma das grandes ideias dos últimos trinta anos de avanço em efeitos visuais é que a chave para que os espectadores se percam no filme (o pior insulto que você pode fazer a um desses artistas é dizer que uma cena fez com que você perdesse o interesse ou que parecia falsa) é dar o máximo de atenção aos detalhes. Designers empregam física, biologia e anatomia do mundo real à construção do ambiente e personagens. Assim, por exemplo, em *Planeta dos Macacos: A Guerra,* as florestas mostradas foram criadas por meio da simulação de cem anos de evolução em uma floresta desenvolvida virtualmente, com plantas de diferentes tipos crescendo, competindo por luz, morrendo e entrando em decomposição. Essa simulação cria uma floresta com maior verossimilhança do que uma floresta virtual criada por um artista humano que espalha árvores e arbustos por um cenário. Em uma tensa cena de batalha no filme de 2014, *O Hobbit: A Batalha dos Cinco Exércitos,* milhares de soldados simulados são controlados individualmente pela inteligência artificial que controla seus próprios comportamentos e reações ao que acontece ao seu redor. Como espectador, você não percebe exatamente o que qualquer "soldado" está fazendo, mas cria-se um caos de guerra com aparência mais realista do que simplesmente a imagem de milhares de soldados se movendo em sintonia. O universo dos cubículos da Weta Digital está cheio de profissionais que estudaram por anos a anatomia dos macacos, a física de uma gota de chuva caindo ou a química de uma explosão de gás. Acertar esses detalhes fundamentais é duplamente importante para os seres vivos criados em um computador. O artista gráfico Joe Letteri fez parte de um enorme ponto de inflexão na produção de filmes no início dos anos 1990, quando Steven Spielberg decidiu que *Jurassic Park* seria o primeiro grande filme a criar dinossauros usando renderizações digitais em 3D, pelo menos para planos longos (modelos físicos eram usados para close-ups). Mesmo ao criar dinossauros digitais, a tecnologia funciona construindo os animais desde seus esqueletos. O nível de detalhe dedicado à anatomia animal em filmes mais atuais é muito mais complexo. Letteri eventualmente se tornaria o líder da Weta Digital. Sobre a trilogia *Planeta dos Macacos*, Letteri disse: "Nossa intenção é que você nunca pense que aquilo é, na verdade, um cara fantasiado. Então, estamos tentando resolver todos os detalhes sobre como fazer um macaco parecer realista. O que torna uma fibra capilar uma fibra capilar? Como ela se move? Como ela se liga ao corpo? Como a luz reflete ou brilha por meio dela? Como os dentes, os lábios e as gengivas se articulam?"

Quando Revelant chegou à Weta para trabalhar no último filme da trilogia *O Senhor dos Anéis*, ele foi incumbido de adicionar detalhes ao Rei Bruxo de Angmar, um vilão aterrorizante, antes de ser colocado no serviço de plumagem — mais especificamente, projetar as plumas das águias gigantes que resgatam nossos heróis. O ponto de partida foi, na verdade, um pássaro completamente nu, com apenas ossos, músculos e pele. ("Parecia o frango que comemos no almoço de domingo", disse Revelant.) Ele fazia parte de uma equipe que deveria garantir que as águias tivessem o número exato de plumas, nos lugares certos, aparadas corretamente para que parecessem realistas em cada uma das dezenas de fotos. (Um plano geral, normalmente com duração de dois ou três segundos, é a unidade atômica dos efeitos visuais; pode haver alguns milhares dele em um filme com muitos efeitos.) Quando o projeto foi concluído, Revelant recebeu um desafio ainda maior para o próximo grande filme da Weta Digital, *King Kong*. Digamos que ele foi promovido das plumas para peles; o trabalho dele era garantir que o personagem principal de um filme que custaria mais de US$200 milhões tivesse o visual esperado de um mítico gorila gigante.

Parte do motivo pelo qual foram necessários 1.659 profissionais para criar essa versão do *King Kong* é que a criação de efeitos visuais 3D convincentes exige um continuum de habilidades. De um lado, os artistas no sentido puro da palavra — aqueles que imaginam cenas e visuais, alguns ainda os desenham à mão. Do outro, os profissionais mais puramente técnicos — aqueles que codificam software e implantam matemática avançada para transformar essas ideias artísticas em um filme propriamente dito. No meio disso, temos um grupo que inclui modeladores como Revelant, que se dividem entre si, em um misto de visão artística e formação técnica. Um plano de dois segundos pode envolver dezenas de pessoas em diferentes pontos desse continuum, colocando suas habilidades em prática. Os modeladores que passam 24h, todos os dias trabalhando na iluminação, nos cenários ou na estrutura anatômica ou pele, devem trabalhar juntos para tornar o plano de cena e, eventualmente, o filme, o melhor possível.

Algo que tornou Revelant bom em seu trabalho — a razão pela qual ele recebeu a missão de criar a pele do King Kong — é que ele compreendeu tanto a visão artística quanto as necessidades técnicas, e também como integrá-las, melhor do que a maioria. Fazer com que a pelagem de Kong — dez milhões de pelos individuais, modelados sobre peles de iaque — tivesse o visual correto era um desafio artístico e de programação, e ele estava na rara posição em que poderia guiar pessoas com diferentes tipos de talento em direção a esse objetivo. Apesar de sua pouca experiência em codificação de software, ele conseguiu reconhecer problemas na forma como muitos dos outros modeladores interagiam com os programadores que criaram seu software. Eles estavam muito focados em pedir mudanças que pareciam facilitar o trabalho, mas, na prática, exigiriam muito poder de processamento ou muito tempo e recursos de programação.

"Foi interessante tentar entender a perspectiva dos codificadores, porque você começa a pensar de maneira diferente sobre o problema que deseja resolver", disse Revelant. "Então descobri que muitos usuários, às vezes, dizem ao codificador:

'Quero conseguir mover este slide e fazer isso.' Mas isso não é exatamente o que eles querem. Eles tentam encontrar uma solução, mas não abstraem o problema para compreender o quadro geral."

Ele trabalhou com desenvolvedores de software para criar um programa — que, naturalmente, foi chamado de Fur (Pele) — que permitia ao modelador manipular a direção de um "pelo guia" que controlaria o comportamento de milhares de pelos ao seu redor. Isso permitiu que eles aplicassem instruções a cada fio da pelagem: um pouco de sujeira de lama aqui, um pedaço mais irregular ali, coisas assim. Foi um trabalho intenso que durou cerca de um ano; cada fio da pelagem precisava ser ajustado manualmente em cada uma das centenas de quadros que incluíam Kong. A filha de Revelant nasceu durante a produção, e tudo que ele tirou foi um dia de folga. Quando o projeto foi concluído, a equipe da Weta estava orgulhosa de seu trabalho, mas identificou um problema. No futuro, com certeza, eles encontrariam mais filmes envolvendo criaturas peludas. Seu software era simplesmente muito confuso e trabalhoso demais para usar se, por exemplo, o filme tivesse não só um, mas vários personagens renderizados digitalmente.

"Em uma conversa com um dos codificadores, eu disse: 'Seria possível tocar nos pelos? Manipular a curvatura de cada fio? Seria possível manipular milhões de fios diretamente?'" Ou seja, em vez de precisar manipular um número menor de "pelos guia", seria possível criar um programa que permitisse que os artistas, usando ferramentas na tela do computador, penteassem, mexessem, aparassem, bagunçassem ou manipulassem a pelagem de um personagem virtual assim como um cabeleireiro de verdade trabalharia no penteado de um ator? Parte do desafio foi ir além de pensar apenas na melhoria do software antigo e imaginar como, começando do zero, o processo de criação de peles realistas e renderizadas digitalmente poderia se tornar mais eficiente. A equipe da Weta começou a trabalhar na criação de um sistema que fosse melhor na criação de peles digitais que, apropriadamente, foi chamado de Barbershop (Barbearia). Revelant era o intermediário entre dois tipos diferentes de profissionais altamente qualificados que, frequentemente, não conseguiam se comunicar — em um momento em que uma colaboração bem-sucedida seria a única forma de realizar uma tarefa importante. "O problema é que muitos codificadores não sabem aparar as arestas. Eles dependem de alguém lhes dizer o que o software precisa fazer. Às vezes, porém, é difícil para alguém com qualificação nesse ajuste falar uma língua que eles entendam", disse Revelant. Quando os profissionais de ajustes e outros especialistas em modelagem tentam conversar com os codificadores, a tendência é focar recursos limitados, sem realmente se empenharem na solução do problema implícito. "As pessoas geralmente pensam: 'Quero fazer isso, portanto, devo dizer ao programador o que construir.' Eles não dizem ao programador: 'Quero conseguir isso', trabalhando juntos para descobrir a melhor forma de chegar a este resultado."

Revelant entende a linguagem dos cineastas e artistas, e também consegue ler artigos técnicos sobre novas práticas de modelagem. "Ele não lê o código propriamente dito", explicou Paolo Selva, chefe de engenharia de software da Weta Digital. "Mas ele compreende de que forma coisas como a dinâmica da haste elástica dos pelos funciona. Ele entenderá a lógica por trás disso, mesmo que não saiba como implementar. Poucos artistas têm essa habilidade. Se todos pudessem fazer isso, o diálogo seria muito mais fácil."

No começo, eles esperavam usar o software Barbershop para cuidar dos pelos de Milu, o cachorro de *As Aventuras de Tintin*. Eles nem imaginavam a importância e urgência que o software viria a ter. Durante o andamento do projeto, a Weta Digital foi contratada para criar os efeitos visuais de *Planeta dos Macacos — A Origem*. O trabalho seria para a primeira parte de uma importante franquia de filmes, na qual a maioria dos personagens principais seriam criações virtuais, todas cobertas de pelo: Maurice, um velho e sábio orangotango; Koba, um bonobo violento e atormentado; e, principalmente, César, o chimpanzé que lidera os macacos. Com o Barbershop, os artistas conseguiam manipular cada um dos pelos alaranjados de Maurice sem esforço, como se estivessem retocando uma imagem no Photoshop — porém, diferentemente do Photoshop, estavam manipulando não apenas uma imagem bidimensional, mas todo o mapa tridimensional de como milhões de pelos individuais foram posicionados. Isso permitiu que a Weta Digital concluísse um filme com dezenas de macacos — não apenas um, como Kong — em menos de um ano. A empresa começou a trabalhar com o software semiacabado, mas criou um filme que seria indicado ao Oscar de melhores efeitos visuais, iniciou uma trilogia que arrecadou US$1,7 bilhão em todo o mundo e, com César, criou um dos personagens mais memoráveis do cinema moderno, com pele e tudo mais.[5] O próprio software Barbershop rendeu a Revelant e seus colaboradores Alasdair Coull e Shane Cooper um prêmio da Academia por realização técnica. Tudo isso é fruto de uma habilidade extraordinária de comunicar-se e canalizar os esforços de pessoas com habilidades muito distintas em função de um objetivo comum.

POR QUE O MUNDO PRECISA DE AGREGADORES

Nos primórdios da indústria cinematográfica, quando mesmo um sucesso de bilheteria poderia ter uma equipe com uns cem integrantes, diretores e produtores podiam dar uma olhada e entender, mais ou menos, tudo o que estava acontecendo. Certamente havia muitos técnicos no set com habilidades altamente especializadas. Mas todo o trabalho deles era realmente supervisionado pelo diretor, que provavelmente sabia a maioria de seus nomes e entendia do que faziam o dia todo, mesmo que ele não pudesse fazer isso sozinho. A enorme escala e a complexidade tecnológica dos filmes cheios de efeitos mudaram tudo isso. Rupert Wyatt, diretor de *Planeta dos Macacos — A Origem,* não sabia o nome dos programadores que estavam criando um software que permitiria à equipe de Revelant entregar a tempo macacos de pele realista do outro lado do planeta, na Nova Zelândia; e certamente nem imaginava como fazer o trabalho deles.

Essa complexidade criou uma oportunidade extraordinária para pessoas como Revelant, que podem reduzir a distância de comunicação entre pessoas com diferentes tipos de conhecimento profundo. Quanto mais profissionais e mais habilidades técnicas envolvidas, mais necessárias se fazem as habilidades de alguém como Revelant, que pode garantir que as conexões e transferências entre os diferentes artistas e técnicos sejam conduzidas com sucesso. Kathy Gruzas, diretora de informações da Weta Digital, tem um termo para essas pessoas: agregadores.

"Acho que a única forma de fazer algo tão grande e complexo dar certo é contando com muitas pessoas dedicando muito tempo conversando, discutindo e acertando", disse-me Gruzas. "Aqueles que falam bem tanto a linguagem artística como a técnica podem ser os tradutores da equipe, garantindo o funcionamento de tudo, traduzindo a visão e supervisionando a qualidade." O caminho para o sucesso na Weta Digital é a capacidade de oferecer não apenas habilidade técnica, mas também conseguir empregar essa habilidade técnica como elemento de algo maior do que a soma de suas partes. "Descobriremos que as pessoas mais úteis para a empresa são aquelas que já transitaram por diversas áreas, conhecem o processo e sabem como as peças se interconectam. Você não pode saber apenas a sua parte", completou Gruzas.

Visitando dezenas de empresas ao longo das pesquisas para este livro, ouvi algumas versões desse tema. Por causa da escala e complexidade das empresas que crescentemente dominam a economia global, ser um agregador tem mais valor do que nunca, alguém que faz com que essas partes extremamente diferentes de uma organização trabalhem juntas de forma eficaz.

Yves Morieux, sócio do Boston Consulting Group, testemunhou essa crescente complexidade durante suas viagens para visitar seus clientes, geralmente grandes empresas tentando melhorar sua estrutura organizacional. Há alguns anos, Morieux começou a perceber uma tendência perturbadora. Ele perdeu as contas de quantas vezes ouviu histórias sobre como o excesso de burocracia tornava a vida impossível. O diretor de vendas de um fabricante global na Alemanha, por exemplo, respondia ao presidente da divisão alemã e ao chefe de vendas global. Ele trabalhou durante uma semana em uma apresentação solicitada por um chefe, e tudo isso para que outro chefe a rejeitasse de imediato e exigisse que fosse feita novamente durante o fim de semana. Morieux também se lembrou de uma entrevista com uma funcionária de nível médio de um banco americano que chorou copiosamente — em uma reunião de negócios, em uma sala de conferências

— enquanto explicava a complexa sequência de aprovações que ela precisava para conseguir realizar as tarefas mais básicas.

Essas histórias podem soar familiares para quem trabalhou em uma organização grande e complexa. O que é menos óbvio é a motivação por trás disso, como mitigar o problema e como ser o tipo de pessoa que consegue prosperar, apesar dos obstáculos burocráticos que as grandes organizações tendem a colocar em seu caminho.

À medida que surgiam mais e mais conversas como essa, Morieux percebeu que a raiz da insatisfação dos funcionários era a complexidade inerente aos negócios modernos — ou melhor, as empresas usarem processos, organogramas e matrizes de gerenciamento e todos os tipos de outros métodos formais de organização para conseguir lidar com os desafios impostos por essa complexidade. Em outra época, o gerente de vendas alemão responderia apenas ao presidente da divisão alemã, e seu único trabalho seria vender mais produtos na Alemanha. Em um mundo em que as cadeias de suprimentos e os clientes são multinacionais, e um esforço para vender na Alemanha significa realmente vender para uma empresa que também possua instalações na Polônia, China e Brasil, isso se torna mais complexo. E, em um banco com milhares de agências e centenas de bilhões de dólares em ativos, não é possível que uma gerente de agência simplesmente decida sobre a aprovação de um empréstimo com base em seu julgamento do bom crédito de quem está pedindo. Em vez disso, esse trabalho exige análises avançadas baseadas em inúmeros dados, gerenciamento de riscos e julgamentos de conformidade regulatória e estratégia corporativa de alto nível.

Em um passado não tão distante, até mesmo empresas razoavelmente grandes conseguiam operar com unidades diferentes, cada uma conduzindo trabalhos diretos da melhor forma possível — mais ou menos como o *King Kong* original foi produzido em 1976. Os engenheiros de produto desenvolvem produtos. A equipe de operações os fabrica e os distribui, os vendedores os vendem. A equipe de finanças cuida da contabilidade. Claro, era preciso uma interação entre esses departamentos, mas, na verdade, cada um tinha um objetivo claro e podia trabalhar em um espaço na empresa com uma hierarquia própria; é possível ter uma ótima carreira se dedicando a qualquer uma dessas especialidades funcionais em uma grande empresa e trabalhando duro para evoluir de trabalhador iniciante a vice-presidente executivo, ou mais além.

Mas, no ambiente empresarial atual, essas funções — e muitas outras — estão interligadas. Ser um bom engenheiro de produtos significa ter um profundo entendimento das necessidades dos clientes, não simplesmente confiar que as equipes de vendas e marketing descubram isso. A parte financeira está mais profundamente entrelaçada com as operações; o gerenciamento bem-sucedido dos níveis de estoque e cadeias de suprimentos pode determinar o sucesso ou fracasso de uma empresa. Pense em qualquer função — marketing, tecnologia da informação, recursos humanos, assuntos jurídicos, relações governamentais, comunicações: cada uma delas, dentro de uma empresa moderna, só é efetiva enquanto seus profissionais puderem efetivamente colaborar com as outras partes.

Morieux compara a uma corrida de revezamento. O que pode parecer uma simples competição de velocidade é, na verdade, uma competição de velocidade e *coordenação*. Nas Olimpíadas de 2016 no Rio de Janeiro, a diferença entre a equipe de revezamento masculino jamaicana, que ganhou a medalha de ouro, e a japonesa, que ficou com a medalha de prata, foi de um terço de segundo; apenas 0,04 segundos separaram os japoneses dos canadenses, que ficaram em terceiro lugar. Em uma disputa com margens de erro tão estreitas, o que separa vencedores de perdedores é a habilidade ao passar o bastão. Sim, você pode medir o tempo que cada um dos quatro corredores leva para completar sua parte da corrida — mas esse tempo não é suficiente para afirmar se um determinado corredor colaborou ou prejudicou o resultado da equipe. Para tal, é preciso uma visão subjetiva mais difícil de mensurar acerca da qualidade do trabalho dos corredores com seus colegas de equipe para que a transferência fosse o mais eficiente possível.

"Em uma empresa, podemos medir a produtividade individual e as realizações deste profissional ao fim do ano", disse Morieux. "Já a produtividade dos espaços específicos… É como medir a velocidade de cada corredor. A nível mundial, o que faz a diferença é a forma como o bastão é passado, não quem é o mais rápido individualmente."

É importante se destacar na sua área, mas, em uma organização moderna, o valor real reside em fazer com que as transferências sejam da forma mais uniforme possível. Uma pessoa que consegue gerenciar com êxito a interseção entre diferentes tipos de conhecimento terá um valor muito maior do que um especialista da área que coloca todo o seu foco nessa área apenas.

Ter um conhecimento profundo é essencial, mas também é preciso conseguir trabalhar com pessoas que oferecem conhecimentos diferentes. Nenhum velocista pode se dar ao luxo de ser *apenas* bom em entregar o bastão e esperar ser convocado para uma equipe olímpica, mas por outro lado, um atleta muito rápido que rotineiramente tem problemas na entrega também não será muito útil.

Morieux argumenta que abordagens de gerenciamento com ênfase em responsabilidade, mensuração de resultados e similares criam um círculo vicioso neste mundo de complexidade, "uma espiral exponencial de mais matrizes, mais pontuações, mais regras, mais processos e mais descrições de cargos que impedem agilidade, velocidade e satisfação no trabalho".[6] Qualquer um pode colocar um grupo de pessoas com habilidades e conhecimentos diferentes na mesma sala de conferência com um quadro branco. Ótimas ideias, produtos e soluções para questões difíceis surgem quando essas pessoas conseguem estabelecer um diálogo e compreender umas às outras, conseguindo assim aplicar suas diferentes origens e habilidades técnicas à mesma causa.

COMO OS AGREGADORES FAZEM A EMPRESA DECOLAR

Ouvindo a história de Kathy Gruzas sobre como os agregadores possibilitam a produção cinematográfica atualmente, e a metáfora de Morieux da corrida de revezamento sobre como as coisas acontecem (ou não) em complexas organizações modernas, percebi que se tratava exatamente da mesma lição, com uma linguagem um pouco diferente, que aprendi em um dos ícones da história dos negócios: a General Electric. Quando visitei a empresa em 2017, a GE estava passando por momentos difíceis. Algumas apostas equivocadas no setor de energia deram errado, custando o emprego do CEO Jeff Immelt; 14 meses depois, o sucessor de Immelt, John Flannery, também seria demitido. A empresa estava revisando quais unidades seriam vendidas na tentativa de dar "uma enxugada" na organização. Durante sua reinvenção, o que achei mais revelador foram os tipos de habilidades exigidas daqueles que teriam algum futuro na General Electric do século XXI.

Como Susan Peters, que era vice-presidente sênior de recursos humanos quando visitei em 2017, descreveu o necessário para o sucesso na GE é radicalmente diferente daquilo que era necessário há alguns anos. "O trabalho do designer hoje não é apenas sentar de frente para um programa [de design computadorizado] e realizar sua função. O design é feito em grupos. Engenharia e cadeias de suprimentos, tudo está conectado de formas totalmente novas", disse ela. "Não é possível projetar algo sem entender como construí-lo. Então, quais serão as prioridades de seu pessoal de marketing e produto? E como você pode vender isso? Como calcular o custo e o preço, e como atender a isso? Acho que antigamente fazíamos isso tudo de forma muito isolada, mas atualmente o mundo está se movendo de forma muito rápida e isso não é mais o ideal."

Principalmente, onde quer que as pessoas estejam em uma organização, é preciso que entendam como sua especialidade se encaixa no negócio como um todo. Os trabalhadores em funções mais iniciantes precisam compreender as interconexões que antes eram apenas preocupação dos gerentes em posições mais elevadas. "Há aquelas pessoas que se sentem naturalmente mais confortáveis em uma posição de liderança, mas mesmo um engenheiro tímido que não queira se dedicar a nada além do design pode aprender a interagir e falar sobre seu produto. E isso se mostra mais importante do que nunca, porque o trabalho não é mais algo a ser realizado por uma só pessoa", afirmou Peters. "Nada é feito de forma isolada." Ela não usou o termo propriamente dito, mas estava essencialmente exaltando a virtude dos agregadores, aqueles que garantem o equilíbrio das diferentes partes da organização.

A ASCENSÃO DOS AGREGADORES   27

Para observar isso na prática, fui a uma divisão da GE que está entre as mais inovadoras e bem-sucedidas financeiramente, em um prédio cavernoso há 20 minutos ao norte de Cincinnati. A GE constrói motores a jato aproximadamente desde sua criação na década de 1940. Quando Josh Mook chegou à GE Aviation em 2005, a empresa fornecia os motores para a maioria dos aviões da Boeing e muitos da Airbus; se você voou em uma aeronave comercial em qualquer momento das últimas duas décadas, é bem provável que um motor da GE tenha sido responsável por sua chegada ao seu destino.

Em seus primeiros anos na empresa, Mook aprofundou-se nos detalhes das peças que fazem os motores funcionarem. "Praticamente toquei em quase todas as partes de um motor a jato, estava realmente com foco no projeto mecânico de forma profunda", disse ele. "Os aerofólios de turbinas" — as pás que impulsionam o avião — "foram um dos pontos em que passei muito tempo". Então, em 2011, Mook recebeu uma grande promoção: ele lideraria a equipe encarregada de projetar os bicos de combustível. Pode não parecer uma promoção, mas os bicos, embora não sejam muito maiores que uma noz, são parte muito importante de um motor a jato. Até mesmo as menores melhorias na eficiência da injeção de combustível podem economizar milhões de dólares durante a vida útil do motor. Por outro lado, se o injetor de combustível entupir ou causar a falha do motor, os resultados poderão ser catastróficos.

Nessa época, Mook e outros engenheiros começaram a usar uma nova tecnologia para testar novos designs de peças. Era um modo de impressão 3D chamado fabricação "aditiva"; em vez de moldar peças de metal existentes, as máquinas utilizam metais em pó na construção da peça, adicionando uma sequência de camadas precisas. Em 2011, as máquinas eram tão caras e lentas que seu uso fazia sentido apenas a título de pesquisa: os engenheiros podiam projetar uma nova peça, fabricar um protótipo com a fabricação aditiva e então testá-la para observar seu funcionamento sob diferentes condições de fabricação, calor, pressão e assim por diante. Então, as peças finais propriamente ditas seriam fabricadas pelos métodos tradicionais. Mook e seus colegas perceberam que a fabricação aditiva poderia ser útil para mais do que apenas testes. A forma como eram fabricadas a maioria das peças dos motores a jato era, em grande parte, baseada nos limites da tecnologia de produção; as técnicas de fabricação limitaram, por exemplo, a extensão do fluxo de combustível dos tubos, e também determinaram a quantidade de peças envolvidas em um único injetor de combustível. Porém essas restrições seriam eliminadas com a fabricação nas máquinas aditivas. Os tubos de injeção de combustível poderiam ser fabricados de qualquer forma que a física determinasse como ideal. Como resultado, a mudança integral da produção da peça para as máquinas aditivas pode fazer com que a peça que consumisse combustível o fizesse de forma mais eficaz e, ao mesmo tempo, fosse mais leve e mais confiável.

Na indústria de motores a jato, mudanças como essa não são feitas da noite para o dia. Mook precisou persuadir não apenas seu chefe, mas também todo um painel de engenheiros que não estavam convencidos de que essa abordagem funcionaria para criar peças que atenderiam ao extraordinário padrão de segurança e confiabilidade que os motores a jato exigiam. Então, em 2011, em uma manhã de sábado, junto de alguns membros da equipe, ele chegou à sala de reuniões do vice-presidente às 8h em ponto, trazendo um documento com mais de 500 páginas explicando todas as justificativas técnicas de por que motivo passar por um processo brutal conhecido como revisão de design funcionaria. Em vez de um café com biscoitos, todos foram servidos de perguntas bem indigestas.

"Foi uma batalha, francamente", afirmou Mook. "Houve extrema resistência. Todos só conseguiam pensar nos motivos pelos quais não funcionaria e como violava nossas regras de design e a imaturidade da tecnologia. E todos estavam certos — não era uma ideia amadurecida e, sim, violava nossas regras sobre como projetamos sistemas de combustão e injetores de combustível. E essas regras de design são a base do aprendizado institucional. Basicamente, peguei um livro de ensino institucional e disse que não queria mais usá-lo, todas as suas informações documentadas e passadas de geração em geração. Quando você voa em um avião, é confortante saber que está voando sobre algo fabricado dentro de um processo de cem anos de experiência de construção de motores. Isso tornava nosso processo ainda mais difícil, porque não podíamos simplesmente ignorar [as regras]. Precisávamos provar o motivo de elas não se aplicarem."

Após umas oito horas, quando saía da sala, Mook sabia que era preciso resolver uma tonelada de questões técnicas, mas também estava confiante de que todos os desafios que foram apontados teriam soluções. Quando conversamos, no outono de 2017, na sala ao lado, um técnico estava derramando pó de titânio em uma máquina usando um ventilador para criar uma peça que seria instalada em uma aeronave. Software de design aprimorado e impressão 3D aceleraram a capacidade de testar novos designs. Há apenas uma década, levava dois anos para tirar uma ideia de um novo design do papel para um estágio de teste; isso agora pode ser feito em questão de dias ou semanas. Com um bico de combustível, os engenheiros da GE podem ajustar um projeto, imprimir uma amostra e, então, em um local de testes, no final de tudo, analisar com dados reais se o ajuste funcionou como pretendido. "Antigamente, você tinha sorte se conseguisse duas chances de correção antes da aprovação de um produto", afirmou Mook. "Agora podemos fazer isso umas 250 vezes. Pense no tipo de refinamento que 250 tentativas podem dar ao produto final."

Mas o que isso tem a ver com uma pessoa agregadora? Até pouco tempo atrás, um engenheiro como Mook poderia passar anos — até mesmo toda a sua carreira — focado em um único parafuso. Não seria necessário que ele interagisse com a equipe de operações de fabricação que seria a responsável pela construção do produto, e muito menos com os profissionais de marketing e estrategistas de negócios que descobririam como o produto se encaixaria na estratégia geral da GE. Ele certamente não precisaria lidar com clientes; essa função era da equipe de vendas. No entanto, justamente *porque* Mook entendia não apenas a engenharia dos produtos, mas também as questões de operações de fabricação e estratégia de negócios que sua equipe conseguiu perceber o potencial no uso de tecnologia aditiva para esse objetivo.

"Nos modelos tradicionais, os engenheiros eram especialistas", disse Mook. "Eles se aprofundaram em seu domínio, para se tornarem especialistas em transferência de calor, aerodinâmica ou condições estressantes e situações da vida. E então teríamos os profissionais que geralmente ficariam responsáveis pelos projetos de sistemas, os arquitetos, que pensariam no sistema como um todo. Agora o que temos são engenheiros que precisam ser capazes de fazer todas essas coisas. O conjunto de habilidades mudou de profissionais extremamente imersos em um tópico para profissionais que abordam o trabalho com um pensamento sistêmico. Eles realmente simpatizam com o cliente e entendem como os produtos serão usados, sua manutenção, e coisas assim. Todos os engenheiros de nossa equipe construíram um plano de negócios completo para qualquer coisa em que estivessem trabalhando. Para qual finalidade podemos vendê-lo? Quanto custa? Qual é o momento, e como comercializamos? Como atingimos participação de mercado e receita?"

Ninguém espera que um engenheiro aeroespacial que trabalha com pás de turbinas ou injetores de combustível o dia inteiro tenha uma enorme habilidade em estratégia de produto, marketing ou vendas da mesma forma que um profissional que faça isso o dia inteiro. E, obviamente, ainda há muitos gerentes de produto, executivos de marketing e vendedores na GE. Porém, os engenheiros precisam entender essas realidades de negócios, tal qual os modeladores ou codificadores da Weta Digital precisam compreender como seu trabalho se encaixa nas ambições criativas do filme.

Sejam engenheiros de aeronaves no centro-oeste americano ou cineastas na Nova Zelândia, em outras palavras, o caminho para o sucesso nas empresas complexas e tecnologicamente inovadoras que dominam a economia moderna consiste em agir como o agente agregador que pode unir equipes e pessoas em rápida mutação com muitas habilidades diferentes juntas.

Ou pelo menos me pareceu assim, até que digitei o termo "pessoa agregadora" no mecanismo de busca do Google e descobri que era visto como pejorativo em uma das mais bem-sucedidas dentre essas empresas complexas e tecnologicamente inovadoras que dominam a economia moderna: o Google mesmo.

OS RISCOS DE SER UMA PESSOA AGREGADORA (E COMO EVITÁ-LOS)

Eric Schmidt chegou ao Google em 2001, quando a empresa era uma revelação em crescimento, mas ainda não era o colosso global que viria a se tornar. Ele era um CEO "profissional" — um veterano da Novell e da Sun Microsystems — que era como um adulto que guiaria os novatos fundadores Larry Page e Sergey Brin a levar a empresa para além de suas raízes iniciais.

"Quando estava na Novell, percebi todas essas pessoas 'agregadoras'", declarou Schmidt durante uma palestra em Stanford, em 2015.[7] "Essas pessoas agregadoras são aquelas pessoas gentis que fazem a ponte entre diferentes grupos que ajudam nas atividades. Elas são muito leais e adoradas pelos colegas, mas, na verdade, não precisamos delas — elas só atrasam as coisas." Quando ele percebeu que o Google estava contratando muitos agregadores, ele começou a analisar todos os possíveis novos contratados com Page e Brin. "Todos que parecessem ser agregadores", ele indica, "não foram contratados". Isso era o oposto do que eu ouvia em empresas inovadoras por todo o mundo, então conversei com Laszlo Bock, vice-presidente sênior de operações pessoais do Google na época, para tentar entender o que isso significava.

"Basicamente, a ideia é que há pessoas que fazem trabalhos intermediários que talvez não sejam uma necessidade, caso todos estejam cumprindo suas funções", disse ele. "Um exemplo perfeito seria alguém que atuasse como um chefe de gabinete." A preocupação dos líderes do Google era de que qualquer um responsável pelo gerenciamento de processos estivesse causando qualquer dano ao trabalho de inovação e criação de produtos. "Um dos receios no início era que tudo isso causasse problemas. Depois que começamos a criar essas funções que existem apenas para compensar as deficiências dos que nos cercam, eles serão automaticamente replicados por toda a empresa."

Curiosamente, minha impressão, durante a conversa com Bock, era de que "agregadores" não seria o termo certo para o que os gerentes do Google estavam tão empenhados em evitar. Na verdade, a intenção era eliminar os "trabalhos agregadores" — gerenciar processos e burocracia, em vez de realmente construir ou vender coisas ou, de alguma outra forma, impulsionar os negócios. A questão não era tanto sobre o histórico ou as habilidades dos candidatos ao emprego. O problema estava na estrutura do trabalho em que esses profissionais seriam inseridos.

32 COMO VENCER NO MUNDO DO TUDO OU NADA

Então, o que distingue o tipo positivo de pessoa agregadora que vi na Weta Digital e na GE, e o tipo ruim delas — aquelas pessoas que empacam em trabalhos burocráticos e focados em processos que Eric Schmidt estava se esforçando tanto para não contratar no Google? Pressionei Kathy Gruzas da Weta sobre esta questão.

"Acho que o problema é a parte que diz 'sem habilidades' e 'sem muita capacidade produtiva'", escreveu ela em um e-mail. "O problema é que agregar pode causar danos em vez de unir todos os setores e seguir na mesma direção. Já passei por esse problema — contratei uma pessoa que considerava mais próxima do que imaginava ser uma pessoa agregadora, 'inteligente e criativa', mas eventualmente descobri que ela era mais o que Novell considera, sem iniciativa e esforço, e agregando pouco valor no final. Precisamos remover essas pessoas, porque elas atrasam a empresa... Parece que o problema de Novell era 'madeira podre' escondida em grandes estruturas. Não estou falando desse tipo de pessoas agregadoras... Estou falando daquelas que reconhecemos imediatamente e que são como um tesouro, e não daquelas que mal sabemos como conseguiram um emprego."

Sua resposta mostra um dos riscos fundamentais do gerenciamento de uma carreira em um mundo no qual um dos maiores sucessos se encontra na interseção de diferentes formas de especialização. Qual é a diferença entre uma pessoa agregadora bem-sucedida e um profissional que personifica o velho ditado "cobrir um santo e descobrir o outro"?

Podemos encontrar a resposta na obra de um famoso economista italiano e em uma fala atribuída ao grande escritor da *New Yorker*. AJ Liebling: "Consigo escrever mais rápido do que qualquer um que saiba escrever melhor, e consigo escrever melhor do que qualquer um que saiba escrever mais rápido."

UM FUNCIONÁRIO PADRÃO DE PARETO

O bom tipo de pessoa agregadora — aquela que é altamente valorizada nas organizações que dominam a economia moderna — pode ser construído por meio de múltiplos caminhos. Há especialistas extremamente técnicos que desenvolvem as habilidades de comunicação e estratégia de negócios e, assim, conseguem trabalhar bem com outras pessoas que não compartilham dessas habilidades. Há outros que ficam na interseção de duas ou mais áreas de especializações técnicas, com a função de impulsionar as equipes em direção à meta.

Encare o leque de possibilidades como um *continuum*, utilizando uma linha que será familiar para quem estudou Economia.

Ao administrar uma carreira do século XXI, pode ser útil aprender um pouco com o economista, filósofo e sociólogo italiano Vilfredo Pareto. Pareto, que morreu em 1923, era muitas vezes teimoso e amargurado com aqueles que considerava intelectualmente inferiores, o que parecia ser quase todo mundo. Mas, apesar de todas as suas falhas, ele nos deixou uma série de ideias tão importantes que perduram até hoje, quase um século após sua morte. Uma delas é o que chamamos de "ótimo de Pareto", que é um estado em que não se pode melhorar as coisas em uma frente sem piorar as coisas em outra. Inicialmente, servia para observar como os bens escassos eram alocados em uma sociedade. Uma economia está dentro do padrão de qualidade de Pareto quando uma pessoa não pode receber mais coisas sem que a outra receba menos. Se alguém em uma sociedade ganhar mais à custa de outra que ganhe menos, essa sociedade está passando de um ponto na curva de Pareto para o outro. Entretanto, se uma sociedade aumentar seu potencial produtivo para que uma pessoa possa ganhar mais enquanto outras ganham o mesmo que antes ou mais, consideramos que se trata de uma melhoria de Pareto — a curva inteira muda, em vez de apenas um indivíduo passar para outro ponto da curva. E esse é o objetivo.

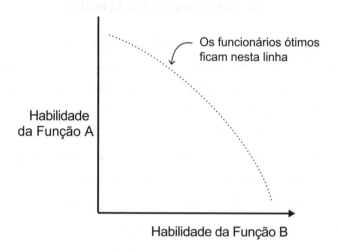

Enquanto isso, uma sociedade que funciona abaixo da curva do ótimo de Pareto está falhando, de alguma forma, — essencialmente desperdiçando ganhos que poderiam melhorar o bem-estar de alguém. Isso não é desejável.

O mesmo se aplica aos tipos de funcionários que são considerados mais valiosos nas firmas estreladas da economia moderna. Há espaço para especialistas aprofundados, mas o melhor é que eles sejam extraordinários em seu trabalho. O que aprendemos com a Weta Digital e a GE é que encontramos cada vez mais oportunidades no meio dessa curva nas organizações modernas, onde ficam os agregadores. Os bons agregadores são altamente valiosos para a conexão do trabalho de pessoas com diferentes especializações — mas apenas se estiverem nessa frente do "ótimo de Pareto", eles mesmos oferecendo conhecimentos especializados substanciais.

Assim, por exemplo, imagine uma organização que fabrica e vende software e, portanto, exige que codificadores e desenvolvedores de software criem o produto e profissionais de marketing o vendam. Quatro pessoas nesta organização podem se encaixar na curva, como vemos na próxima página.

Darla é uma codificadora perfeita; essa é sua principal contribuição para a equipe. Ela consegue se comunicar bem com os profissionais de marketing, mas apenas o suficiente para saber quais recursos deve adicionar ao software. Enquanto isso, Debora trabalha em marketing. Ela não consegue escrever uma linha de código, mas ao menos consegue se comunicar com Darla o suficiente para explicar as demandas dos clientes. Damien é o gerente de produto. Ele tem alguma experiência em desenvolvimento de software, não no mesmo nível que Darla, mas o suficiente para entender o que é tecnicamente possível, difícil ou fácil. Ele tem um MBA e pode garantir que o produto seja entregue no prazo, atendendo às necessidades dos clientes.

Os três têm formação e habilidades muito diferentes, mas cada um deles é um funcionário ótimo de Pareto — assim como Liebling combinava capacidade e velocidade de escrita, cada um dos três sabe mais codificação do que qualquer um que saiba mais marketing, e mais marketing do que qualquer um que saiba mais sobre codificação. Todos são partes valiosas da equipe e provavelmente receberão muitas oportunidades no futuro. Damien, como uma pessoa agregadora clássica, incorpora um arquétipo que é especialmente valioso na evolução das empresas de sucesso (em termos mais matemáticos, o formato da curva favorece agora a parte intermediária).

E, por fim, temos o Dave. Dave não possui a proficiência técnica que tornaria a empresa mais bem-sucedida, seja por meio de um melhor marketing, desenvolvimento de software ou gerenciamento de produtos. Ele provavelmente passa boa parte de seu tempo marcando reuniões, socializando no escritório e tentando compensar sua falta de capacidade de contribuir adicionando muitos processos e burocracia em vez de boas ideias e execução. O tipo de pessoa que Eric Schmidt evitou ao máximo contratar no Google. Você não vai querer ser um Dave.

Um tipo popular de funcionário que se encaixa perfeitamente nesse conceito de ótimo de Pareto é o "profissional em T". O termo "profissional em T" é usado pelos consultores da McKinsey há anos e foi popularizado pela IDEO, a influente empresa de design global. A ideia é que a parte vertical do T simbolize a profundidade da habilidade em determinada área, enquanto a horizontal indique a capacidade de colaborar entre as disciplinas. "As pessoas em T têm profundidade e amplitude em suas habilidades", explicou Tim Brown, executivo-chefe da IDEO, em uma entrevista,[8] em contraste com as "pessoas em I", que se aprofundam em uma área, mas que não conseguem colaborar bem com pessoas de outros campos, e aquelas pessoas que conseguem uma boa colaboração, mas carecem de profundidade suficiente em qualquer área para que sua contribuição seja significativa.

Na verdade, o profissional em T ocupa um ponto específico na linha de ótimo de Pareto e é um tipo de agregador. Isso pode ser demonstrado dessa forma:

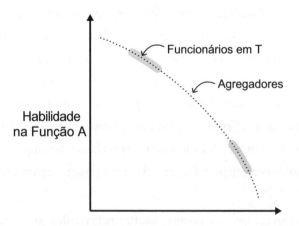

Todos devemos ter como ambição nos tornarmos profissionais dentro do padrão de Pareto em nossas carreiras na economia moderna. Embora ainda haja espaço para especialistas técnicos rígidos — que ficam nos extremos da curva de Pareto — na economia moderna, eles precisam ser verdadeiramente extraordinários para ter boas perspectivas. Os tipos de organizações que dominam a economia moderna tendem a exigir mais profissionais agregadores, aqueles que funcionam bem na interseção de diferentes especialidades técnicas.

Então surge uma grande pergunta: como se transformar em uma dessas pessoas? Os capítulos seguintes dedicam-se a responder isso.

2

Adequando-se ao Padrão de Pareto

COMO SER A PESSOA QUE AS MELHORES EMPRESAS MAIS PRECISAM

É de muito bom-tom começar a se adequar ao padrão de Pareto — buscar ser aquela pessoa que entende como as diferentes partes de uma organização moderna se interseccionam, fazer com que as equipes trabalhem melhor, adquirir diferentes tipos de conhecimentos técnicos e, desta forma, falar as línguas das diversas tribos que integram sua empresa. Porém, descrever essa estrutura não responde a duas perguntas cruciais para se tornar o tipo de funcionário mais requisitado e recompensado lucrativamente pelas empresas que dominam a economia do século XXI.

Primeiro, qual combinação de conhecimento funcional é mais valiosa em seu setor? E, segundo, como você gerencia suas escolhas de carreira para garantir que consiga essa combinação?

DESCOBRINDO QUAL MISTURA DE HABILIDADES IMPORTA

No final dos anos 1990, Matt Sigelman, um jovem consultor recém-saído da faculdade, conseguiu um emprego em um banco americano que tinha ambições de expansão para a Índia e, principalmente, trazer uma abordagem quantitativa e mais metódica aos empréstimos para o cliente. Na época, os bancos indianos tendiam a emprestar dinheiro de uma forma altamente subjetiva. Os agentes de empréstimo visitavam as casas dos possíveis devedores e tomavam decisões com base em fatores como a qualidade de seus tapetes, o tamanho da casa e o número de funcionários que empregavam. E eles não tinham problemas em permitir que suas crenças pessoais afetassem suas decisões. "Passei muito tempo entrevistando underwriters, e eles faziam tudo com uma lógica particular", disse Sigelman. "Tipo, 'esse cara é advogado, então nunca emprestarei dinheiro a ele, porque vai me processar.'"

O esforço não gerou grandes resultados, e Sigelman saiu do banco para estudar administração. Mas ele não esqueceu a experiência de tentar transformar informações confusas e não estruturadas em algo que pudesse ser computado, observado e analisado.

Alguns anos depois, Sigelman e um sócio compraram a Burning Glass Technologies, que tinha como objetivo ajudar as empresas a usar a tecnologia como facilitadora das decisões de contratação. Quando começou a investigar os processos de recrutamento e contratação de gerentes — mesmo em grandes empresas com administração profissional —, ele ficou impressionado com a semelhança que tinham com o processo usado pelos bancos indianos para conceder empréstimos. Alguns dos critérios pareciam legítimos: onde os candidatos estudaram, onde haviam trabalhado anteriormente e assim por diante. Mas, às vezes, algumas pessoas eram contratadas em detrimento de melhores candidatos simplesmente porque tinham certa ligação com o gerente de contratação, ou não eram contratadas justamente pela ausência desse relacionamento.

Naquela época, a principal oferta da Burning Glass para seus clientes era um software projetado para ajudar na classificação e análise das candidaturas a vagas recebidas. Mas, Sigelman pensou, por que não virar essa realidade de cabeça para baixo e tentar analisar com mais rigor quais vagas apresentavam mais dificuldades de preenchimento e, portanto, o que candidatos, faculdades e outros envolvidos em educação e treinamento podem fazer para produzir a força de trabalho que a economia moderna precisa? Os dados existentes sobre empregos e remuneração até então tendiam a ser muito abrangentes — níveis médios de remuneração, número total de vagas, e assim por diante. Ele viu ali uma oportunidade de ir mais fundo.

Então, a partir de 2007, sediada em um escritório com vista para o porto de Boston, a Burning Glass tem vasculhado todos os anúncios de emprego que pode encontrar — vasculhando fóruns de vagas populares com fins lucrativos, anúncios online de empregos feitos diretamente por empregadores, publicações de conglomerados comerciais e assim por diante. Em 2017, os computadores da empresa passaram o pente fino em 50 mil sites por dia, que comportavam milhões de vagas de emprego, e converteram seu inglês básico (ou corporativo, dependendo do anúncio) em dados estruturados, como habilidades específicas e experiência requisitadas na publicação e qualquer informação salarial incluída. Também rastrearam por quanto tempo uma publicação permanecia no ar, fornecendo um *proxy* decente para saber se a empresa passava muito ou pouco tempo procurando quem pudesse preencher a vaga. Com o tempo, a Burning Glass acumulou um conjunto de dados de centenas de milhões de ofertas de empregos em um formulário que poderia ser pesquisado e organizado. O resultado de todo esse trabalho é um mapa granular do mercado de trabalho dos EUA na última década extraordinariamente detalhado, e em atualização constante. Sigelman apostou que, ao analisar quais habilidades os contratantes buscavam e o que encontravam, ou não, sua empresa conseguiria desenvolver *insights* sobre o mercado de trabalho que não podiam ser encontrados em qualquer outro lugar.

Em 2014, porém, Sigelman notou um padrão curioso em uma categoria surpreendente de empregos. Muitas escolas e acampamentos nos EUA são ligados a uma igreja ou outra instituição religiosa e empregam um "diretor do meio religioso" para orientar a experiência espiritual de seus alunos. Geralmente, esses empregos são facilmente preenchidos; incontáveis graduados em escolas de divindade, ou apenas devotos com a personalidade certa, tendem a se inscrever. Mas, de acordo com os dados de Burning Glass, de repente, essas vagas começaram, em média, a demorar muito mais para serem preenchidas, sem um motivo lógico.

"Lembro-me de quando analisei os números pela primeira vez e disse: 'Pessoal, claramente estamos fazendo algo errado com nossos dados, porque não há escassez de talento religioso nos EUA'", disse Sigelman. Ao observar melhor, perceberam que o problema não era tanto uma carência geral de pessoas em busca de empregos na vida religiosa. Mas, sim, uma busca crescente por novas habilidades entre os diretores com treinamento religioso. "A maioria dessas vagas era preenchida rapidamente, e não havia atrasos", disse Sigelman. "Mas havia outra parte dessas vagas, na qual se procurava por diretores com treinamento religioso que tivessem habilidades em redes sociais e marketing de banco de dados — pessoas que realmente poderiam produzir marketing para os jovens. Mas não existia muita mão de obra disponível com essa combinação de habilidades, e isso fazia com que a média geral indicasse uma escassez." O problema, em outras palavras, não era a falta de pessoas interessadas na vida religiosa, mas a falta de pessoas *que também sabiam trabalhar com marketing de banco de dados.*

"Isso me marcou porque foi revelador perceber que os números gerais não são suficientemente esclarecedores. Dizer 'Olhe, vagas para diretores com formação religiosa são difíceis de preencher' não é muito útil se você não estiver treinando pessoas com as habilidades que verdadeiramente tornam essa vaga difícil de ser preenchida."

Ele percebeu que, no mercado de trabalho moderno, era cada vez mais crucial não apenas observar quais vagas eram divulgadas pelas empresas, mas também analisar os detalhes de qual mistura de habilidades elas buscavam. Assim como os diretores com formação religiosa, muitos dos empregos mais necessários — como demonstrado pelos cargos mais divulgados e que demoraram mais para serem preenchidos — eram aqueles que apresentavam uma mistura de habilidades que, como Sigelman disse: de fato não são naturalmente do mesmo segmento. É frequente que, quando as empresas abrem alguma vaga de emprego, elas enfatizem as qualificações que têm mais dificuldades de encontrar. Por exemplo, uma empresa farmacêutica que contrata um advogado interno pode não se preocupar em especificar algumas das habilidades e qualificações que um advogado experiente deve ter, como um diploma em direito. Em vez disso, poderia enfatizar o conhecimento em ciência médica — um conhecimento relativamente raro em advogados, mas que poderia ser uma qualificação particularmente útil para um que atue na indústria farmacêutica.

Além disso, como qualquer um com conhecimento básico de economia poderia prever, o desequilíbrio entre oferta e demanda para essas pessoas com habilidades híbridas fez com que seus salários aumentassem. Pelos dados da Burning Glass, por exemplo, o salário médio anunciado para um gerente de engenharia era de US$95 mil por ano — o mesmo salário passava para US$120 mil quando a vaga pedia um gerente de engenharia que também possuísse experiência em planejamento estratégico. Uma vaga para gerente de cadeia de suprimentos e logística de US$70 mil aumentou para US$83 mil em gratificação quando também demandava experiência em planejamento estratégico. Um gerente de instalações que receberia US$58 mil por ano passaria para US$72 mil por ano caso também tivesse experiência em gerenciamento de contratos. Muitos dos trabalhos cuja demanda aumentou mais na década analisada pelos dados são exemplos principais dessa hibridação. Para ser um cientista de dados, cargo praticamente inexistente no início do século XXI, mas que agora pode ser encontrado em praticamente todas as grandes empresas,[1] geralmente é necessário uma combinação de habilidades de programação de computadores, conhecimento estatístico, uma boa compreensão de estratégia de negócios e habilidades de comunicação suficientemente boas para explicar as descobertas aos colegas generalistas. Os desenvolvedores de aplicativos para dispositivos móveis são outro exemplo. "Descobrimos que, em comparação com as vagas de desenvolvedores da web ou de software, é mais provável que os desenvolvedores de aplicativos móveis não precisem apenas de habilidades de codificação, mas também de design, negócios, marketing, capacidade de desenvolver aplicativos de comércio eletrônico", disse Sigelman. "É um papel muito mais complicado do que o título nos leva a acreditar."

Em outras palavras, os empregos em maior demanda na economia moderna exigem pessoas como nossos amigos ótimos de Pareto: Darla, Damien e Deborah.

Porém, essa ainda não seria a resposta à pergunta: Como saber qual combinação específica de habilidades híbridas tem maior probabilidade de dar certo e, portanto, qual delas deve-se tentar desenvolver? Os exemplos dos dados da Burning Glass acima são de 2017 e, quando você estiver lendo este livro, o mercado poderá ter facilmente passado por outra mudança. E ainda que pareça tentador analisar minuciosamente 50 mil sites de vagas por dia e empregar um monte de cientistas de dados para extrair lições dos resultados, não é algo muito prático.[2] Mas o atalho oferecido por Sigelman é extremamente útil e relativamente simples de aplicar.

Em todos os setores, algumas empresas são conhecidas por figurarem na vanguarda da direção para onde a indústria e suas necessidades de talentos seguem e outras são conhecidas por sua lentidão em se ajustar. Mesmo que você trabalhe em uma das empresas "lentas", é válido monitorar as ofertas de emprego das empresas de ponta. As habilidades que elas buscam provavelmente oferecerão uma prévia do futuro da vaga em questão. Seu próprio empregador pode não perceber que precisará da habilidade X, mas se seu concorrente altamente inovador estiver tentando contratar muitas pessoas com a habilidade X, procure qualquer oportunidade de aprender mais sobre X. Por exemplo, a Burning Glass examinou os anúncios de empregos de engenheiros mecânicos da Tesla e da General Motors — trabalhos ostensivamente semelhantes tanto em uma montadora de última geração quanto em uma tradicional. Havia muitas semelhanças; nas duas empresas, um grande número de anúncios buscava habilidades em validação e simulação. Mas enquanto 54% das publicações da Tesla buscavam experiência com o software de design tridimensional CATIA e 19% buscavam experiência com modelagem e design 3D de forma mais geral, esses requisitos eram menos prevalecentes nas vagas oferecidas pela GM. O que se entende por isso: se você for um engenheiro mecânico na indústria automobilística e pensar que o futuro da indústria automobilística se parece mais com a Tesla do que com a GM — *não importando se a Tesla em si some vitórias ou fracassos* — seria muito útil adquirir experiência em técnicas de modelagem 3D e, particularmente, no CATIA.

Acima de tudo, tornar-se um funcionário ideal nos parâmetros de Pareto, qualificado para os trabalhos híbridos que, de acordo com os dados de Sigelman, mostra que as maiores oportunidades exigem um pensamento ativo. "Precisamente, como o mercado de trabalho está cada vez mais dinâmico, diferentes tipos de habilidades aparecem em diferentes tipos de empregos, a expectativa de que, em uma carreira padrão, você acabe adquirindo as habilidades necessárias, é cada vez mais tênue", disse ele. Em tempos onde o trabalho é fluido, baseado em equipe e menos hierárquico, o funcionário ideal de acordo com os parâmetros de Pareto é o que está mais preparado para o desafio da realização do próximo projeto.

Em outras palavras, sua carreira não pode ser um esforço passivo de acumulação de muitos anos em um cubículo, fazendo um bom trabalho e recebendo bônus ou promoções ocasionais; em vez disso, deve-se pensar no futuro — seja examinando anúncios de empregos dos concorrentes de ponta ou pedindo conselhos aos profissionais mais visionários em seu campo — e se preparando ativamente para ele.

Essa é uma boa ideia, mas eu queria entender mais sobre como isso pode se desenvolver em termos práticos. A indústria automobilística, como vimos no exemplo de Sigelman da Tesla e da General Motors, contribui para um estudo de caso fascinante. Foi assim que acabei em Gotemburgo, na Suécia, em um dia cinzento de inverno, na expectativa de transformar essa ampla instrução em conselhos concretos sobre como se tornar um funcionário ideal nos parâmetros de Pareto, com a combinação certa de habilidades para o seu setor.

OTIMIZAÇÃO DE PARETO NOS NEGÓCIOS AUTOMOBILÍSTICOS EM TRANSFORMAÇÃO

O fato da Volvo ser considerada pequena, apesar de ter vendido quase 600 mil carros em 2017, registrando US$25 bilhões em receita e empregando 38 mil pessoas (as maiores montadoras globais, Volkswagen e Toyota, são cerca de 15 vezes maiores) é um indicador da grandiosidade da indústria automobilística global. Entretanto, sua escala relativamente modesta a torna um lugar fascinante para observar o que uma era de transformações tecnológicas no automobilismo significa para quem trabalha na indústria. Os carros já foram apenas um dos muitos produtos fabricados pelo conglomerado industrial sueco Volvo Group, antes de sua unidade de fabricação de automóveis ser vendida para a gigante americana Ford em 1999. Por anos a empresa foi vista como excluída e desajeitada, até sua venda pela Ford para a Zhejiang Geely Holding Group, uma montadora chinesa fundada por Li Shufu, em 2010.

Embora as diferenças culturais entre a China e a Suécia possam fazer a fusão parecer uma combinação estranha, até agora tem funcionado surpreendentemente bem. A Geely conferiu ao mercado chinês uma sensação de ambição global e acesso, deixando a liderança principalmente sueca da Volvo com a função de inovar e expandir a empresa. "Eles nos apoiaram com confiança e suporte à marca, inclusive nos ajudando a entrar na China", disse o executivo-chefe, Håkan Samuelsson. "Antes, éramos uma exportadora sueca. Agora somos uma empresa verdadeiramente global." A empresa está adicionando força de fabricação na China e nos Estados Unidos, com uma fábrica perto de Charleston, Carolina do Sul.

Enquanto isso, a indústria automobilística vive uma era de tumulto, em todas as frentes. A tecnologia subjacente está mudando, com os motores de combustão interna a gasolina começando a ceder lugar para motores híbridos e elétricos a bateria. A forma como as pessoas interagem com os carros também está prestes a passar por grandes mudanças, pois os carros autônomos (sem motorista) deixaram de ser um sonho e se tornaram realidade em apenas alguns anos. Ambas as mudanças prenunciam uma revolução no modelo de negócios das montadoras, pois implicam que menos pessoas possuirão um carro nos próximos anos, com mais carros integrando frotas, sendo chamados por aplicativos, em vez de passar a maior parte do tempo estacionados na garagem do proprietário. Vemos a concretização de uma competição multifacetada, na qual montadoras como a Volvo e seus maiores rivais enfrentam a Tesla e outras startups, e as gigantes do Vale do Silício, como a Uber e Alphabet, visam criar softwares para estimular os carros autônomos. Nesse momento do fluxo, se você for uma montadora, é difícil saber se, por exemplo, a Uber é uma concorrente ou cliente. Por um lado, a empresa está desenvolvendo sua própria tecnologia de carro autônomo e, por outro, assinou um acordo não vinculativo com a Volvo pouco antes da minha visita para a compra de 24 mil carros, assim que a capacidade autônoma esteja suficientemente avançada para permitir que opere como uma frota.[3] No verão de 2017, Samuelsson fez um anúncio contundente de que todos os novos carros lançados a partir de 2019 serão elétricos ou híbridos.

Esse é um ambiente de negócios onde a Volvo precisa desesperadamente de líderes que sejam profissionais dentro dos parâmetros de Pareto — capazes de entender como o hardware, o software e o modelo de negócios implícito se cruzam. Henrik Green é um deles. No fim de 2017, Green era vice-presidente sênior de pesquisa e desenvolvimento, mas sua história na empresa mostra como sua posição era fundamental para ajudá-la a competir neste momento de fluxo do setor.

Green cresceu em Trollhättan, uma cidade a uma hora de carro ao norte de Gotemburgo, em uma família do setor automotivo. Seus pais trabalhavam na Saab, outra montadora sueca que fechou as portas em 2012. Na faculdade, no início dos anos 1990, Green ficou dividido: apesar de amar computadores e ter estudado ciência da computação, ele também adorava o universo mecânico e a emoção de mexer nos motores dos carros. Na época, essas áreas pareciam irremediavelmente desconectadas. Quando conseguiu um emprego na divisão de motores da Volvo em 1996, passou a compreender como estavam interligadas. Nessa época, a mecânica dos carros estava passando por um processo de informatização. O volante, em vez de conectar-se a uma engrenagem que gira as rodas dianteiras, comunicava a intenção de ir para a esquerda ou para a direita a um computador, que transmitia essas informações a um motor controlando a direção. O pedal do acelerador não era mais responsável por abrir uma válvula que permitia a passagem de mais gasolina no motor, causando aceleração, agora ele transmitiria informações a um computador que, por sua vez, controlaria o acelerador. Green estava na rara posição de conseguir entender as linhas de código de software que governavam esses processos e também a mecânica de como eles funcionavam, e avançou na carreira rapidamente. No entanto, ele se lembra desse tempo como um momento de simplicidade fundamental. "O mais importante ainda era a aplicação da nova tecnologia ao conceito básico do carro já existente", completou. "O carro ainda tinha quatro rodas, um volante e um motor de combustão frontal para propulsão, e usamos eletrônicos, software e materiais avançados para que a experiência, apesar de ser a mesma, fosse melhorada."

A mistura dos conhecimentos de software e engenharia de Green permitiu que ele avançasse corporativamente em um momento em que essas eram as duas peças importantes de engenharia automotiva. Ele trabalhou em engenharia de conjunto de motor e transmissão, liderando esforços para descobrir como o software poderia tornar os motores mais confiáveis e econômicos. Na época em que a Ford era dona da Volvo, ele passou bastante tempo em Detroit, aprendendo como as coisas funcionavam em uma organização maior e, depois da aquisição da Geely, passou três anos na China ajudando a liderar a expansão da Volvo por lá. Então, quando retornou à sede na Suécia em 2013, tinha uma perspectiva distinta que agregava muitos dos tópicos essenciais para esse negócio global: Green tinha conhecimentos sobre engenharia mecânica e desenvolvimento de software, questões sobre a interseção da estratégia tecnológica e negócios, além de como o mercado funcionava nos Estados Unidos, China e Europa. Ele tinha a versão Liebling de uma carreira dentro dos padrões ideais de Pareto: conhecia engenharia de software melhor que qualquer um que conhecesse melhor o hardware, conhecia o hardware melhor que qualquer pessoa que conhecesse melhor a engenharia de software, conhecia engenharia melhor do que qualquer um que conhecesse melhor estratégia de negócios e assim por diante.

Mesmo com essa variada experiência, sua função atual faz com que esses trabalhos anteriores pareçam extremamente simples. "Acho que nos anos 1990 quase tudo se resumia à execução", disse. "O melhor produto derivava do melhor nível de desempenho. Agora, a questão é muito mais focada na mudança e flexibilidade — quem é o mais rápido na compreensão do potencial de uma nova tecnologia e qual nível de experiência do consumidor será alcançado ao fazer as coisas de maneira diferente. Ter essa compreensão e manter as equipes receptivas a essa mudança é o que faz a diferença."

Ainda que a otimização de Green nos padrões de Pareto tenha sido importante para seu próprio crescimento na empresa, percebemos que isso vem se tornando o que há de mais essencial nessa era de grandes transformações — não apenas se mostra útil para uma pessoa ambiciosa que deseja uma promoção, mas também é necessária para a sobrevivência da empresa. De fato, o modo como a Volvo e outras empresas automobilísticas tradicionalmente fabricavam carros — os processos que tornaram os automóveis modernos extraordinariamente confiáveis — agora cria impedimentos às mudanças que tornarão uma montadora competitiva. Há alguns anos, a Volvo montou uma equipe para fabricação de carros elétricos, tal equipe operava paralelamente ao time de combustão, cada um trabalhando sozinho para tornar seu tipo de sistema de propulsão o melhor possível. Mas os executivos perceberam que tal estrutura criou incentivos errados. Por exemplo, a equipe dos motores de combustão focou excessivamente a tentativa de prolongar a vida útil desses motores, porque seus empregos dependiam disso. Essencialmente, o próprio instinto dos funcionários de sobrevivência na carreira criou contradições com o que deveria acontecer para garantir que a empresa tivesse um futuro viável em longo prazo.

Em resposta, Green decidiu que a solução seria reorganizar as equipes para que se concentrassem nos objetivos fundamentais de engenharia e negócios, ao invés de preservar uma tecnologia específica. "Basicamente, fundimos essas equipes, dizendo: 'Você lidera a propulsão elétrica do veículo, independentemente de se tratar de um motor de combustão ou propulsão elétrica.' Ou seja, nenhuma estrutura verá a mudança como uma ameaça à sua existência", afirmou Green. Evidentemente, isso também significa que é preciso que os engenheiros se tornem proficientes nos dois tipos de motores. Essa estrutura torna essencial um tipo específico de adequação ao padrão de Pareto àqueles que vislumbram um futuro na Volvo. O mesmo princípio se aplica a todas as peças do carro. Empresas como a Volvo têm um grupo encarregado das mudanças e outro responsável pelos sistemas de aquecimento e refrigeração, e um outro que trata dos bancos e de seus controles de ajuste de posição. Era aceitável atuar de maneira isolada quando a forma básica do carro e o modelo de negócios da indústria eram estáveis. Cada uma dessas equipes poderia trabalhar isoladamente, buscando o melhor funcionamento possível do seu recurso; a equipe encarregada do botão de controle de temperatura preocupava-se apenas com isso. Mas, com a direção atual da indústria automobilística, cada vez mais recursos serão controlados por monitores de tela plana e comandos de voz. A questão sobre carros totalmente automatizados terem volantes e marchas ainda está em aberto, na verdade. Significa que não existe uma função dedicada a trabalhar apenas na forma e posicionamento de um único botão. "Não podemos mais ter 125 proprietários de recursos específicos e cada um deles decidir que 'meu recurso é controlado dessa maneira pelo consumidor'", disse Green. Em vez disso, engenheiros de automóveis bem-sucedidos devem compreender exatamente como uma pequena peça de carro se encaixa no conjunto.

"Tradicionalmente, como indústria nosso forte são especialistas, mas, em vez de conhecimentos muito específicos em uma área, as experiências mais amplas serão cada vez mais necessárias no futuro", afirma ele. "O modelo de negócios está mudando tanto que, amanhã, os carros poderão ser colocados em uma frota; nós poderíamos despachar um carro com hardware e o consumidor estaria realmente assinando e ativando, peça por peça, opções que aumentem o valor dessa assinatura. Portanto, precisamos de pessoas que entendam o que o consumidor deseja, como os negócios funcionam e com um amplo entendimento técnico de como recursos digitais e mecânicos são desenvolvidos."

Há grandes implicações para quem segue uma carreira na indústria automobilística (ou, com pequenos ajustes, qualquer indústria igualmente complexa passando por rápidas mudanças tecnológicas). Para ter sucesso, é preciso buscar experiência em vários aspectos do funcionamento de como um automóvel —

não apenas no design ou apenas em sistemas eletrônicos ou conjunto de motor e transmissão. É preciso entender como tudo isso se conecta à economia subjacente da empresa. Talvez isso signifique ler artigos na imprensa do setor automotivo e notas de analistas de pesquisa para manter-se atualizado sobre as forças econômicas que estão remodelando os negócios. Ou que um engenheiro mecânico participe de aulas de codificação à noite para entender melhor o que os engenheiros de software com os quais colabora fazem o dia todo. Poderia significar também solicitar tarefas temporárias a outras equipes para ter uma visão panorâmica de como um carro é projetado e fabricado.

O ponto principal de estar dentro dos parâmetros de Pareto na indústria automobilística significa não apenas se aprofundar em como tornar uma peça minúscula a melhor possível, mas aprender a fazê-lo enquanto entende o sistema mais amplo em que essa peça funciona — incluindo perguntar se é necessário.

O CAMINHO ATÉ A DIRETORIA

Ser um trabalhador dentro dos parâmetros ideais de Pareto é necessário para qualquer movimento na hierarquia corporativa das organizações que dominam a economia moderna. E quanto mais perto do topo, mais essencial isso se torna.

Quase por definição, as pessoas nos altos escalões de uma organização — por exemplo, onde se encontram diretores executivos, diretores de operações e assim por diante — serão responsáveis por supervisionar as pessoas que realizam os trabalhos que eles mesmos não sabem como fazer e nunca entenderão completamente. Como profissionais no topo de uma empresa complexa, no entanto, elas precisam estar completamente familiarizadas com suas muitas partes móveis e como se cruzam. O empresário de tecnologia e capitalista de risco Marc Andreessen escreveu em um post de 2007 que a questão principal para pessoas ambiciosas estabelecidas no mundo dos negócios é "procurar ser uma ameaça dupla/tripla/quádrupla". Como ele disse: "Todos os CEOs bem-sucedidos são assim. Eles quase nunca são os melhores visionários de produtos, ou os melhores vendedores, nem as melhores pessoas para lidar com marketing ou finanças, ou sequer os melhores gerentes, mas são 25% melhores em algum conjunto dessas habilidades e, portanto, qualificados a executar algo importante." Ele sugere, por exemplo, que o desenvolvimento de habilidades em comunicação *e* gestão *e* vendas *e* finanças *e* trabalho em mercados internacionais — tornando-se razoavelmente bem-sucedido em cada área — é a "fórmula secreta para se tornar um CEO."[4]

Um estudo que analisou os currículos de 4.500 diretores executivos de 1.500 grandes empresas de 1993 a 2007 focou a distinção daqueles com uma experiência específica da empresa daqueles com habilidades gerenciais gerais.[5] Os resultados? Os CEOs generalistas ganhavam um bônus de 19% em salário anual, totalizando quase US$1 milhão por ano em remuneração extra, comprando com os especialistas. O bônus do salário dos generalistas era mais alto nas empresas que cuidavam de reestruturações e aquisições, em adaptação a um ambiente de negócios em mudança acelerada ou, geralmente, que enfrentavam choques e angústias. Quando as coisas ficam difíceis no mundo corporativo, os CEOs generalistas evidentemente não se abalam.

Em 2016, trabalhei com o LinkedIn na análise de seus dados sobre as trajetórias profissionais, para tentarmos identificar os fatores que levaram ao avanço da carreira nos níveis mais altos. Os pesquisadores do LinkedIn identificaram 459 mil pessoas em todo o mundo cujos perfis indicavam que haviam trabalhado em qualquer uma das grandes empresas de consultoria de gerenciamento entre 1990 e 2010. Então, analisaram o subconjunto de 64 mil pessoas que alcançaram o marco de se tornarem vice-presidentes, sócios ou executivos de alto escalão (como diretor financeiro ou diretor de informações) de uma empresa com mais de 200 funcionários.

Alguns dos resultados foram bastante intuitivos. Conseguir um MBA, principalmente de um programa de ponta, aumentou a probabilidade de uma pessoa chegar ao topo da escala corporativa.[6] Certas cidades — capitais internacionais de negócios como Nova York, Mumbai e Cingapura — pareciam oferecer maiores chances de ascensão a altos escalões executivos do que outras de tamanho semelhante, mas talvez menos interconexão com o comércio global, como São

Paulo e Madri. Os dados do LinkedIn não mostraram relação significativa, positiva ou negativa entre a frequência com que as pessoas trocavam de empresa e a probabilidade de alçarem cargos executivos; os funcionários com maior tempo de casa em uma empresa tinham as mesmas chances dos empregados que eram recontratados a cada dois anos.

O que me chamou atenção foi esse forte relacionamento: em quanto mais funções as pessoas trabalhavam, maior a probabilidade de conseguirem chegar ao nível executivo. Cada função adicional — finanças, marketing, operações, estratégia e assim por diante — aumentou suas chances de chegar a um cargo de alto executivo em até três anos extras de experiência; trabalhar em quatro funções equivalia a ter um MBA em uma das cinco melhores universidades.

Mais recentemente, os pesquisadores do LinkedIn analisaram como a aquisição de qualquer uma das 50 mil habilidades distintas contribuiu para o sucesso posterior. Uma lição crucial foi que, especialmente para quem está na faculdade ou começando sua carreira, havia um pouco de estratégia de ascensão. As pessoas mais bem-sucedidas demonstravam fortes habilidades fundamentais — capacidade analítica e quantitativa, habilidades de comunicação — que complementavam com habilidades limitadas, como familiaridade com uma linguagem de programação específica. As pessoas que se concentraram no foco de uma determinada carreira no início, como conseguir um mestrado em uma especialidade, foram as menos bem-sucedidas. "Para mim, a principal lição é não se concentrar no que parece estar na moda e em expansão no momento, porque não fazemos ideia se tal tendência ainda estará na moda quando a pessoa se formar." Afirmou Guy Berger, economista-chefe do LinkedIn. "Eu não diria que as habilidades especializadas são inúteis, mas deve-se adquiri-las de maneira mais criteriosa. Quanto tempo demorará para conseguir isso? Vou aprender algo que me ajudará a ter uma rápida adaptação, mesmo que essa coisa em particular não seja tão valorizada em alguns anos?"

Ainda é impressionante quantos dos executivos mais bem-sucedidos de empresas líderes apresentam sinais reveladores de serem ideais de acordo com Pareto. Sundar Pichai, executivo-chefe do Google, combinou um mestrado em ciência e engenharia de materiais de Stanford com um MBA com foco em finanças da Wharton School, na Universidade da Pensilvânia, e trabalhou na empresa de consultoria McKinsey antes de galgar seu posto na hierarquia como gerente de produto do Google. Sheryl Sandberg, diretora de operações do Facebook e autora de *Faça Acontecer,* começou sua carreira em Washington, no Banco Mundial e no Departamento do Tesouro dos EUA, antes de ingressar no Google em 2001 para essencialmente desenvolver o setor de receita publicitária da empresa. Era um trabalho que mesclava vendas, tecnologia, finanças e até mesmo algumas questões políticas similares às que havia lidado durante seu período em Washington (pense nas regras da Comissão Federal de Comércio, como lidar com a publicidade de empresas de legalidade questionável e assim por diante). Ela se juntou ao Facebook, em 2008, para construir o setor de publicidade deles e, plausivelmente, pode reivindicar ser responsável pelo projeto do modelo de receita das empresas mais rentáveis da época.

Ou podemos analisar o que aconteceu com um cargo sênior que toda empresa com um determinado tamanho tem: diretor financeiro, CFO. Quando entrevistei Bill Zerella em 2017, ele era o CFO da Fitbit, fabricante de monitores de atividade física. (Quando este livro foi publicado, ele estava trabalhando em uma startup de direção autônoma chamada Luminar Technologies.) Um de seus primeiros empregos, na década de 1980, foi no departamento financeiro de uma empresa em um extremo diferente de complexidade tecnológica: a Simplicity Pattern Company, que fazia moldes de costura. Zerella assumiu o planejamento financeiro e a análise que antes eram função de um homem que provavelmente tinha mais de 70 anos, mas, aos olhos do jovem Bill, ele parecia ter pelo menos 90.

"Ele estava montando um plano financeiro para uma empresa da Bolsa de Valores de Nova York, e pegou essa pasta, desdobrando uma planilha que, no final das contas, tinha 6m de largura, com todos esses pedaços de papel colados. Todos os números estavam escritos a lápis. Esse era o plano financeiro da empresa e, toda vez que um número era alterado, levava cerca de uma semana para chegar a uma nova resposta." Zerella tentou convencê-lo a gastar US$10 mil (em dólares de 1984) em um computador pessoal da IBM com o software de planilhas Lotus 1-2-3, mas o CFO estava convencido de que era um desperdício — apenas um bando de vendedores de computadores que queriam lucrar com algo que nunca funcionaria.

Zerella acabou vencendo a batalha — e quando seu chefe pediu algumas alterações nas projeções da empresa, ele entregou os resultados em uma hora, em vez de uma semana. "A ideia de que, ao mudar uma coisa, como o número de funcionários ou preços, saberíamos instantaneamente o que isso significaria para o fluxo de caixa nos próximos X anos foi revolucionária", disse Zerella. "O cara ficou encantado." O CFO passou toda a sua carreira desempenhando mais ou menos a mesma tarefa repetidamente, atualizando sua enorme planilha com um lápis e certificando-se de que os livros da empresa estavam equilibrados. Agora, podemos fazer isso com apenas alguns cliques do mouse e milissegundos de tempo de processamento. "Decisões que levariam uma semana ou um mês para serem tomadas, passaram a ser resolvidas em literalmente minutos." Quando Zerella se tornou CFO, em 1987, o trabalho era praticamente o mais simples possível. "Não me lembro de lidar com a estratégia. Participávamos de uma reunião semanal da equipe com o CEO, o COO, o cara que dirigia as vendas e o marketing, o cara que cuidava da engenharia, e resolvíamos as coisas, e eu diria: 'Aqui estão os números, esta é a previsão para o próximo trimestre.' Era bem unidimensional."

Nos anos seguintes, quando Zerella assumiu uma série de empregos como CFO, principalmente na indústria de tecnologia, as coisas começaram a mudar. O trabalho consistia menos em fornecer respostas simples sobre como andavam as finanças da empresa e se tornava mais sobre moldar a estratégia para que se extraísse mais lucro. No trabalho seguinte, o CEO estruturou a empresa de forma que o chefe de RH respondia a Zerella. Podemos reconhecer uma lógica óbvia para isso. Especialmente nas empresas de serviços, grande parte do destino financeiro da empresa está atrelada aos níveis de pessoal, salários e às taxas de desgaste, além do alinhamento desses números de forma adequada com a demanda e os preços. Para ser eficaz, uma pessoa que começou sua carreira em contabilidade e se considerava um planejador financeiro precisou aprender rapidamente como administrar um departamento de RH responsável por centenas de trabalhadores, cuidando de coisas que iam desde regulamentos trabalhistas a estratégias de recrutamento. Como ele fez isso? "É preciso muita leitura. Pesquisas. E fazer muitas perguntas. Eu gostava, porque era tudo novo para mim. Houve com certeza momentos em que pensei: 'Não faço ideia do que estou fazendo aqui', mas é nesse momento em que arregaçamos as mangas e tentamos dar um jeito."

"Uma revelação que me marcou foi que precisava ser inteligente o suficiente para saber quando não sei de algo, porque é aí que você pode realmente tomar más decisões e isso é perigoso", continuou ele. "Prefiro admitir que realmente não sei como fazer isso e pedir ajuda do que tomar uma decisão que pode ter implicações muito ruins para a empresa."

Zerella atuou como diretor financeiro em oito empresas diferentes e, em diversas ocasiões, também supervisionou os setores de tecnologia da informação, jurídico, gerenciamento da cadeia de suprimentos e outras operações. "A função de CFO foi além do 'cara que sabe dos números', porque acho que as empresas perceberam, ao longo dos anos, que, independentemente do problema nos negócios com o qual estamos lidando, há um componente financeiro implícito a ele e ter [uma noção] disso ajuda os CFOs a desempenhar um papel maior na empresa", afirmou ele.

Em outras palavras, para passar de profissional de finanças iniciante a CFO, não basta ser bom em cuidar dos livros. É preciso um entendimento mais profundo de como as funções financeiras de uma empresa cumprem seus objetivos mais amplos e se cruzam com todo o restante. Isso é ainda mais latente quando se aspira chegar ao topo da hierarquia corporativa — seja o produto criado com tecnologia de ponta ou com tecnologia usada há muito tempo pelos humanos.

BEAM SUNTORY E O CEO ÓTIMO DE PARETO

Em algum momento do início dos anos 1000, os monges da Escócia e da Irlanda, sem as uvas que seus colegas mais ao sul podiam destilar para fazer bebidas alcoólicas, tiveram a ideia de usar purê de grãos. Os resultados foram as primeiras versões do que hoje conhecemos como os uísques escocês e irlandês. Cerca de 1000 anos depois, lá estava eu na sede de Chicago de uma empresa responsável por alguns dos melhores uísques feitos em três continentes,[7] para me encontrar com o executivo-chefe dessa personificação da economia moderna de "tudo ou nada".

A Beam Suntory, fruto da aquisição da companhia americana Beam Inc. em 2014 pela Suntory Holdings, com sede em Tóquio, talvez seja mais conhecida pelos uísques de whisky do Kentucky (incluindo o homônimo Jim Beam, Maker's Mark e, meu favorito, Basil Hayden's), uísques irlandeses e escoceses (incluindo Laphroaig) e alguns dos melhores uísques japoneses (Hibiki e Toki). Cada uma dessas bebidas tem uma longa história e construiu sua reputação sobre uma certa habilidade do velho mundo. Em muitos casos, a família que iniciou a marca ainda está envolvida em sua produção; Fred Booker Noe III, o mestre destilador de Jim Beam, é bisneto de James Beauregard Beam, que aumentou a produção após o fim da proibição de álcool nos Estados Unidos, em 1933. Mas, em meio à história e à narrativa, é por meio de uma empresa moderna e corporativa que esses produtos chegam a bares, restaurantes e lojas por todo o mundo. E é aí que entra Matt Shattock.

Shattock cresceu com um pai policial e serviu como comandante de tanques no exército britânico durante os últimos dias da Guerra Fria. Depois disso, foi trabalhar na Unilever, a gigante empresa de bens de consumo com sede em Londres e Roterdá. A Unilever, na época, oferecia aos recém-formados uma posição iniciante que equivalia a um curso intensivo sobre como os negócios funcionavam; novos funcionários passariam por uma série de rotações projetadas para apresentá-los às diferentes partes da empresa. Shattock, recém-chegado do comando de tanques, entrou no programa e de repente estava vendendo variedades de salsichas e embutidos para a rede de supermercados Sainsbury's. Seu próximo trabalho foi na Birds Eye Walls, uma unidade que fabricava alimentos congelados.

Ele foi o gerente-geral encarregado do grupo que vendia aves e carnes congeladas. Essa foi sua primeira experiência como chefe, que incluía dar conta dos lucros e perdas. Ele supervisionava um gerente de fábrica e um gerente de vendas, além de lidar com questões de marca registrada, regulamentares e recursos humanos — toda a gama de funções envolvidas no posicionamento de carnes congeladas em supermercados europeus. "Isso instigou um enorme apreço pelas coisas que eu realmente não fazia ideia de como eram realizadas", disse Shattock. "Sei contar, mas não sou especialista em finanças, por isso aprendi muito com um bom parceiro financeiro. Ter um gerente de fábrica que sabia como esse maquinário incrível funcionaria e como torná-lo mais produtivo foi uma experiência maravilhosa. Eu deliberadamente passava meu tempo com eles, vestia o macacão e ficava na fábrica para entender o que eles faziam para que eu pudesse fazer perguntas inteligentes e tentar alinhá-los com o que estávamos tentando fazer."

Sua próxima parada foi nos EUA, onde se tornou responsável pela integração dos diferentes negócios de alimentos nacionais da Unilever em uma unidade coesa, se tornando diretor de operações. Essa experiência levou a uma oferta de emprego na Cadbury, a gigante de confeitaria, que o contratou para gerenciar a integração de uma unidade recém-adquirida que fabricava o chiclete Trident, as pastilhas Halls e outros produtos nos EUA. Em seguida, ele recebeu uma oferta de trabalho na Fortune Brands, um conglomerado das antigas que produzia produtos muito variados que iam dos cadeados Master Lock, passando pelas bolas de golfe Titleist e torneiras Moen, até o whisky Jim Beam. A Fortune estava transformando suas unidades individuais em empresas mais focadas, com o negócio de bebidas alcoólicas ficando para trás. Eles pensaram, será que Shattock estaria interessado em comandá-lo?

Foi assim que ele desembarcou como diretor executivo da Beam Inc., encarregado de construir um negócio global próspero com marcas de bebidas cheias de histórias, mas pouco investimento. "Tínhamos um conjunto de produtos da mais alta qualidade do setor, mas que não eram discutidos e retratados de maneiras dignas de sua herança e qualidade", disse Shattock. Eles também tinham uma grande oferta de estoques em barris, mas não tinham certeza de que haveria demanda suficiente.

Seu trabalho exigia que empregasse os mesmos tipos de estratégias de marca que os conglomerados de produtos de consumo estão organizados para executar — basicamente transferir seu conhecimento das décadas em venda de salsichas e chicletes para os negócios de bebidas alcoólicas. A empresa procurou fazer com que seus produtos parecessem novos e empolgantes para os consumidores mais jovens, que estão começando a formar suas preferências, e alcançar diferentes grupos demográficos. A reconfigurada Beam Inc. lançou novas campanhas publicitárias, incluindo uma com a atriz Mila Kunis, projetada para atingir um tom jovem e ousado, e testou novidades como o Jim Beam Red Stag (whisky infundido com cereja preta), que as mulheres consumiram duas vezes mais do que o produto tradicional.[8]

A empresa direcionou sua escala em função de um trabalho melhor. Ela já possuía uma força de vendas com relacionamentos com distribuidores de bebidas e com redes de hotéis e restaurantes em todo o mundo, além de uma cesta de produtos que os clientes cobiçavam. Eles construíram esse poder de mercado para oferecer novos produtos aos clientes, como o Jim Beam Devil's Cut, com idade superior ao original. "Muito disso se deve à adoção das melhores práticas", afirmou Shattock. "Gerenciar contas, receita e categorias, esses são os elementos básicos e existentes há décadas."

Esses esforços refletem uma mudança sistemática nos negócios de bebidas alcoólicas que ficou evidente à medida que o setor se tornou mais concentrado e corporativo, nas últimas duas décadas. Como um dos concorrentes de Shattock me explicou, em um passado não muito distante, um emprego em vendas em uma empresa como a Jim Beam envolveria, em grande parte, agradar e socializar com os clientes. Os vendedores de hoje são "muito mais instruídos quando entram e conversam com o distribuidor sobre o status de nossa marca, a situação geral e onde estão as oportunidades de distribuição", disse Allan Latts, diretor de operações da Heaven Hill Distilleries em Louisville, que produz o whisky Elijah

Craig. Para prosperar no mercado atual em um setor que celebra suas tradições, Latts afirmou: "É preciso ser analítico e saber como usar os dados para tomar decisões. E também é preciso entender todo o negócio, não apenas o que se está fazendo, mas o impacto que seu trabalho tem na organização em geral."

Em 2014, cinco anos após a temporada de Shattock, a Suntory fez uma oferta surpresa de compra da Beam Inc. por US$16 bilhões, com o objetivo de criar uma potência global. Como a Beam, sua história era profunda e ilustre. Shinjiro Torii, considerado o pai do uísque japonês, fundou a empresa em 1899; era seu neto, Nobutada "Gary" Saji, quem comandava a aquisição. A Beam seria sua cabeça de ponte nos Estados Unidos e ofereceria um conjunto mais amplo de produtos que permitiria um enfrentamento mais fácil com as gigantes do setor de bebidas alcoólicas Diageo (com sede em Londres, possuindo marcas como Johnnie Walker e Crown Royal) e a Pernod Ricard (com sede em Paris, com produtos como Absolut e Jameson). Os retornos iniciais são bons: entre os benefícios diretos da combinação, as vendas da Jim Beam no Japão aumentaram de 320 mil garrafas pré-fusão para cerca de oito milhões em 2018,[9] e milhões de dólares foram investidos no aumento da oferta de whisky do Kentucky para corresponder a uma previsão de aumento na demanda global.

O jovem Matt Shattock não tinha como saber o que estava estudando quando usava macacão e fazia muitas perguntas sobre como funciona uma fábrica de produtos à base de carne congelada ou sobre as finanças por trás da venda de nuggets de peixe, ou desenvolvia uma estratégia de recuperação para uma empresa de doces. Ele se tornaria CEO de uma empresa que fabrica produtos com muito mais ressonância da marca, mais profundamente ligada à identidade de seus consumidores e desempenharia isso com grande eficácia. Mas isso não seria possível sem usar cada uma dessas etapas de sua carreira para se tornar um executivo ótimo de Pareto — aprendendo como operações de vendas, marketing, marca e fábrica, desenvolvimento de produtos e finanças se encaixam.

Os profissionais que analisamos até agora — de cineastas a engenheiros aeroespaciais e pessoas que lideram uma enorme empresa de bebidas alcoólicas

— chegaram à otimização de Pareto por diferentes caminhos em suas carreiras. Alguns passaram a maior parte de sua vida profissional em um só local, como Henrik Green, da Volvo, e Josh Mook, da GE. Outros pularam de galho em galho com frequência, como Bill Zerella. Vale dizer que todos precisamos nos tornar funcionários ótimos de Pareto em nosso campo para termos sucesso na economia moderna. É algo totalmente diferente transformar esse conselho geral em algo acionável, dadas as circunstâncias únicas de cada setor.

Pode não haver um conselho que sirva para todos. Mas, à medida que me aprofundo nas evidências sobre quem é bem-sucedido em diferentes ambientes de negócios e o motivo disso, tudo começa a ficar mais claro. Dois executivos de duas empresas globais icônicas — e a partida de futebol de um menino de dez anos — fornecerão algumas respostas.

3

O Poder do Mindset

A CARREIRA ESTRUTURADA E COMO
TORNAR-SE ÓTIMO DE PARETO

Quando se formou na faculdade, em meados dos anos 1990, Jennifer Merluzzi, como tantos outros formandos, não sabia bem o que queria fazer da vida. Inicialmente, planejava se tornar advogada — até que sua experiência como técnica jurídica foi suficiente para que percebesse que a rotina da carreira jurídica tinha pouca semelhança com o que ela via nos programas de televisão. Após mudar sua rota e conseguir seu MBA, tornou-se gerente de uma empresa de suprimentos industriais na pequena cidade de Elmhurst, Illinois, onde tentou trazer um armazém e um call center para a era digital, com relativo sucesso. Em seguida, começou a trabalhar com consultoria, auxiliando grandes empresas quanto à estratégia. O ponto comum que ela aprendeu em todas essas experiências foi que mudar uma organização, mesmo diante de ameaças existenciais, é muito, muito difícil. Logo decidiu que passaria a vida estudando esse desafio. Ela se matriculou na Escola de Administração Booth da Universidade de Chicago, estudando para um doutorado em um programa chamado Organizations and Markets (Organizações e Mercados, em tradução livre), que era basicamente sociologia econômica.

Junto de seu colega Damon Phillips, começaram a falar sobre um paradoxo que perceberam entre os alunos que estudavam para um MBA na instituição. A maioria dos estudantes da Booth tem alguma experiência no mercado de trabalho e, em pesquisas realizadas antes do início das aulas, a grande maioria disse que queria usar os estudos na faculdade de administração para mudar a direção de suas carreiras. Entretanto, assim que chegaram, muitos desses estudantes pareciam focar áreas em que já possuíam uma sólida formação: aqueles com experiência prévia em bancos se concentravam ainda mais em finanças; ex-gerentes de marca estudavam marketing; ex-consultores de estratégia participavam de aulas de estratégia. Os livros de aconselhamento para carreiras ofereciam detalhes de como lidar com as ervas daninhas de um campo. Futuros banqueiros podem ser instruídos a ler o *Wall Street Journal* todos os dias, estudar textos sobre finanças, dominar fórmulas financeiras e aprender sobre as diferenças culturais entre essa e aquela empresa de Wall Street. Na hora de escolher as aulas, a tendência seria que fizessem todos os cursos de modelagem financeira que pudessem, em detrimento de outras áreas.

O problema era que esse foco na especialização não estava realmente alinhado com o que os recrutadores no campus disseram que queriam. "Quando conversamos informalmente com empresários que contratavam nossos alunos, eles não se deixavam iludir pelas especializações e não as consideravam o mais importante em um profissional", disse Merluzzi. Seus comentários, como ela os parafraseou, eram do tipo: "Prefiro contratar alguém que não dedique todo o seu tempo a algo como um MBA — isso é um desperdício total. Por exemplo, prefiro alguém que possa mostrar realizações em variadas áreas. Isso demonstra talento e adaptabilidade. E, em segundo lugar, sejamos sinceros, seja qual for o conhecimento financeiro que adquiram em um programa de MBA — mesmo que seja um dos melhores —, eles passarão por um treinamento em nossas empresas, de qualquer forma." Eles buscavam, em outras palavras, um histórico que se parecesse um pouco mais com o de Merluzzi — talvez um tanto errante e sem foco à primeira vista, mas que refletisse uma inteligência aguçada, curiosidade, trabalho duro e adaptabilidade.

Merluzzi e Phillips queriam descobrir qual abordagem era mais recompensada pelo mercado: a especialização que os alunos verdadeiramente abraçassem ou a variada experiência que os recrutadores diziam valorizar. Para tal, precisariam atrair pessoas que demonstrassem níveis amplamente semelhantes de inteligência e realização (antes do curso de administração), para garantir que não estivessem apenas percebendo diferenças nos níveis subjacentes de talento ou força de vontade. Em segundo lugar, eles precisavam de pessoas que estivessem entrando em um ambiente corporativo estruturado em que havia medidas claras de sucesso. Isso garantiria que seus dados pudessem distinguir qual grupo — os generalistas ou os especialistas — estava sendo verdadeiramente recompensados pelo mercado. Os dados, no fim das contas, estavam bem debaixo de seus narizes. Os formandos de um programa de MBA de elite que foram contratados por bancos de investimento de Wall Street se enquadram nas duas frentes. Ao entrarem em uma faculdade de administração de ponta, adquiriram um alto nível de habilidade e, no setor bancário, existem parâmetros bastante uniformes de sucesso, como número de ofertas de emprego, salário e tamanho de bônus.

Merluzzi e Phillips conseguiram dados sobre graduados das turmas de MBA de 2008 e 2009 em uma faculdade de administração de elite que ingressaram no setor bancário. Os jovens banqueiros foram codificados com base em sua experiência anterior ao MBA e nas opções de estágio, e monitorados por fatores como notas dos candidatos, resultados de testes padronizados e se haviam frequentado uma faculdade de elite. Quando terminaram esse trabalho e analisaram os números, os resultados foram impressionantes: aqueles que não foram expostos previamente a bancos de investimento e finanças tinham duas vezes mais chances de receber mais de uma oferta de emprego do que aqueles com vasta experiência no campo.[1]

Além disso, o bônus médio inicial para aqueles que foram expostos previamente a bancos de investimento foi de US$64.438 — 26% a menos do que o bônus mediano de US$87.402 para aqueles sem exposição ao campo. Mas as histórias de recrutadores sobre seu desejo de contratar generalistas criativos e adaptáveis, em vez de especialistas em finanças, pareciam mais precisas.

Isso não significa necessariamente que ser generalista o tempo todo e em todos os campos é a melhor escolha. É fácil encontrar evidências e histórias que justifiquem o valor de um conhecimento e especialização profundos em diferentes circunstâncias. Se eu precisar de uma cirurgia importante ou for julgado por um crime, pode apostar que minha escolha será um cirurgião que tenha passado a vida praticando esse mesmo procedimento, ou um advogado com uma profunda especialização em defesa criminal, respectivamente. Porém, considero isso evidência de que os generalistas — pessoas ótimas de Pareto nas mais variadas funções, que agem como excelentes agregadoras dentro de sua organização — são os profissionais que as empresas têm mais dificuldade de encontrar (e, portanto, no estudo de Merluzzi, eram mais bem recompensados).

Então, como realmente se transformar nessa pessoa?

Quando entrevistei Merluzzi em 2017, ela tinha acabado de entrar no corpo docente do curso de administração da Universidade George Washington e morava nos subúrbios de Washington, D.C. Seu casal de gêmeos, como explicou, eram bons atletas para a idade, seu filho jogava futebol e beisebol, já sua filha praticava natação e ginástica. Mas ela me disse que havia um problema. Seus treinadores os pressionavam para que escolhessem um esporte para se especializarem.

Seu filho recebeu uma oferta para ingressar em um time de beisebol itinerante, no qual enfrentaria os melhores jogadores da região, e não apenas as outras crianças da vizinhança — mas o treinador retirou a oferta "devido ao seu duplo comprometimento", como ele disse em um e-mail, pois o menino queria continuar jogando futebol. As longas horas que sua filha precisava dedicar à prática de natação para manter sua competitividade significariam que ela teria que desistir da ginástica. A mensagem desses treinadores era clara: o sucesso exigia que os filhos de Merluzzi concentrassem todas as suas energias em apenas uma modalidade. "É essa pressão para acumular experiências cada vez mais especializadas no que mais parece uma corrida armamentista, em que cada um deve mostrar sua dedicação e estar à altura da competição", disse Merluzzi. "É como se o nível de exigência continuasse subindo e isso levasse as pessoas por esse caminho cada vez mais estreito em direção à especialização contínua, excluindo todas as outras possibilidades."

Os gêmeos tinham dez anos quando Merluzzi me contou isso.

Essa tendência de pressionar crianças talentosas dos EUA a se especializarem em um esporte tem desvantagens muito crônicas. Para atividades atléticas que envolvem movimentos repetitivos, como arremessar uma bola de beisebol ou empunhar uma raquete de tênis, uma agenda de jogos durante todo o ano significa uma maior probabilidade de lesões graves.[2] Talvez de forma mais prejudicial, um foco avassalador em um esporte pode ser motivo de estresse psicológico, criando nos jovens o conceito de que sua autoestima está atrelada à capacidade de chutar uma bola ou fazer uma cesta. É mais provável que parem de praticar o esporte, mesmo que, em algum momento, isso tenha trazido alegria a eles. Paradoxalmente, o melhor caminho para os jovens se tornarem adultos bem ajustados, e entusiastas de atividades físicas, pode ser limitar parte do tempo que passam praticando qualquer esporte, independente de quanto talento eles tenham para tal modalidade.

Isso também pode ser aplicado à especialização em uma carreira comercial. A cada passo do caminho, o fortalecimento dos já fortificados músculos intelectuais, gerenciais ou técnicos parece a escolha mais sensata. E, é claro, o mundo precisa que as "coisas difíceis" sejam feitas por especialistas com tal conhecimento. Mas o que podemos aprender com a pesquisa sobre os surpreendentes benefícios de ser generalista é que, em longo prazo, vale a pena focar a construção dos músculos enfraquecidos, em detrimento daqueles que já estão fortificados.

Basicamente, o caminho para se tornar um funcionário ótimo de Pareto é superar uma das inclinações mais naturais do mundo — continuar fazendo as coisas que você faz muito bem. Ao mesmo tempo, seguindo esse conselho de forma muito abrangente, você acabará não sendo bom em nada. Para os filhos de Merluzzi, o objetivo é jogar futebol e fazer ginástica o suficiente para desenvolver plenamente quaisquer dons que possam ter, enquanto garante-se que estejam

COMO VENCER NO MUNDO DO TUDO OU NADA

tentando coisas novas e exercitando novos músculos, figurativa e literalmente, o tempo todo.

Tentar equilibrar a programação esportiva de uma criança de dez anos é um desafio complicado. Tentar fazer isso em um contexto de carreira pode parecer algo absolutamente impossível. Mas a história de Omer Ismail me ajudou a entender os resultados de um equilíbrio bem-sucedido.

BANQUEIRO POR ACASO NA NOVA WALL STREET

Ismail cresceu em Karachi, Paquistão, onde frequentou uma escola administrada por britânicos, antes de partir para uma área rural remota e fria de New Hampshire por conta da faculdade. Quando chegou ao último ano em Dartmouth, não sabia ao certo qual carreira queria seguir, mas sabia que queria continuar nos EUA. Então, ele perguntou ao centro de aconselhamento profissional quais empregadores se disporiam a patrocinar vistos de trabalho para jovens funcionários recém-formados. Segundo ele, havia basicamente duas opções: as grandes empresas de consultoria ou os grandes bancos de Wall Street. Ismail se candidatou a ambas. Ele se lembra de que uma grande empresa de consultoria perguntou na entrevista quantos carros cabiam em um campo de futebol; esse tipo de questão era ridícula, pensou. Ele se saiu melhor em Wall Street.

Ismail havia cursado ciência política e não havia estudado nada de finanças ou estagiado em bancos. Mas tinha excelentes notas, era bom em matemática e até mesmo possuía uma pequena experiência em negócios como presidente do jornal de Dartmouth, supervisionando as vendas de anúncios e orçamento. Essa experiência foi suficiente para que eles o chamassem para uma vaga de analista de nível básico no Goldman Sachs, naquela época, e ainda hoje, um destaque da elite dos grandes bancos de investimento de Wall Street.

Ismail inicialmente se sentiu desconcertado por estar entre os novos analistas, a maioria exibindo em seu currículo os estágios e os cursos que lhe faltavam. Durante o programa de treinamento de 6 semanas, enquanto a maioria de seus colegas saía para se divertir à noite, ele consistentemente se dedicava por mais 3 horas tentando chegar ao nível de modelagem e análise financeira que seus chefes esperariam dele no primeiro dia. Ele começou a trabalhar no banco no outono de 2002, como parte de um grupo que fornecia serviços de banco de investimento para as indústrias de telecomunicações, mídia e tecnologia — em uma realidade na qual uma crise econômica destruía essas mesmas indústrias e causava um colapso nas fusões e aquisições, a razão da própria existência da função de banqueiro de investimento. Alguns meses após seu primeiro dia de trabalho, uma série de demissões diminuiu o número de funcionários do Goldman pela metade (analistas recém-contratados como Ismail foram poupados).

Nos 14 anos após aquele começo auspicioso, Ismail se tornou sócio do Goldman Sachs; a maior parte dos analistas que começaram com ele já saiu do banco há muito tempo. Quando conversamos, ele liderava uma das audaciosas tentativas da empresa de se espalhar por áreas em que historicamente não faziam parte de seu portfólio, parte de sua adaptação ao novo mundo financeiro após a crise financeira de 2008. Ele só conseguiu isso se tornando ótimo de Pareto — combinando um entendimento de análise financeira, estratégia, gerenciamento de riscos, conformidade regulatória, tecnologia digital e marketing para o consumidor (com diferentes níveis de conhecimento em cada) buscando ser um líder eficaz. E isso foi feito em uma instituição fundada em 1869, mas sem dúvida mudou mais durante o tempo em que Ismail esteve nela do que em qualquer outra época.

As mudanças na mais recente geração do Goldman Sachs são emblemáticas daquelas que transformaram o mundo dos negócios em geral. A escala e a complexidade da empresa se expandiram: 13 mil funcionários e um saldo de US\$230 bilhões quando foi aberta em 1999; em 2016 esses números eram 37 mil e US\$917 bilhões.[3] O banco compete em um setor mais concentrado dentre um pequeno número de vencedores: antes da crise de 2008, o Goldman Sachs era um dos cinco principais bancos de investimento de Wall Street,[4] um número agora reduzido para dois. Ainda que o setor financeiro tradicional tenha se consolidado nos megabancos, esses agentes enfrentam novos desafios oferecidos pelas novatas empresas de tecnologia financeira. O setor também se tornou mais global, com as instituições de Wall Street disputando negócios com empresas de Londres,

COMO VENCER NO MUNDO DO TUDO OU NADA

Frankfurt, Hong Kong, entre outras. E o que antes era um negócio que se baseava principalmente nos relacionamentos entre banqueiros e clientes, se torna cada vez mais uma competição pelos melhores algoritmos de precificação de ativos ou a melhor plataforma de execução das operações com eficiência.

O Goldman manteve toques da gentil estrutura da antiga Wall Street. Sua hierarquia interna é tão rígida que seus milhares de profissionais financeiros têm apenas alguns títulos: analista, associado, vice-presidente, diretor administrativo, sócio.[5] Mas a mudança é evidente. Talvez o novo detalhe mais notável seja que não se contrata mais aqueles obcecados por finanças engravatados e bem-educados que estudaram em faculdades de prestígio, agora vemos uma busca por alunos de faculdades com orientação técnica que formam talentosos engenheiros de software, graduados em ciência da computação, matemática teórica e até física. Mais superficialmente, tanto Ismail quanto o porta-voz que participou da nossa conversa na sede do Goldman em Lower Manhattan usavam jeans ao invés de terno.[6]

No modelo antigo de Wall Street, a maior aspiração de um banqueiro de investimentos em telecomunicações iniciante seria nada além de subir na hierarquia e se tornar sócio, cada vez mais profundamente conectado à rede da indústria, um consultor de confiança (e parceiro de golfe) dos CEOs que recompensaria a empresa com comissões valiosas sobre megafusões. Esse padrão não desapareceu completamente, mas muitos que prosperam na Goldman Sachs de hoje consideram que suas jornadas profissionais devem ser mais variadas.

Depois de 3 anos no banco de investimentos, Ismail foi estudar administração de empresas e depois retornou ao Goldman — não como um banqueiro de investimento sênior, mas para trabalhar em um dos fundos de private equity da empresa. Ismail ansiava por algo novo. "Sou meio impaciente por natureza", disse ele. "Funciono bem sob um nível saudável de ansiedade e tenho uma necessidade constante de provar a mim mesmo que posso fazer algo diferente." Ele pediu para focar seus esforços no investimento em dívidas, procurando oportunidades na aquisição de grandes blocos de dívida corporativa mal-avaliados pelo mercado. "Imaginei que seria uma experiência de aprendizado mais interessante, então fui atrás disso", completou. "A maioria das pessoas na época ficou chocada com minha decisão."

Muitos de seus colegas, usando aqui a metáfora do jovem filho de Merluzzi, queriam que ele continuasse melhorando suas habilidades no futebol quando ele realmente queria experimentar o tênis.

E funcionou. Ismail aprendeu bastante sobre como as coisas funcionavam em diferentes setores, e o investimento em dívidas tornou-se uma área particularmente disputada durante a crise financeira de 2008–2009, quando títulos de empresas não confiáveis eram negociados com descontos profundos e era possível conseguir grandes lucros caso a dívida certa fosse comprada. Em 2012, Ismail fez outra mudança radical; ele identificou oportunidades intrigantes no setor de assistência médica dos EUA criadas pela Affordable Care Act (Lei de Assistência Acessível, em tradução livre) do Presidente Obama e se propôs a identificar metas para investimentos em private equity que provavelmente seriam sucessos.

Para uma pessoa de fora do setor financeiro, os vários trabalhos que Ismail desempenhou podem parecer semelhantes; tudo envolvia basicamente a construção de modelos financeiros e a negociação de grandes transações. Mas, para os padrões de Wall Street, eles eram muito diferentes. A cada passo, Ismail estava aprendendo sobre novas indústrias e maneiras inteiramente novas de pensar sobre os desafios dos negócios — como um hospital pode adaptar seu modelo de negócios de acordo com as mudanças nas políticas de reembolso de planos de saúde, por exemplo, ou como uma cadeia regional de esportes pode remodelar sua economia quando os "cord cutters" (clientes que buscam alternativas às TVs a cabo tradicionais via streaming ou outros meios) deixam de assinar seu serviço.

De acordo com seus gerentes, o último exemplo ilustra particularmente a capacidade de Ismail de expandir-se para novas áreas. O Goldman detinha uma participação na YES Network, empreendimento que controlava os direitos de transmissão dos jogos do New York Yankees. Ismail ajudou a gerenciar esse investimento quando era um jovem empreendedor na unidade de private equity.

72 COMO VENCER NO MUNDO DO TUDO OU NADA

"A maioria das pessoas naquele estágio de sua carreira teria focado nos números, renovações de contratos e em garantir que o desempenho operacional estivesse acompanhando o orçamento", disse Richard Friedman, chefe da divisão de bancos mercantis do Goldman. "Ele foi além para entender a direção dos negócios, do mercado e da tecnologia, e como o mercado poderia mudar. Por aqui, usamos palavras como 'alcance'. Omer tinha mais alcance que os outros. Ele conseguia ver as coisas como um todo e como cada peça se encaixava." Por fim, a 21st Century Fox, de Rupert Murdoch, comprou a propriedade em um acordo no valor de US$3,9 bilhões, em 2014.[7]

Embora ele tenha atuado nessas etapas da carreira em um prestigioso banco de investimentos, todas as suas ações envolviam certa quantidade de risco profissional. Em vez de assumir cargos e responsabilidades superiores na hierarquia de uma determinada área em que se provara bom o suficiente, ele tentou coisas novas para aprender algo diferente.

"Minha capacidade de assumir um risco pela quarta vez se mostrou um pouco melhor do que quando assumi o primeiro risco", disse Ismail. "Será que uma pessoa pode começar uma carreira como banqueiro de fusões e aquisições 20 anos depois de se tornar um banqueiro especialista em fusões e aquisições? Com certeza. Mas acho que, para mim, a sensação de desconforto é algo realmente valioso."

Sua mudança de rota mais dramática ainda estava por vir. No verão de 2014, Gary Cohn, então presidente do Goldman Sachs, convocou um grupo de executivos seniores em sua casa de veraneio nos Hamptons para traçar o futuro da empresa, que tentava superar a longa sombra da crise financeira. Em 2008, o Goldman havia mudado sua estrutura legal, se tornando uma "holding bancária", tendo assim maior acesso a um suporte do governo. Seis anos depois, no entanto, sua atuação não seria bem o que um cidadão comum reconheceria como um banco — receber depósitos e conceder empréstimos. Ainda se tratava de uma empresa de Wall Street envolvida em negócios financeiros importantíssimos. Entretanto, Cohn e o executivo-chefe, Lloyd Blankfein, se perguntavam como seria se houvesse uma oportunidade de emprestar dinheiro para pessoas comuns e pequenas empresas. Então, pediram a Friedman, o chefe do banco mercantil, que reunisse uma equipe para investigar tal possibilidade. Friedman, impressionado com a versatilidade e a capacidade de Ismail de ver o cenário geral, concordou.

Ismail liderou uma pequena equipe que analisou algumas opções, em busca de áreas do mercado bancário onde os bancos mercantis existentes não estivessem prestando um bom serviço, mas que ainda fossem grandes o suficiente para valer o tempo do Goldman. A conclusão foi que realmente havia uma oportunidade de entrada no mercado de recebimento de depósito e cessões de empréstimos ao consumidor — sem as caras agências bancárias físicas usadas pelos bancos tradicionais, mas com a credibilidade e o conhecimento técnico que o Goldman tinha à sua disposição. Depois de muito debate, eles decidiram que o nome da unidade seria Marcus, em homenagem ao financista alemão Marcus Goldman, que fundou a empresa em meados de 1800. Durante a formação da equipe de gerenciamento, Friedman lembrou que havia oferecido essa opção lucrativa e segura a Ismail quando estavam na equipe de investimento em cuidados de saúde, se ele quisesse.

Em vez disso, depois de uma carreira como conselheiro de fusões e aquisições, gerente de investimentos em mídia esportiva e responsável pela decisão de quais dívidas ou empresas de cuidados de saúde seriam uma boa aposta, de repente, Ismail se tornaria executivo operacional de um banco com foco no consumidor. Trabalhando como diretor de operações, ele foi integrado a uma equipe rapidamente montada que, em cerca de 18 meses, construiu um banco de consumidores totalmente online, nas proporções da megaempresa que o controla e capaz de atender aos requisitos regulamentares derivados da operação como parte de uma das maiores instituições financeiras do mundo. Foi uma baita mudança para quem anteriormente apenas escolhia investimentos em suas funções anteriores.

"No mundo dos bancos de investimento ou dos bancos mercantis, supervisionamos profissionais cumprindo funções que dominamos", afirmou Ismail. "Se meu analista ou outro funcionário não estivesse cumprindo alguma função e eu realmente precisasse me envolver na modelagem, não teria dificuldades em fazer isso, porque já fiz isso antes. Em um trabalho operacional, é preciso aprender a supervisionar pessoas cujas funções você não consegue desempenhar." Ismail nunca havia atuado como gerente de risco de crédito, web designer ou na criação de um aplicativo móvel voltado para o consumidor, mas era responsável por contratar e supervisionar o trabalho de pessoas que poderiam fazer tudo isso. Ele descobriu que o foco principal do seu trabalho era lançar mão de cada função com entusiasmo para ajudar os especialistas a se concentrarem nas questões cruciais. "Se recebo algumas opções do nosso diretor de tecnologia, e se trata de uma questão profundamente técnica e complicada, como: 'Qual provedor de nuvem oferece os melhores recursos de equilíbrio de carga?', por exemplo, minha função é buscar compreender: 'OK, se eu escolher a Opção A ou a Opção B, quais são as implicações para nossos negócios e clientes? E se usarmos um atalho aqui, quais serão suas implicações no futuro? Minha rotina era uma sucessão de escolhas como essa. Ao contratar um novo chefe de produto, você escolhe um candidato com uma ótima visão ou mais focado na execução e nos detalhes? Concentra todas as operações em um só local em Nova York ou cria equipes em locais de baixo custo, como Dallas, ou até mesmo Bangalore?"

Marcus tornou-se uma parte pequena mas em rápida expansão do Goldman Sachs; com US$208 milhões em empréstimos pendentes no final de 2016, US$1,9 bilhão no final de 2017 e US$3,1 bilhões em meados de 2018. E em 9 de novembro de 2016, quando o banco anunciou sua lista de novos sócios, homens e mulheres que chegaram ao topo da hierarquia na venerada empresa, o nome de Omer Ismail estava lá. Ele tem uma inteligência natural e trabalhou muito, é claro. Mas sua ascensão na empresa só foi possível por causa da sua vontade de sair da sua zona de conforto.

CARREIRA ESTRUTURADA, MISSÕES E O MINDSET DE CRESCIMENTO

É possível transformar as habilidades mais naturais de Ismail em uma estratégia que qualquer um possa seguir em sua carreira? Não faltam ideias, estruturas e modelos vindos das pessoas que têm como profissão justamente o estudo das carreiras.

Por exemplo, pensemos naquele velho conceito de carreira. É uma ideia extremamente simples, quiçá ultrapassada. Ao se formar, você começa a trabalhar em algum cargo júnior no campo escolhido. Ganha mais experiência, recebe projetos mais complicados e, então, sobe um degrau, seu título se torna um pouco mais impressionante e seu salário idem. Alguns anos depois, esse processo se repete. Se você se mantiver na linha, e em constante evolução, terá uma boa carreira, culminando em uma adorável cerimônia de aposentadoria e uma saudável pensão. Isso funciona melhor em organizações com uma hierarquia estável e linear.

Como vimos em várias empresas, esse caminho não é mais possível para a maioria dos trabalhadores: as empresas sofrem mudanças muito rápidas; os trabalhos desaparecem ou tornam-se irreconhecíveis. É aí que entra a "carreira estruturada". Encontrei uma ocorrência do termo em 1966,[8] e ele foi tratado como tema de um livro mais recentemente.[9] Ainda assim, quando pesquiso na internet sobre "escada de carreira" encontro cerca de doze vezes mais resultados comuns do que quando pesquiso "carreira estruturada", sugerindo que a versão unidimensional de como pensar em uma carreira ainda é a mais comum, tudo culpa das realidades do mercado de trabalho moderno.

Realmente, uma carreira moderna envolve não apenas movimentos ascendentes em direção a uma maior responsabilidade dentro de uma única especialidade funcional, mas movimentos laterais ou até mesmo descendentes para funções que permitam uma subida mais íngreme posteriormente. Vejamos uma simples ilustração de uma estrutura hipotética de uma pessoa comparada a uma escada de carreira convencional. (Obviamente, as funções exatas e como elas correspondem a anos de experiência variam muito de acordo com a empresa e o setor.)

Em outras palavras, essa é uma ilustração visual da carreira de alguém que gradualmente se torna um executivo ótimo de Pareto. Sheryl Sandberg sugeriu que um "trepa-trepa[1] de carreira" seria uma metáfora mais precisa — tente pensar na terceira dimensão como o tipo de empresa (grande empresa bem-sucedida, startup, empresa de serviços profissionais, etc.).[10]

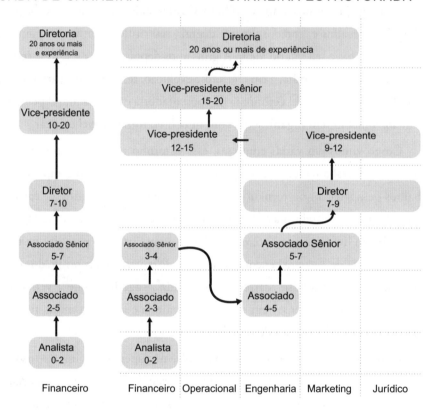

Não importa se você prefere a ideia de estrutura ou trepa-trepa, movimentos laterais ou até um pouco para baixo não são apenas aceitáveis, mas muitas vezes *cruciais* para chegar aonde você deseja. Pense assim: muito raramente você receberá uma oferta simultânea de uma promoção para um cargo mais alto *e* uma mudança para uma especialidade funcional na qual você não possui experiência prévia. Normalmente, deve-se escolher uma das duas — promoção para um cargo de maior responsabilidade em uma função que você tem experiência prévia ou

---
1 Nota da editora: brinquedo escalável infantil que alude à ideia de não linearidade na ascensão ou avanço na carreira.

movimento lateral (ou mesmo descendente) para uma área em que você não tem experiência, mas que oferece a oportunidade de crescer e entender mais sobre o funcionamento e cruzamento das diferentes partes da organização.[11]

Isso pode ser aplicado a algumas outras mudanças na estrutura das grandes empresas na era moderna, como aquelas realizadas pelo grupo de recursos humanos da empresa de pesquisa Gartner. Brian Kropp, que lidera o escritório, contou que, no início da década de 2010, enquanto estudavam as grandes empresas que atendem, ele e seus colegas perceberam a convergência de uma série de tendências. Após a crise financeira mundial, as empresas cortaram várias camadas da gerência intermediária, em uma tentativa de reduzir custos. E, por sua vez, isso significava que as promoções seriam mais raras e ocorreriam em saltos maiores: em vez de ser promovido de gerente de uma equipe de cinco pessoas para gerenciar uma equipe de dez pessoas dois anos depois, a espera para um gerente em ascensão seria de cinco anos, mas o salto seria de uma equipe de cinco funcionários imediatos para uma com trinta. Como resultado, mais pessoas frustraram-se com o passar dos anos sem promoção, e as que foram promovidas tinham maior probabilidade de falhar em suas novas funções, porque o salto foi muito grande. As promoções tradicionais serão menos comuns e envolverão saltos maiores do que no passado, *mesmo enquanto os* funcionários mais novos anseiam por avanços *e* mudanças tecnológicas mudam a natureza de muitos postos de trabalho. Então Kropp e seus colegas começaram a aconselhar as empresas que, respondendo a essa realidade, poderiam oferecer avanços na forma de experiências mais variadas que ajudariam os jovens trabalhadores a se tornarem mais adaptáveis a uma economia em transformação.

"Como funcionário", disse Kropp, "é preciso pensar em 'O que preciso adicionar ao meu currículo para receber uma promoção em algum momento no futuro?' em vez de 'Qual tarefa preciso realizar neste trimestre para ser promovido imediatamente?'. Quanto ao trabalho, não podemos mais pensar apenas em 'Como posso ter uma carreira nesta empresa?'. É preciso pensar, e pode soar incrivelmente mercenário, mas é preciso pensar em 'Como posso ser promovido em

COMO VENCER NO MUNDO DO TUDO OU NADA

qualquer empresa? E quais habilidades me ajudarão a ter sucesso, independente da direção que minha carreira tome?'."

Podemos usar um conceito dos universos militares e diplomáticos para termos uma ideia de como fazer isso. Quando um país envia soldados para lutar em uma terra distante, ou diplomatas para representar seus interesses, normalmente tem um prazo predeterminado, após o qual outra tarefa pode se seguir. Esse conceito de "excursão" está cada vez mais presente no debate sobre carreiras no mundo corporativo. E devemos isso a Reid Hoffman.

Hoffman, fundador do LinkedIn, agora atua como capitalista de risco na Greylock Partners. Em uma série de livros e artigos sobre carreiras e gerenciamento de talentos na era digital,[12] ele afirma que, geralmente, o modelo de "missões" é a melhor forma de navegar por uma carreira no mundo corporativo do século XXI. Na visão de Hoffman, existe muita mentira envolvida no significado de estar empregado no modelo tradicional. Os empregadores *fingem* que, quando oferecem uma vaga, esperam que você permaneça na empresa por tempo indeterminado. Os funcionários *fingem* que essa é a intenção deles. Na verdade, a maioria de nós, de ambos os lados, sabe que as situações podem mudar de forma imprevisível em ambos os lados da equação. Isso aumenta a insatisfação. Todos sabem que as pessoas serão demitidas se os negócios forem mal ou suas habilidades não forem mais necessárias. Todos sabem que um funcionário deixará a empresa caso receba uma oferta melhor. Em vez de viver neste mundo de fantasia, onde todos fingem que a relação de trabalho é algo permanente, empregadores e empregados se beneficiarão mais de uma relação de trabalho honesta. No melhor dos casos, Hoffman acredita que "o empregador diz: 'Se você nos tornar mais valiosos, vamos *torná-lo* mais valioso.' O empregado diz: 'Se você me ajudar a crescer e florescer, ajudarei a empresa a crescer e a florescer'."

É por isso que, desde o começo do LinkedIn, Hoffman elaborou acordos explícitos de "missões" com alguns funcionários, geralmente de 2 a 4 anos. O acordo, é claro, não impedia que a pessoa permanecesse na empresa por muitos anos; simplesmente criava um entendimento de que o funcionário estava entrando para X objetivo e que, depois de alguns anos, ambos os lados reavaliariam a melhor forma de ajudar a empresa a se desenvolver e o funcionário a avançar. Às vezes, uma "missão" terminava com o empregado assumindo um novo projeto; outras vezes, com um firme aperto de mão e os melhores votos para o futuro.

É possível ver ecos de tal abordagem em outros lugares. Bancos de investimento e empresas de consultoria contratam recém-formados para trabalhar em um programa de analistas de dois anos — essencialmente criando um ambiente em que se espera seguir em frente após alguns anos, ao invés de considerar isso um estigma. Os grandes conglomerados tradicionalmente transformaram o treinamento em gerenciamento por meio de uma série de períodos de serviço em uma parte essencial de sua estratégia; na General Electric, por exemplo, um executivo em ascensão pode passar 3 anos na divisão de locomotivas na Índia, e mais 3 anos na divisão de assistência médica no Brasil e outros 2 anos em estratégia corporativa na sede de Boston. (Em oposição a versão mais pura de Hoffman do conceito de "missão", para executivos promissores tais acordos geralmente têm como premissa o conceito de que a pessoa permanecerá na empresa indefinidamente, por meio de várias "missões".)

A análise de Hoffman sobre as realidades do trabalho moderno é poderosa, e suas soluções propostas, convincentes. Estar empregado, pelo menos na economia do século XXI, se parece mais um namoro do que um casamento (feliz, pelo menos). Pode ser bom, ou até ótimo. Talvez dure um ano, ou muitos mais. Mas espera-se que termine, e o empregador e o empregado devem ter certeza do que tirar dessa relação. Para quem busca ser um executivo ótimo de Pareto, geralmente, esse tipo de ampliação de experiência é o que permitirá que partam para o próximo desafio.

Uma consequência da "missão" de Hoffman é o que eu considero a "crise dos três anos". No primeiro ano de um trabalho, apenas testamos e exploramos o caminho. No segundo ano, começamos a pôr as mudanças em prática e assumimos nosso novo papel. No terceiro ano, começamos a ver as recompensas desse trabalho e nos *sentimos confortáveis*. Nesse ponto, temos uma escolha — podemos desfrutar do conforto e talvez continuar a melhorar no trabalho, embora os retornos sejam decrescentes. Ou partir em busca do desconforto — querendo novas experiências e o crescimento que tende a acompanhá-las.

Isso certamente descreve Omer Ismail. Em vários momentos, quando confrontado pela escolha entre continuar em um emprego em que já tinha sucesso ou se esforçar para tentar algo novo e desconfortável, escolheu a segunda opção. A mudança para situações não familiares repetidamente era sua própria forma de treinamento. "Acho que, em certo nível, nunca quero me sentir muito confortável", disse Ismail.

POR QUE O MINDSET IMPORTA

O que todos esses dados e histórias nos mostram sobre as carreiras é bem direto: tente ser realmente bom em várias coisas, em uma combinação que será valorizada pelo mercado, para poder trabalhar bem em equipes com todos os tipos de especialistas.

Mas o verdadeiro conselho é maior e mais simples que isso: mantenha sua mente aberta, sempre em busca de novas experiências. Procure conforto no seu desconforto.

Carol Dweck, psicóloga da Universidade de Stanford, escreveu em seu livro *Mindset — A nova psicologia do sucesso* de 2006 a importância de um "mindset de crescimento", comparado a um "mindset fixo". Tal conceito foi citado em algumas das minhas entrevistas com executivos seniores mais de uma década depois. De fato, o que vi repetidamente foi que esse mindset de crescimento era uma pré-condição necessária para aqueles que buscassem combinações específicas de habilidades que lhes permitiriam prosperar no mercado corporativo da atualidade. O mindset de crescimento de Dweck *resulta* em uma crise de três anos sempre que os funcionários se sentem muito confortáveis em um emprego, que *faz* com que eles encarem suas carreiras como uma série de missões, que *permite* que naveguem em uma carreira estruturada com muitos movimentos laterais, que *os transforma* em funcionários ótimos de Pareto.

Com isso surge a questão principal sobre a possibilidade de moldar-nos neste tipo de pessoa, e, portanto, ter esse tipo de carreira. Obviamente, todos nascem com diferentes habilidades naturais e são criados em diferentes circunstâncias. Mas todos precisamos nos esforçar de maneiras que não necessariamente consideramos naturais; todos estudamos matérias na escola ou vivemos experiências no mundo profissional que nos tiram de nossa zona de conforto. Um atleta pode fazer um treino focado no desenvolvimento de força nos ombros e braços, outro nos abdominais e mais outro nas pernas — mas o atleta moderno que almeja se destacar provavelmente também fará alongamentos ou ioga para desenvolver sua flexibilidade. Pensar nesse tipo de experiência variada cultiva esse mindset de crescimento que permite que alguém se torne um profissional ótimo de Pareto.

Esse mindset não está no currículo. É a crise que nos obriga repensar tudo de vez em quando e tentar algo novo, mesmo quando não somos forçados por nenhum chefe. Há várias formas de fazer isso nas fases da vida em que o risco não é tão grande quanto em fases futuras. Toda vez que um formando de bacharelado em Inglês se inscreve em uma matéria complexa de econometria, ou um aluno tímido de Ciência da Computação tenta entrar no clube de debate para melhorar sua comunicação, ou um aspirante a químico decide escrever no jornal da faculdade, essas pessoas estão exercitando esses "músculos" desconfortáveis.

Nos primeiros anos de uma carreira profissional surgem muitas oportunidades semelhantes de baixo risco, no caso, em comparação com o que fica em risco quando as pessoas envelhecem. Um executivo procura profissionais para um projeto especial; um comitê se forma para supervisionar o programa de estágio; a equipe de vendas pergunta se alguém da engenharia pode acompanhar uma visita ao cliente.

Em todos esses exemplos, não se absorve apenas a amplitude literal da experiência ao testar coisas novas e fazer esse movimento lateral. O *ato* de explorar áreas desconhecidas é uma forma particular de treinamento.

A ESTRATÉGIA DAS VITÓRIAS-RÉGIAS

Enquanto trabalhava neste livro, visitei várias pessoas talentosas e fiz a mesma pergunta: Que conselho você daria para seus pupilos mais jovens, ou para seus próprios parentes? Um desses entrevistados foi Steve Case, que fez uma fortuna de bilhões de dólares como executivo-chefe da America Online durante o seu auge e, nos anos seguintes, aplicou tal fortuna como capitalista de risco e filantropo. Em seu elegante escritório revestido em madeira e com vista para o bairro de Dupont Circle, em Washington, D.C., Case disse várias coisas que batem com que você leu até agora neste livro. "O mindset da próxima geração focará muito mais ter vários capítulos em sua vida e várias subtramas dentro de cada capítulo", disse ele. "Meu pai teve um único emprego por toda sua carreira. Isso claramente não é mais a realidade. Saber um pouco sobre muitas coisas e conseguir conectar os pontos é uma habilidade cada vez mais importante." Ele acredita especialmente que a próxima geração de grandes histórias de sucesso nos negócios envolverá a fusão de tecnologias digitais de ponta com indústrias extremamente importantes, mas que não estão na vanguarda da aplicação dessas tecnologias, como saúde, educação e agricultura. Em retorno, serão necessários executivos que não procurem apenas criar um aplicativo fácil de usar, mas que entendam as partes móveis de software e tecnologia da computação, processos regulatórios e a mecânica de como médicos, professores e agricultores realmente trabalham.[13]

Enquanto seguia pressionando Case a articular como as pessoas ambiciosas deveriam colocar essas observações em prática no planejamento de suas carreiras, percebi que ele sentia que eu estava muito concentrado em tentar chegar a algum conselho padronizado.

"A ideia não é que exista um caminho que todos devam seguir", afirmou. "É mais como um caminho de vitórias-régias sobre um rio. Cada passo leva ao próximo passo, e o destino de cada um não fica claro em cada salto que damos, ou mesmo se chegaremos a algum lugar em particular. Quem tem sucesso, no fim das contas, não tem apenas um talento bruto em termos de intelecto e trabalho duro. Essas pessoas complementam isso com curiosidade e vontade. Elas querem assumir um novo setor e tornarem-se especialistas nele. Esses profissionais desenvolvem ótimas redes e habilidades interpessoais. E, todos os dias, tentam aprender algo novo."

Ao interpretar isso, Case dizia que há um risco de abordar erroneamente tais ideias de como ser um agregador ótimo de Pareto com um mindset de crescimento — como uma espécie de guia de pintura por números para se tornar o tipo de pessoa que prosperará no conturbado mundo dos negócios do século XXI. Essencialmente, Case pregava as virtudes do desenvolvimento de uma abordagem de aprendizado e experiência que permite que alguém pule para onde quer que a próxima vitória-régia esteja, retorne conforme necessário, avance sem necessariamente saber para onde está indo.

Essa ideia parecia poderosa. Alguns meses depois, vi como pode funcionar na prática, quando fui até Bentonville, Arkansas, para conhecer Daniel Eckert.

Na época, Eckert, com seu físico compacto, camisa bem ajustada e olhos intensos, era vice-presidente sênior do Walmart Services e Digital Acceleration nos EUA, a porção da empresa que trabalha em muitos dos aspectos tecnológicos que envolvem a experiência de compra. Nosso encontro se deu na sede de uma empresa que, dependendo do preço do petróleo em um determinado ano, seria a maior ou a segunda maior do mundo em receita.[14] Se você conhece a cultura corporativa frugal do Walmart, não é surpresa que, apesar de ser um executivo sênior, o escritório de Eckert era uma sala sem janelas com móveis baratos em um antigo armazém.

Ele me contou sobre seu caminho tortuoso até o Walmart. Nascido e criado em uma família de classe média no interior de Nova York, onde praticava luta no ensino médio, e ingressou posteriormente na Universidade de Michigan, onde percebeu seu desejo de atuar no serviço público. Ele se inscreveu no Corpo de Fuzileiros Navais dos EUA, o que acarretou um período de 4 anos como oficial de logística, o que o levou a serviço por todo mundo. Quando estava prestes a concluir seu compromisso com as forças armadas — sua esposa, de quem ficou distante por longos períodos, disse que queria uma vida mais convencional —,

84 COMO VENCER NO MUNDO DO TUDO OU NADA

Eckert começou a estudar como poderia empregar suas habilidades no mundo dos negócios. "Tenho esse histórico de logística, que imagino poder usar comercialmente, mas não sei, porque minha experiência é com C-130s [uma gigantesca aeronave militar de transporte] e peças de helicóptero e coisas que fazemos na frota do Corpo de Fuzileiros Navais. E aí penso: 'Como isso pode ser convertido? Não sei nada sobre negócios.'"

Sua missão final com os fuzileiros navais foi na Noruega, onde, durante seu tempo de folga, pegava um livro de finanças corporativas e estudava sozinho diversos conceitos de negócios. Quando voltou aos EUA, pediu um emprego a todos os conhecidos de que lembrava, antes de terminar como um dos membros mais antigos do novo time de analistas da firma de consultoria de estratégia agora chamada Accenture. (A maioria dos novos contratados tinha acabado de sair da faculdade, com uns 22 anos, enquanto ele, aos 26 anos, tinha até alguns fios de cabelo brancos; seus colegas brincavam com ele, o chamando de "Grisalho".)

Às vezes, Eckert se perdia. Um de seus primeiros projetos envolvia a avaliação de uma empresa química francesa, e os extratos bancários eram em francês, um idioma que ele não falava; então, comprou um dicionário francês–inglês e traduziu linha por linha. Mas ele superou os colegas mais jovens e estava indo bem — e então um velho amigo ligou o convidando para trabalhar com ele em um plano de negócios.

A ideia envolvia um novo tipo de instrumento de valores mobiliários que, combinando algumas das características mais atraentes de equity e dívidas, facilitaria o hedge de riscos para as pessoas. Eles apresentaram a ideia em um concurso de plano de negócios e ficaram apenas em oitavo lugar; no entanto, receberam uma oferta de financiamento de um grupo de investidores.

Nesse ponto, Eckert estava na Accenture há apenas 9 meses, mas a oportunidade de começar algo novo era atraente demais para ser recusada. Ele e seu sócio logo descobriram, no entanto, que desenvolver um novo tipo de produto financeiro envolvia obstáculos jurídicos mais onerosos do que poderiam imaginar. "Quando chegamos, pensei que nossa ideia era ótima e bastava preencher alguns papéis e pronto", disse Eckert. Porém, ele lembra que, quando se reuniram com os advogados, a reação foi semelhante à de "Fazem ideia da dificuldade disso? Isso será impossível". Mas eles perseveraram e finalmente pareciam próximos do sucesso — ou pelo menos de resolver obstáculos regulatórios — quando a maré mudou: escândalos contábeis na Enron, WorldCom e outras empresas, em 2001, pioraram o clima regulatório. Quando o dinheiro começou a ficar escasso, eles perceberam que o melhor a fazer era fechar a empresa, o que fizeram no dia após o Natal daquele ano.

Era uma péssima época para procurar um emprego, à luz do colapso do setor de tecnologia. A única perspectiva de Eckert era trabalhar meio período, ajudando alguns amigos a ajustar tudo dentro de uma empresa que estava desenvolvendo uma forma melhorada de processar águas residuais oleosas de usinas de fabricação de aço. Não era muito trabalho — mas ele conseguia se manter financeiramente e no mercado.

A essa altura, estava chegando aos 30 anos e sua carreira poderia ser delicadamente considerada um desastre. Após 4 anos como oficial de logística dos fuzileiros navais dos EUA, 9 meses como consultor de estratégia, cofundador de uma startup falida e alguns meses fazendo funções envolvendo água oleosa: seu currículo não era do tipo que alguém olharia e diria: "É esse o cara que quero contratar."

Então, quando Jeff, seu antigo chefe da Accenture, ligou oferecendo-lhe uma vaga no Bank One, com sede em Chicago, liderado por um banqueiro ambicioso chamado Jamie Dimon, Eckert aproveitou a chance. Seu trabalho fazia parte do que costuma ser entendido como a parte chata dos serviços bancários, conhecida como "serviços de tesouraria" — garantir que os cheques tenham fundos e ajudar as grandes empresas com a mecânica do fluxo de caixa. "Eu disse: 'Jeff, você está me colocando no porão do banco mesmo? Nas entranhas da organização? Jamais verei a luz do dia.' Jeff respondeu: 'Confie em mim. Acho que existem oportunidades bem interessantes tomando forma neste mercado.'"

Jeff estava certo. Nessa época, o uso de cheques em papel começou a decair e os pagamentos eletrônicos começaram a tomar seu espaço. As empresas de tecnologia reconheciam um potencial mercado ao inserirem-se bem no meio do processo, criando coisas como um serviço de pagamento de contas do Yahoo. O insight exposto pelo grupo de Eckert no Bank One — posteriormente, JPMorgan Chase após Dimon projetar uma fusão em 2004 — era de que os bancos estavam realmente mais bem posicionados do que as empresas de terceiros na acessibilidade e eficiência dos pagamentos online. De fato, essa se tornaria uma vantagem competitiva essencial para os bancos, à medida que mais pessoas em todo o mundo começassem a usar a internet de banda larga. O grupo de Eckert construiria o que viria a ser uma infraestrutura digital que permitia que milhões de americanos pagassem online suas contas de cartão de crédito e financiamentos de automóveis. Eckert foi então para o HSBC, o banco global com sede em Londres, onde passou cinco anos construindo um negócio com cartões de crédito e débito da marca nos EUA.

Enfim, seu currículo e carreira transmitiam uma imagem mais convencional — ele acumulou grande experiência e responsabilidade construindo sistemas de pagamento inovadores em gigantes do setor bancário. Após seus primeiros anos sem rumo, seu histórico agora mostrava que ele conseguia realizar tarefas difíceis no cruzamento da tecnologia digital e transações financeiras, tudo no contexto de uma organização altamente regulamentada e complexa. Ele saltou por um caminho de vitórias-régias, nem sempre com uma visão clara de onde estava indo, mas acabou do outro lado com um conjunto variado de experiências em tecnologia, finanças e regulamentos. Ele se tornara um executivo ótimo de Pareto, não por fazer tudo certinho ou registrando muitos anos de experiência, mas por manter a mente aberta para seguir as oportunidades onde quer que surgissem.

Foi aí que o Walmart ligou.

Na verdade, o recrutador do Walmart ligou três vezes antes de Eckert aceitar a proposta. Ele foi colocado na unidade de serviços financeiros da empresa, concentrando-se em seus cartões de crédito e débito de marca própria e desenvolvendo os novos recursos de comércio eletrônico da divisão. Mas um desafio maior bateu à sua porta duas semanas antes do Natal de 2014, quando o diretor financeiro da empresa ligou para Eckert com o tipo de pedido que, quando feito pelo CFO, é mais uma ordem. "Estamos considerando todas as formas pelas quais o digital pode melhorar a experiência de compra, e uma dessas experiências é o checkout", lembra Eckert. "Não temos muita certeza de como o Apple Pay, o Google Wallet ou todas essas coisas podem funcionar, mas parece que há uma forma de melhorar nossa experiência de compras por meio de pagamentos. Que tal pensar um pouco sobre isso?"

Obviamente, Eckert concordou. Então o CFO acrescentou, antes de desligar: "Ah, e o conselho se reunirá em fevereiro, então talvez seja interessante você apresentar um informe técnico de seis a dez páginas."

Pode parecer estranho pensar em uma empresa com 2,3 milhões de funcionários e vendas anuais de meio trilhão de dólares — equivalente ao PIB da Polônia — como uma empresa em risco de extinção, mas, de certa forma, era essa a situação do Walmart em 2015. Considerando toda a sua escala, a empresa ficou significativamente atrás da Amazon no comércio digital; o Walmart estava correndo atrás de qualquer tipo de comércio que não envolvesse pessoas entrando em uma loja e pegando mercadorias da prateleira. Durante anos, a empresa concentrou-se na redução de custos, em um momento em que a Amazon e outras rivais inovadoras tentavam investir pesado na facilitação ao máximo da compra de itens online.

Eckert argumentou que um sistema de pagamento inovador por dispositivos móveis seria uma parte crucial do contra-ataque do Walmart. E apresentaria o aplicativo de compras móveis da empresa a milhões de clientes que pensavam no Walmart apenas como uma loja física. A empresa estava adotando mais plenamente do que antes a ideia de vendas "multicanal" ou "onicanal" — um mundo em que todos podiam comprar mercadorias online e retirá-las ou devolvê-las em uma loja, ou navegar em uma loja e comprar um item pelo telefone, que seria enviado diretamente para sua casa. Em vez de serem duas faces de uma brilhante moeda, as vendas físicas e online se tornavam parte de uma turva mistura, e a infraestrutura do Walmart em 2015 ainda não estava pronta para isso.

Enquanto isso, cada vez mais consumidores procuravam usar seus telefones celulares para comprar, e um conjunto inteiro de empresas de finanças, tecnologia e outros setores introduziam novos produtos que focavam o posicionamento central dentre essas transações. Para o Walmart, isso era uma ameaça, e trazia consigo o risco da perda do controle sobre seu relacionamento direto com os consumidores. Afinal, o Walmart prefere não ter a Apple ou o Google como intermediários entre ele e seus clientes, e poder coletar dados sobre seus clientes é uma grande parte da vantagem competitiva da Amazon — algo que o Walmart prefere não ceder.

Eckert defendeu a criação do que eventualmente seria chamado de Walmart Pay, um aplicativo móvel — e seus sistemas administrativos de funcionamento — que serviria essencialmente como a cola que uniria as diferentes maneiras pelas quais as pessoas podem comprar no Walmart, canalizando transações online e nas lojas em um histórico de compras, conectado ao cartão de crédito ou à conta bancária do consumidor. Isso facilitaria que os clientes devolvessem produtos ou salvassem detalhes de recibo. Poderia ser uma parte crucial da estratégia digital mais ampla da empresa, que teria como objetivo permitir que as pessoas usassem seu aplicativo do Walmart para transferir dinheiro para familiares distantes ou pegar seus remédios nas farmácias do Walmart. Em um futuro não muito distante, onde os clientes simplesmente possam sair de uma loja com uma cesta cheia e serem automaticamente cobrados por suas compras, um aplicativo controlado pela própria empresa seria vital para que esse processo ocorresse sem problemas.

Cerca de um mês se passou, e Eckert voltou ao seu trabalho cotidiano. Então, recebeu uma ligação do CEO Doug McMillon. "OK", disse McMillon. "Será que você poderia criar um protótipo inicial até agosto?" O queixo de Eckert foi ao chão. Ele havia traçado uma estratégia para um check-out direto, mas não tinha nenhum recurso ou equipe para realmente dar vida a isso. "Na verdade, não sei bem como podemos colocar isso em prática", disse Eckert. McMillon respondeu: "Ainda quero que você pense em agosto como prazo para apresentar um protótipo funcional."

O projeto foi apelidado de CHICO, abreviação de check-in-check-out. Rapidamente, ele compôs uma equipe com tecnólogos que trabalhavam nos sistemas de ponto de venda nas lojas e no aplicativo móvel do Walmart; equipes da Califórnia, Índia e Arkansas que nunca haviam trabalhado juntas anteriormente foram reunidas. Adicione alguns especialistas na criação de experiências intuitivas para os usuários em aplicativos móveis, advogados versados nas questões jurídicas e regulamentares espinhosas sobre privacidade e segurança de dados, equipes de operações que descobririam como ensinar os sistemas a 1,2 milhão de funcionários da loja Walmart e profissionais com profunda compreensão dos sistemas de pagamento e prevenção de fraudes, e a equipe final era bastante grande — uma força-tarefa de 330 pessoas, com uma equipe principal de 40 membros. Esse projeto poderia dar errado de muitas formas. Falhar na entrega de um aplicativo de pagamentos em funcionamento seria uma das possibilidades de fracasso — mas outra poderia ser entregar um aplicativo tão mal projetado que os clientes sequer usassem. Outra versão poderia ser entregar um aplicativo amplamente usado, mas com um problema na proteção de dados que poderia causar enormes prejuízos à empresa e perdas bilionárias. O velho slogan do Facebook de "mova-se rápido e quebre coisas" não é particularmente útil quando sua empresa tem as proporções do Walmart.

Vale a pena parar e observar como esse projeto era uma situação diferente para uma empresa na qual as pessoas passaram décadas subindo uma escada corporativa tradicional, tentando chegar a uma posição superior em uma rígida hierarquia. Em vez disso, Eckert foi convidado a assumir um grande projeto que integrava a estratégia de longo prazo da maior empresa do mundo. Ele não mudou de título — ainda estava nominalmente encarregado da oferta de serviços baratos de transferência financeira. A maioria das pessoas designadas para o projeto não trabalhava para ele em nenhum sentido formal da cadeia de comando. De fato, ele chamou funcionários de braços completamente diferentes da estrutura corporativa, muitos dos quais nunca haviam se conhecido antes. A missão dada pelo conselho e pela diretoria era direta: faça acontecer.

Os 40 membros da equipe principal se reuniram em Bentonville durante o verão de 2015. Eram doze horas de trabalho inclusive durante almoços, dividindo-se em equipes menores para tratar de diferentes partes do desafio. O maçante escritório na sede corporativa que eles assumiram foi rapidamente preenchido com quadros brancos, prontamente cobertos com fluxogramas, fórmulas e fragmentos de código, enquanto as equipes aproveitavam a oportunidade de colaborar pessoalmente e trabalhavam furiosamente juntas por várias semanas, antes de retornar à Califórnia e à Índia para continuar o desenvolvimento por conta própria.

Eckert mesmo não é engenheiro de software; o mais próximo que chegou de ser um codificador foi brincar com o software de banco de dados Lotus enquanto era fuzileiro naval nos anos 1990. Um colega chamado Brad Keefe atuou como arquiteto-chefe do aplicativo. O que Eckert tinha era uma capacidade extraordinária de manter todos no projeto na mesma direção e de romper gargalos à medida que surgissem — fossem conflitos entre equipes de engenharia diferentes ou restrições burocráticas em uma organização tão gigantesca que só na sede da empresa encontravam-se quase 17 mil funcionários. Sua função era entender a interseção entre os desafios tecnológicos e os objetivos de negócios mais amplos da organização, ainda mantendo o trabalho de engenharia nos trilhos. Por isso entende-se mostrar respeito aos tecnólogos e entender seu trabalho, mesmo que não conseguisse fazê-lo, resolver disputas difíceis sobre questões como se os funcionários ou clientes do Walmart digitalizariam os QR codes.

De fato, Eckert precisou construir uma estrutura de gerenciamento para o projeto rapidamente, mesmo sem a autoridade burocrática que geralmente se tem. "Rapidamente, a questão se tornou: Como organizar uma equipe dentro das equipes? Que tipo de liderança deve ser implementado? Como gerenciar esses fluxos de trabalho variáveis em Bentonville, na costa oeste e na Índia ao mesmo tempo?" Eckert e a equipe criaram o que chamavam, em tom de brincadeira, de "uber escritório de gerenciamento de programas", um grupo responsável por continuamente pressionar o progresso de toda a força-tarefa. Toda terça-feira, às 13h, os líderes das equipes se reuniam, e na quarta-feira acontecia uma "conferência de ação de liderança" — uma reunião de um grupo de vice-presidentes e executivos de alto escalão de vários departamentos cuja adesão ou ajuda pode ser importante na superação de alguns obstáculos.

E funcionou. O grupo de Eckert entregou um protótipo do Walmart Pay em agosto de 2015, conforme solicitado pelo CEO, e o produto já estava em teste nas lojas em outubro. No final de 2017, supostamente havia ultrapassado o Apple Pay em número de usuários e representava uma parte importante do sucesso da empresa na busca por uma verdadeira rivalidade com a Amazon no mundo tecnologicamente avançado e brutalmente competitivo do varejo do século XXI.

Uma estrutura de gestão mais convencional poderia envolver a indicação formal de um executivo sênior para o comando do novo sistema de pagamentos e a criação de toda uma burocracia sob essa pessoa antes de codificar uma única linha — irremediavelmente lenta na disputa pelo controle das carteiras dos consumidores. Eckert concorda que não poderia ter dado certo dessa forma. "Tudo que fazemos no comércio eletrônico exige, por falta de expressão melhor, um design organizacional confuso, porque só assim conseguimos nos mover em velocidade. Se ficarmos dentro do nosso silo, nunca conseguiremos fazer o que é preciso na escala e velocidade em que precisamos."

Ao ouvir Eckert falar sobre como reuniu essa equipe de engenheiros e profissionais de negócios de três cidades em dois continentes com chefes diferentes para produzir algo que pudesse competir com as ofertas de algumas das empresas mais inovadoras do mundo, o que mais me marcou foi o fio que conectava a carreira conturbada de Eckert com essa mais recente.

Quando estava nos fuzileiros navais, passou pela difícil experiência de entrar como segundo tenente recém-saído da faculdade, atuando como oficial comandante dos fuzileiros navais que atuavam no Corpo há duas décadas ou mais. "Como um garoto de 21 anos literalmente coordenando fuzileiros navais que são extraordinários combatentes de guerra, o que eu oferecia a eles em termos de conhecimento técnico? Provavelmente não muito. Entretanto, eu estava ali como responsável por tudo o que eles fizessem e deixassem de fazer, e pode ter certeza de que continuaria ali se porventura algo de pior acontecesse."

Depois, houve a experiência da fracassada startup de produtos financeiros e o trabalho com a empresa de tratamento de águas residuais industriais oleosas para algo útil. Isso o deixou mais à vontade com a ambiguidade, além de se mostrar um incrível curso intensivo sobre os detalhes básicos da administração de uma empresa que às vezes os profissionais com uma carreira mais convencional não aprendem.

"Quem poderia imaginar que eu teria aprendido em uma jornada de subsistência" — ao lembrar que aceitou o trabalho apenas porque estava desesperado — "detalhes sobre o tratamento de água oleosa? Mas posso dizer agora: 'Sei como é uma reestruturação, sei como é lidar com um banco.' Estou impressionado com a quantidade ínfima de pessoas que passaram por esses tipos de interações comerciais. E também me impressiona que alguns dos meus associados mais jovens, quando eu digo: 'Ei, precisamos negociar esse acordo', digam 'não faço ideia de como realizar isso', e logo queiram pedir ajudar aos advogados."

Deixei Bentonville confiante de que o ato de seguir por esse caminho tortuoso, quase sem sentido, no início da carreira, na verdade o capacitou mais solidamente para navegar pelo Walmart em direção à sua versão do século XXI do que teria acontecido se sua carreira começasse como um jovem funcionário de um banco, varejista ou em uma empresa de consultoria ou tecnologia e sua subida tivesse sido constante na hierarquia. E percebi que era isso que Steve Case queria entender.

"De muitas maneiras, esse modelo antigo é limitador, devido à forma como o ambiente nos negócios está agora", disse Eckert. "Os negócios estão muito confusos. Quanto mais experiência e exposição você tiver em diferentes partes da bagunça, mais coesão conseguirá extrair disso. Porque pode-se analisar alguns pedaços e dizer: 'Eu já vi isso e isso também, se juntar esses dois, terei realmente criado algo de que posso me orgulhar.'"

Laszlo Bock, ex-chefe de operações de pessoal do Google, pensa nisso de uma forma admiravelmente brusca. "Em retrospecto, as pessoas sempre estão elaborando uma narrativa que traça uma linha reta, por meio da aleatoriedade da vida, por todas essas experiências aleatórias", disse-me ele. "Mas é incrivelmente difícil orquestrar isso com antecedência. Em vez disso, você deve encontrar as coisas que acredita que o levarão adiante de alguma forma, seja no desenvolvimento de habilidades, na estatura ou pessoas que conhecerá, seja o que for. O segundo ponto é que a natureza específica da oportunidade importa menos do que quanto se trabalha nela e do que ela acarreta em termos de experiência. E então, em retrospectiva, você pode descobrir a narrativa de como tudo se encaixa."

Ainda assim, ao escolher em que vitória-régia saltar e quais tipos de experiências deseja combinar para se tornar ótimo de Pareto, é essencial fazer tudo isso com firme consciência das forças econômicas e tecnológicas em ação. Você receberá isso nos próximos capítulos, começando pelas lições de big data para uma carreira de sucesso.

4

Como o Big Data Pode Melhorar sua Performance

MONEYBALL INVERSO E A REVOLUÇÃO ANALÍTICA DE PESSOAS

Quando conheci Brett Ostrum, ele vestia uma jaqueta de couro preta e tinha um cavanhaque bem rente, e seu laptop era coberto por adesivos que simulavam uma visão interna do dispositivo e suas engrenagens. E faz sentido, porque ele é responsável justamente por esse interior.

Estávamos em uma sala de conferências dentro de um complexo de prédios empresariais em Redmond, Washington, a sede global da Microsoft, onde Ostrum atuava como vice-presidente corporativo de desenvolvimento do Surface e Xbox. Ele era responsável por um pequeno exército de 700 engenheiros que criavam tablets, laptops e consoles de jogos, parte essencial da recente estratégia da Microsoft de posicionar seus produtos mais centralmente na rotina de escritório. É um mercado difícil, com produtos tecnicamente complexos e concorrência brutal com a Apple, Samsung e muitas outras. Mas, em 2017, as coisas estavam indo bem para os dispositivos da Microsoft. As análises de seus produtos mais recentes eram bem sólidas: o mais novo laptop Surface era "o novo laptop Windows que todos que querem um laptop Windows devem ter", garantiu *The Verge* aos leitores;[1] o Xbox One S era "tudo o que um console de jogos deve ser: elegante, poderoso e bem abastecido", escreveu a *TechRadar*.[2] Ostrum poderia até ser um cara focado em hardware em uma empresa de software, mas os esforços de sua equipe estavam dando resultado.

Ainda assim, Ostrum identificou um problema ao longe, as intensivas pesquisas da Microsoft que monitoravam o bem-estar dos funcionários.

A unidade de negócios de Ostrum pontuou acima da média na maioria das áreas pesquisadas, e mais ou menos na média da Microsoft em quase todo o resto. Mas uma área específica apresentava problemas. Os funcionários relataram estar muito pouco satisfeitos com seu equilíbrio entre vida profissional e pessoal em comparação com os colegas de empresa — satisfação 11 pontos abaixo da média em uma escala de 100 pontos.

Isso era preocupante. A equipe contava com todo tipo de talento avançado, desde engenheiros químicos que trabalhavam em tecnologia de baterias, passando por engenheiros mecânicos que projetam dobradiças e carcaças até os engenheiros térmicos que garantiam a eficácia da dissipação de calor. Ostrum começou sua carreira trabalhando em design de silício, e seu primeiro emprego na Microsoft foi como engenheiro elétrico, ajudando a projetar um mouse de computador. Ele acreditava que uma equipe que fabricava hardware precisava estar feliz e motivada para fazer o melhor trabalho possível — e que seria um desastre começar a perder engenheiros talentosos e difíceis de substituir para os concorrentes, porque o trabalho os impedia de ver suas famílias o suficiente ou estava sacrificando suas vidas sociais.

Ostrum fez o que a maioria dos gerentes faz quando enfrentam um desafio desde o início das corporações. Convocou uma reunião. Infelizmente, Ostrum e seus principais subordinados tentaram resolver isso na base da adivinhação. As teorias que criaram — desenvolvidas a partir de intuição e evidências anedóticas — não se alinhavam aos dados que possuíam.

Por exemplo, uma teoria era que os funcionários estavam sendo consumidos pela necessidade de viagens internacionais de seus empregos. Os membros das equipes do Surface e do Xbox precisam viajar frequentemente para a China e outros países distantes para se encontrar com fornecedores e monitorar os processos de fabricação. Mesmo quando não estão viajando, muitas vezes é preciso que façam ligações telefônicas para a Ásia ou Europa tarde da noite, devido a diferenças de fuso horário. Talvez a insatisfação com o equilíbrio entre vida profissional e pessoal tenha origem na natureza global inerentemente ao trabalho.

Um problema: os dados da pesquisa, divididos em pequenas equipes — algumas com encargos maiores do que as outras em termos de viagens e horas extras —, não apresentaram correlação significativa entre as equipes que passavam pelas versões mais pesadas dessas demandas e as que relatavam as piores queixas sobre equilíbrio entre vida profissional e pessoal. Parecia que as pessoas entendiam a necessidade de certa quantidade de viagens internacionais cansativas e telefonemas fora do horário comercial como parte da natureza do trabalho.

Ou talvez fosse um problema de cobrança excessiva de alguns gerentes com seus funcionários? Isso também parecia plausível, mas enquanto Ostrum analisava os resultados por equipe, não havia conexão óbvia — chefes agressivos e descontraídos lideravam equipes infelizes em proporções aproximadamente iguais.

Ostrum estava perdido; sua intuição não trouxe respostas persuasivas. Foi quando ele se lembrou de uma apresentação que assistiu durante um retiro executivo alguns meses antes, que falava da revolução na capacidade de coletar e analisar grandes quantidades de dados que está transformando as principais indústrias, moldando tudo, desde qual série de televisão a Netflix recomenda até como os produtores de energia produzem e distribuem eletricidade. Será que a Microsoft poderia empregar sua capacidade de coleta e análise de enormes pilhas de dados para resolver o mistério dos funcionários infelizes?

COMO VENCER NO MUNDO DO TUDO OU NADA

"O objetivo era ajudar minha equipe a entender o que realmente estava acontecendo, e não usar nossa reação instintiva", disse Ostrum. "Às vezes, esse instinto pode estar muito, muito errado."

MONEYBALL E O MERCADO PARA O TALENTO

Para entender o papel que os dados podem desempenhar para melhorar como as pessoas desenvolvem seus trabalhos — como Ostrum esperava fazer —, começar por um setor vanguardista em extração de ideias a partir de números pode ajudar, e este setor é o beisebol, que, dos mais importantes esportes praticados em todo o mundo, é certamente o mais propício para a análise baseada em dados. E, para entender o que um gerente intermediário corporativo pode aprender com o beisebol, pense na experiência de um homem chamado Vince Gennaro.

No final da década de 1970, Gennaro era um jovem consultor econômico recém-saído da faculdade de administração que, em seu trabalho diário, recebia tarefas como ajudar a Kimberly-Clark, fabricante dos lenços de papel Kleenex, a modelar o mercado de celulose e outras matérias-primas. Mas sua paixão era o beisebol. Em particular, percebeu que as ferramentas analíticas que usava no trabalho podiam atuar a serviço de sua paixão. Enquanto estudava na Universidade de Chicago, ele desenvolveu um modelo para avaliar se o acordo recorde de US$3,35 milhões que o New York Yankees fechou com o arremessador destro Catfish Hunter era justo, tanto em termos das vitórias que a presença de Hunter na equipe provavelmente geraria quanto pela receita extra que essas vitórias significariam para a franquia dos Yankees.

Na época, conduzir basicamente qualquer análise estatística — digamos, executar uma regressão múltipla para calcular os relacionamentos entre várias variáveis — era bastante complicado. Hoje, essa regressão pode ser realizada em uma fração de segundo com um software de planilha barato instalado em um laptop simples. Na década de 1970, era preciso reservar certo tempo para usar o computador do escritório que executaria a análise e depois instruir o computador sobre o que fazer com as misteriosas e basicamente esquecidas linguagens de programação. Gennaro começou a colocar o computador do escritório para trabalhar em seu projeto paralelo, tarde da noite, quando seus colegas já estavam em casa.

O que Gennaro percebeu na época, que a maioria das pessoas que realmente ganhavam a vida com o beisebol não sabia, era que o ponto principal para avaliar o valor de um jogador de beisebol era o cálculo de seu "produto de receita marginal", da mesma forma que a Kimberly-Clark poderia descobrir se valia a pena fazer um upgrade para uma qualidade superior de celulose ou contratar um vendedor a mais. Catfish Hunter, por exemplo, nos cálculos de Gennaro, atraiu 79 mil fás a mais para o Yankee Stadium durante o primeiro ano de seu contrato de 5 anos, que custava cerca de US$680 mil para a equipe.[3] Gennaro tentou transformar sua distração em vocação. Ele ligou para a empresa Sports Planning Associates e participou das reuniões dos proprietários da Major League Baseball, em uma tentativa de conseguir clientes que pudessem pagar por essas ideias. *O Sporting News* escreveu sobre seus esforços, em uma história intitulada "Novo Sistema de Classificação Coloca o $ no Valor dos Jogadores".[4]

Não houve muito interesse. "Eles me olhavam como se eu tivesse três cabeças", disse Gennaro. "Nolan Ryan, arremessador do Hall da Fama, leu a matéria no *Sporting News* e ficou intrigado, então me chamou para conversar com seu agente, mas ele disse: 'Isso faz muito sentido, mas não sei se qualquer um no time entenderá.'"

Portanto, seu hobby continuou sendo um hobby. Ele foi trabalhar na PepsiCo e subiu na hierarquia como executivo da divisão Frito-Lay. Ele foi o gerente de marca que lançou o Doritos Cool Ranch no final da década de 1980 e, no final dos anos 1990, tornou-se presidente da divisão de bebidas de US$1 bilhão. Então, em 2001, ele se aposentou — ou, mais precisamente, se afastou do mundo corporativo para tentar transformar aquele antigo hobby no próximo ato de sua carreira. Muita coisa mudou nesse meio tempo.

Enquanto Gennaro barganhava por tempo no computador do escritório para analisar as estatísticas do beisebol, um militar veterano que trabalhava como guarda-noturno em uma fábrica de carne de porco e feijão enlatados em Lawrence, Kansas, também pensava bastante sobre algumas dessas mesmas perguntas. Ou seja, o que as estatísticas poderiam ensinar sobre como os jogos de beisebol são vencidos e perdidos, quais jogadores contribuem mais para a vitória e as estratégias ideais para maximizar a chance de ganhar?

Ele se chamava Bill James, e seu trabalho foi parte do começo de uma revolução analítica no esporte. O beisebol é uma bênção para quem procura entender o mundo por meio de estatísticas. Um jogo de beisebol consiste em uma série de interações discretas: um arremessador joga uma bola e um rebatedor bate, ou faz um swing e erra um lance, ou fica parado esperando que a bola ainda esteja em jogo. A amostragem é grande: um time da Major League Baseball joga 162 jogos na temporada regular, e as estatísticas são coletadas desde o século XIX. Até o final da temporada de 2017, foram 214.651 jogos disputados, com batedores enfrentando arremessadores quase 15 milhões de vezes e acertando 3,8 milhões de tacadas de sucesso.[5] Compare esses dados com os de outros esportes. Por exemplo, no futebol, a ação é fluida, quase contínua, é difícil isolar as ações específicas de todos os jogadores em campo e sua contribuição para o objetivo final de marcar gols e impedir que um adversário pontue. As estatísticas do futebol, pelo menos até recentemente, concentravam-se apenas nos raros momentos em que um chute era recebido ou defendido, praticamente ignorando os outros 89 minutos de atividade cinética em campo.

Mas, apesar de todos os dados disponíveis sobre o que contribui para a vitória em um jogo de beisebol, as equipes faziam um péssimo uso deles quando James — que não tinha nenhuma conexão formal com o esporte — começou seu trabalho. Por exemplo, uma medida-chave para a avaliação dos batedores eram (e ainda são, pelo menos entre os fãs) as "corridas impulsionadas", um indicador de que seus esforços geraram corridas. No entanto, o bom desempenho nessa métrica depende muito da presença rotineira de outros jogadores à sua frente na base, o que significa que os números de RBI de um jogador são, em parte significativa, uma medida da qualidade de seus companheiros de equipe. Da mesma forma, os arremessadores eram frequentemente avaliados e classificados com base em suas perdas e ganhos, que é tanto uma medida de como os colegas de equipe do arremessador estavam acertando naquele dia como de sua habilidade.

O grande insight de James foi que grande parte do conhecimento sobre o jogo poderia ser testada com o uso do senso de racionalidade de um matemático e o volumoso registro estatístico — e que os resultados desses testes poderiam ser contados de forma colorida e vívida. Ele vendeu seu primeiro *Baseball Abstract* em 1977 e, nas edições anuais desse livro, esboçou uma série de inovações analíticas que se tornariam parte da linguagem de como até mesmo os fãs moderadamente sofisticados falariam sobre o jogo. Ele percebeu que o velho conhecimento subestimava certas habilidades, como a capacidade de chegar à base ao ser percorrida, e que a estratégia tradicional de beisebol envolvia o uso excessivo de táticas como roubar a base e o sacrifício. James tornou-se meio que um herói popular para certo grupo de fãs do esporte que tomaram o insight analítico inteligente como algo tão emocionante quanto a ação em campo. O termo "sabermetria" começou a ser empregado para esse corpo de investigação, com base na sigla da Society for American Baseball Research.

Surpreendentemente, embora muitos dos que atuam no beisebol profissional fossem leitores e fãs do trabalho de James e de outros pesquisadores similares, essas ideias não foram prontamente levadas a sério como conselhos de estratégia — tanto que quando um grupo de gerenciamento adotou muitas das lições da sabermetria, a história rendeu um livro bestseller e um filme. *Moneyball — O Homem que Mudou o Jogo,* de Michael Lewis, contou como Billy Beane, gerente-geral do Oakland Athletics, montou uma equipe competitiva, apesar de terem um dos menores orçamentos da liga. Ao ignorar tudo que até então indicava que um jogador seria valioso — de acordo com a empolgante narrativa de Lewis, ignorar a velha tática dos veteranos de escolher jogadores com base em instinto e intuição — Beane e o Athletic de 2002 reuniram uma lista de jogadores baratos que, no entanto, formariam uma equipe de elite. Depois da publicação do livro de Lewis em 2003, o termo "Moneyball" passou a significar o uso inteligente de dados para identificar talentos subvalorizados ou outros ativos, mesmo em contextos externos ao esporte.

O que não é tão bem entendido é como, mesmo algum tempo após a publicação do livro — e certamente quando a adaptação para o cinema foi lançada em 2011 —, as inovações que Beane usou para montar sua equipe em 2002 estavam sendo atualizadas. Uma geração inteira de executivos esportivos que cresceram com o conceito de sabermetria estava alçando o poder nas franquias; o sucesso do time de baixo orçamento atraiu a atenção de todos; e o poder da computação para facilitar cada vez mais as análises estava se expandindo. Talvez, de forma mais significativa, ainda que *Moneyball* se tratasse de uma equipe montando uma escalação barata, mas competitiva, por necessidade, equipes com grandes orçamentos — o caso de maior sucesso seria o Boston Red Sox — também entraram nessa. Deixar que as decisões derivassem de dados mostrou-se o caminho certo para qualquer franquia que buscasse sucesso, não apenas uma tática empregada em momentos de desespero.

No início de 2015, testemunhamos um passo ainda mais revolucionário quando um sistema chamado Statcast começou a ser usado em todos os estádios da Major League. Um sistema de câmeras e radar registrava, a cada jogada, todos os movimentos em campo, transformando essas informações em uma imensa pilha de dados. Anteriormente, as tabelas estatísticas podiam registrar apenas um lançamento de uma bola rápida a 92mph por um arremessador, uma rebatida para o campo direito, onde o atacante apanhou a bola. Com o Statcast, seria possível saber exatamente onde o arremessador lançou a bola e a velocidade de seu giro, a rapidez com que se afastou do taco e exatamente em que ângulo, e com que eficiência, o defensor alcançou a bola para apanhá-la. O primeiro jogo em que o Statcast foi usado gerou cerca de 7 terabytes de dados — pelos cálculos de Gennaro, cerca de 20 vezes a quantidade total coletada nos 190 mil jogos da Major League de beisebol disputados até então.

Mas dados e insight não são a mesma coisa. Cabia às equipes competir para fazer melhor uso dos dados. Quer descobrir quanto você estaria disposto a pagar a um jogador não mais no ápice de sua juventude? Uma equipe experiente selecionará diferentes aspectos do que confere valor ao jogador e analisará o histórico da rapidez com que esse valor diminui com a idade — a velocidade bruta tende a ser a primeira habilidade a decair, mas o instinto de correr exatamente para onde a bola vai parar é mais duradouro. A força de um homem para acertar uma bola de beisebol muito provavelmente diminuirá a partir dos 30 anos, enquanto a acuidade mental para decidir em alguns milissegundos fazer um swing em um lançamento é um reflexo que envelhece muito bem. Com um pouco de modelagem, é possível descobrir a probabilidade de um campista central de 35 anos em particular ter mais 2 ou 5 bons anos, ou até mesmo nenhum, e fazer uma oferta de contrato de acordo com isso. Ou você precisa decidir sobre quem colocar como rebatedor substituto contra um arremessador que seu time nunca enfrentou antes? Você pode modelar a probabilidade de sucesso de seus vários jogadores com base nas características do arremessador, da mesma forma que a Netflix tenta projetar quais filmes você gostaria de assistir com base nos filmes que você gostou anteriormente.

As possibilidades são infinitas, e o uso desses dados — mais uma vez, sete terabytes de informação para cada um dos 2.430 jogos da temporada regular por ano — está apenas começando.

Com a força total dessa tendência de decisões com base em dados, Gennaro, após deixar o mundo corporativo, começou a trabalhar com análise de beisebol em tempo integral. No início dos anos 2000, ele começou a prestar consultoria para algumas equipes, aparecer na televisão como analista e ensinar administração esportiva na Universidade de Nova York.[6] Finalmente, o trabalho que antes era um hobby estava sendo muito requisitado. E ele só precisou ter 25 anos de paciência. Mas, enquanto Gennaro trabalhava com as equipes tentando fazer um bom uso desses dados, percebeu que a abordagem Moneyball tinha outra dimensão, potencialmente mais poderosa, que remetia a sua época no mundo corporativo. Talvez aqueles que tentam acertar e apanhar bolas de beisebol possam aprender algo com quem vendia o Doritos sabor Cool Ranch nos anos 1990. Por sua vez, quem deseja prosperar no mundo corporativo do século XXI pode ter muito o que aprender com a forma como os jogadores de beisebol mais espertos estão reformulando a revolução de dados.

A DIFERENÇA ENTRE NEGÓCIOS E BEISEBOL

Enquanto Gennaro passava de uma vaga sênior para a outra na PepsiCo — no final dos anos 1990, ele estava à frente de uma operação de engarrafamento com cinco mil funcionários no centro-oeste americano —, tentava ajustar-se à profunda dificuldade de identificar e recompensar pessoas boas. Nessa escala, ser apenas bom em pensamento estratégico e ideias grandiosas leva um gerente quase a lugar nenhum; uma ideia é tão boa quanto as pessoas encarregadas de sua execução.

O mesmo poderia ser dito sobre o time de beisebol, é claro — um gerente-geral obcecado por estatísticas não vence jogos, quem o faz são os jogadores. A diferença é que, no beisebol, a ação ocorre na frente de todos, uma definição muito clara do que constitui "sucesso" pode ser identificada e é relativamente simples calcular quanto cada pessoa contribui para tal. No mundo corporativo, especialmente no caso de profissionais do conhecimento, esta máxima é inerentemente obscura.

Para trabalhos relativamente rotineiros, como operários ou baristas, é possível medir detalhes como a taxa de transferência e a taxa de erros do funcionário. Mas quem pode dizer qual engenheiro de produto contribuiu mais para o sucesso ou fracasso de um produto? Se um associado de marketing realmente dava conta de sua função ou não, se um supervisor de turno em uma fábrica de engarrafamento é melhor ou pior do que um substituto com menos exigência salarial que poderia ser facilmente contratado? Em um ambiente de negócios, o trabalho não acontece em campo para todos verem — mas, sim, em milhares de reuniões, e-mails e conversas, em sua maioria privadas e influenciando individualmente o sucesso final da organização de forma ambígua. Todos os dias, analisando as estatísticas, podemos saber se um jogador contribuiu ou não para a vitória em campo; o mesmo não acontece no caso da performance de um gerente de marca.

Apesar de toda essa obscuridade, Gennaro dedicou um esforço considerável para tentar usar a mesma mentalidade analítica e cuidadosa que tentara trazer ao beisebol para seu trabalho como executivo de alimentos e bebidas.

"Eu provavelmente gastava 25% ou 30% do meu tempo em coisas relacionadas ao desenvolvimento de talentos e a análises detalhadas", disse ele. "Dito isto, a maior parte era baseada em críticas. Não era altamente quantitativo. Não me entenda mal, não estávamos apenas admirando a vista lá do alto do andar da diretoria e dizendo: 'Bem, sinto que essa pessoa está ok.' Não, estávamos avaliando uma série de atributos, alguns subjetivos, outros mais quantificados. Quanto os resultados influenciavam suas decisões? Como eles reagiam à adversidade?"

Os gerentes de nível intermediário avaliavam o desempenho, em cada uma das várias dimensões como essas, de oito a dez colegas com quem haviam trabalhado, acrescentando mais consistência e rigor a essas avaliações. O objetivo era substituir a intuição por medidas específicas de sucesso. Gennaro lembrou de uma vez quando um funcionário estava gerenciando uma operação de engarrafamento da Pepsi, em St. Louis, que enfrentava grande competição da Coca-Cola. "Ele agiu de forma altamente reativa", lembrou Gennaro, "e o fez não para gerar ansiedade, mas sim produzindo foco, pensamento racional, um pensamento baseado em evidências. Tudo que valorizamos na administração de um negócio. Então, enquanto o avaliava, tudo isso era admissível como evidência em suas próprias análises e em nossas conversas".

Uma de suas obsessões era tentar usar tal tipo de informação — por mais que fossem imperfeitas e subjetivas — não apenas para avaliar sua força de trabalho e decidir quem merecia um aumento ou um bônus, mas para ajudar a melhorar como as pessoas desempenham suas funções e para que contribuam de forma mais valiosa para a organização. "É uma das coisas que mais detesto", disse ele. "Muitas vezes usamos essas informações em um sentido estritamente avaliativo, e não em função do desenvolvimento."

Mas, sim, isso pode acontecer tanto no mundo corporativo quanto no beisebol, e a revolução dos dados que transformou o jogo pela perspectiva do gerenciamento também está começando a mudar o jogo na perspectiva do jogador. Os melhores jogadores de beisebol estão usando a revolução dos dados para melhorar seu desempenho.

E um deles se chama Joey Votto.

OUVINDO OS DADOS, DO ESTÁDIO AO ESCRITÓRIO

Quando criança, nos anos 1980 e 1990, no lado oeste de Toronto, Joey Votto era atlético, mas não muito bom no esporte nacional do Canadá: hóquei no gelo. Algum tempo depois, ele disse a um entrevistador que, quando adolescente, uma garota com quem estava ficando o largou por ser um péssimo patinador.[7] Ele também nunca foi particularmente bom em números — a matemática não era seu ponto forte —, uma ironia do destino, pois sua capacidade de aprender com os dados mais tarde lhe renderia mais de um quarto de bilhão de dólares.

Votto, no entanto, era extraordinariamente bom em acertar uma bola de beisebol arremessada em alta velocidade, em sua direção — uma habilidade que o levou a ser recrutado pelos Cincinnati Reds logo após o ensino médio, em 2002. Como jogador de ligas menores, ele desenvolveu uma obsessão pelas estatísticas dos grandes rebatedores da história do esporte, especialmente do grande Ted Williams, do Boston Red Sox. Depois dos jogos, com as longas viagens de ônibus e as noites em hotéis sem glamour, pilares da vida de um atleta das ligas menores, ele assistia às jogadas do dia dos maiores rebatedores daquela geração, como Barry Bonds, Todd Helton e Manny Ramirez.

O objetivo no beisebol é marcar mais runs do que o outro time, e o primeiro passo para marcar um run é chegar à base. As duas formas mais comuns de chegar à base são bater com o taco, acertar uma bola arremessada com sucesso e correr até lá, ou não bater com o taco em quatro arremessos que estejam fora da zona de strike, e aí é possível caminhar até a primeira base.[8]

Uma das primeiras descobertas dos sabermétricos foi que caminhar para a primeira base é quase tão valioso, em termos de resultados vitoriosos, quanto chegar à base por meio de um acerto. Evitando perdas de bola e chegando à base, um jogador que anda muito contribuirá muito para as vitórias de seu time.

Isso violava a ética do beisebol tradicional — como os olheiros que Michael Lewis zombava em *Moneyball*. Afinal, alcançar uma base andando é atingir o sucesso passivamente, chegar à base por não ter feito algo (balançar o bastão) e não por ter tomado uma atitude (bater na bola como se sua vida dependesse disso).

E embora Votto certamente pudesse lançar uma bola para mais longe do que imaginamos, não foi devido a essa habilidade que ele chegou às ligas principais em 2007, ganhou o troféu de Jogador Mais Valioso em 2010 ou assinou um contrato de US$251,5 milhões por 12 anos com os Reds em 2012.[9] Em vez disso, foi sua incrível habilidade de fazer o que fosse necessário — incluindo muitas caminhadas — para chegar à base e não permitir que a outra equipe acertasse uma jogada que permitiria a vitória dos Reds.

"Acho que uma parte muito importante do trabalho de um rebatedor não é rebater bolas e strikes", disse Votto quando o entrevistei no outono de 2017, "então, se não me engano, me saí relativamente bem nessa categoria".

Votto fez um pouco mais do que se sair "relativamente bem nessa categoria". E o fez, por conta própria, prestando atenção obsessiva ao que as mais recentes percepções por análise informavam sobre cada um de seus movimentos e as tendências de cada rebatida.

Essencialmente, ele aprendeu e agiu de acordo com o aprendizado da sabermetria com mais sucesso do que quase qualquer um. Rebatedores excepcionalmente pacientes tem uma capacidade extraordinária de reter seu swing quando o arremesso não está em sua zona de ataque, além de manter as rebatidas até que consiga acertar a bola com sucesso ou seja vencido pelo adversário. Na temporada de 2017, por exemplo, ele alcançou a base com 45,4% de suas rebatidas, melhor do que qualquer outro jogador nas principais ligas.

Imagine a zona de strike — a área em que um arremesso que não é rebatido conta como strike — dividida em uma grade 3 × 3 com nove painéis. Em um tablet, Votto monitora os dados sobre sua taxa de acertos em cada caixa, dedicando mais tempo de treinamento aos acertos lançados em direção a qualquer uma em que sua taxa de acertos decaia. A ideia é que os arremessadores não tenham vantagem jogando a bola em uma área onde ele tem menos chances de acertar; se Votto não tiver pontos fracos na zona de strike, o trabalho deles fica mais difícil. Ele também monitora as médias de giro da velocidade das bolas que saem do seu taco e com que frequência ele oscila nos arremessos dentro ou fora da zona de strike em cada direção. E esses são apenas os princípios básicos — os usos dos dados sobre os quais Votto está disposto a contar para um jornalista. "Há uma infinidade de coisas mais específicas, mas prefiro não compartilhá-las", disse-me ele. Ninguém entrega seus melhores truques a seus concorrentes.

Essencialmente, todos esses terabytes de dados que a Major League Baseball está coletando fornecem, para um jogador que sabe fazer bom uso deles, uma atualização contínua do que está dando certo e do que está dando errado, uma oportunidade de correção em tempo real conforme a progressão do cronograma de 162 jogos da temporada. Votto consegue usar esses dados para melhorar seu desempenho com mais sucesso do que a maioria.

Parte do que dificulta o uso desses dados é que as flutuações estatísticas aleatórias podem ser exageradamente interpretadas. Se um jogador perder jogadas com bolas curvas externas, em uma proporção incomumente alta, nos últimos vinte lances, seria isso azar ou sinal de que é preciso mudar sua forma de lidar com o jogo? O importante para Votto é ignorar as flutuações estatísticas de pequenas amostras, exceto quando se alinham à sua intuição — quando sente que algo pode estar errado, mesmo que os dados das menores amostras parecem afirmar isso.

"Às vezes, quando há um ponto diferente ou alguma alteração de qualquer forma, tento não deixar que me influencie muito", disse Votto. "Quero dizer, há um lado intuitivo, baseado na sensação e no meu swing, e como me sinto em relação aos arremessos ou meu jogo em geral. E também considero os dados e a tomada de boas decisões, e, então, dou um grande passo para trás e analiso tudo de forma objetiva. Portanto, se algo chamar minha atenção e eu me sentir de certa forma, além dos números confirmarem isso, então será preciso ajustar as coisas. Pode ser difícil, porque muitas vezes, mesmo algo que tenha sido uma tendência por duas semanas, ainda é uma coisa muito pequena para provocar uma reação. Mas quando estamos vivendo a situação, não percebemos dessa forma."

Os dados mostram que a abordagem de Votto é o que está aumentando seu valor para sua equipe; há uma razão pela qual ele recebeu essa oferta gigantesca dos Reds. De 2008 a 2017, o seu desempenho individual gerou uma média de 5,4 mais vitórias por ano para os Reds do que o de um "jogador substituto", um jogador de base mediano que pode ser facilmente contratado sempre que necessário. Obviamente, um dos desafios de ser um tipo de jogador focado em dados é que esse foco nos tipos de métricas que realmente impulsionam a vitória pode ser sinônimo de negligenciar os números que os tradicionalistas geralmente consideram importantes.

Votto passou por isso em 2013. Sua mais recente temporada fora tipicamente excelente, ocupando o 17º lugar no ranking de maiores lances resultando em acertos. Mas o que o tornou valioso de acordo com a nova geração de análises — sua capacidade de chegar à base e evitar a perda de bola — estava sendo atacado por pessoas que viam limites nessa abordagem. Em particular, o número de corridas de Votto era surpreendentemente baixo para um lançador de sua qualidade. Ele ficou em 2º lugar entre os principais na porcentagem de tempo em que chegou à base, mas empatou em 64º no RBI.

Na nova onda de análises de beisebol, o RBI é uma estatística quase inútil para julgar a qualidade de um jogador. Depende muito de circunstâncias e sorte. Um jogador que frequentemente rebate quando outros jogadores já chegaram à base tende a ter mais RBIs, e isso, por sua vez, depende da habilidade de seus companheiros de equipe, de qual ponto da sequência de rebatedores você está e da sorte em conseguir rebater. Uma crítica mais sutil a Votto — expressa com a típica veemência pelas rádios esportivas de Cincinnati — era que, quando ele fazia o swing do bastão com tanta prudência e os adversários conseguiam caminhar até a base, ele fazia com que os Reds perdessem corridas (e ele perdesse RBIs) que teriam gerado mais vitórias. Talvez se ele fizesse o swing com maior desprendimento, quando um jogador estivesse na base, poderia ajudar seus companheiros de equipe, mesmo que ele mesmo não acertasse a jogada.

"Ele foi criticado pelos fãs por anos", lembrou Lance McAlister, radialista esportivo. "Honestamente, era assunto de conversa diariamente no meu programa." O argumento implícito: que Votto tinha um estilo de jogo egoísta. Marty

Brennaman, quem mais defendia esse argumento, era o narrador dos jogos dos Reds no rádio desde 1974. "Ele não é pago para andar", disse Brennan à *Sports Illustrated*. "Ele é pago para orquestrar as corridas."[10]

Em seus anos de jogador de beisebol, Votto manteve-se relativamente reticente em seus comentários à imprensa, relutante em se estabelecer como uma figura pública ou em debater com seus detratores. Entre as temporadas de 2013 e 2014, ele finalmente chegou ao limite e defendeu sua estratégia baseada em dados.

"Fiz questão de continuar seguindo minha abordagem quando os caras estão na base", disse em uma entrevista na televisão. "Várias pessoas não estão muito satisfeitas com essa abordagem, porque não estou disposto a bater a bola no chão causando uma parada ou passar a bola para um zagueiro marcar o ponto que muitas pessoas querem. Estou mais do que feliz em tomar minha base."[11] Esse é um argumento essencialmente empírico que se refere a uma das primeiras descobertas de Bill James e da multidão de sabers: que quando os gerentes incentivavam os jogadores a negociar uma bola fora por uma corrida, eles não estavam considerando suficientemente o valor de estender o turno e potencialmente marcar muito mais execuções. Votto deixou isso mais claro quando um colunista do *Cincinnati Enquirer o* pressionou sobre o assunto alguns dias depois. "É melhor não ter bolas fora do que conseguir corridas?" perguntou Paul Daugherty.

"Com. Toda. Certeza.", disse Votto.[12]

Mais tarde, no programa de McAlister, ele foi questionado sobre quais estatísticas emprega na avaliação de seu desempenho. Se ele desconsidera as métricas tradicionais, como média de rebatidas e RBI, qual é o fator de análise?

"Sabe, muita gente surtará quando eu disser isso, mas não consigo me controlar", começou Votto. "Provavelmente seriam 'corridas ponderadas criadas ajustadas'", então ele explicou brevemente seu conceito para o que certamente era um público confuso. Com base em uma das invenções estatísticas de Bill James, o que os nerds do beisebol abreviam como "wRC +" incorpora o valor de cada uma das rebatidas e caminhadas de um jogador, incluindo ajustes de acordo com os estádios (é mais fácil acertar um home run em alguns do que em outros, e o equilíbrio geral entre rebatedores e arremessadores da liga no ano em questão).

Não há dúvida de que ser jogador de beisebol é um trabalho muito diferente do que o de um executivo no mundo corporativo. Votto faz seu trabalho perante dezenas de milhares de pessoas; dados sobre cada movimento feito por ele e seus competidores são coletados e disponibilizados para que qualquer um possa analisar; existe uma definição clara do que constitui sucesso e fracasso. Mas, em nossa conversa, fiquei impressionado com o número de pontos em comum entre o uso experiente da análise para se tornar um jogador melhor e o que executivos experientes no mundo dos negócios precisam fazer para serem mais eficazes em seu trabalho.

Tanto no beisebol quanto nos negócios, houve um aumento exponencial na quantidade de dados disponíveis e na capacidade de analisá-los. No beisebol, chamamos de "sabermetria"; nos negócios, às vezes, chamamos de "análise de pessoas". A maior parte desse trabalho analítico é feita em benefício da administração, buscando ganhar jogos no beisebol ou criar uma organização com alto desempenho nos negócios. Mas um jogador, ou um único funcionário, que pode aprender as lições geradas por esses dados e análises terá uma vantagem contra a concorrência.

Essa revolução está muito mais avançada no beisebol do que nos negócios, e Votto está mais adiantado do que a maioria dos outros jogadores em aproveitar as informações oferecidas pelos dados. "Votto entende dessas coisas e é muito cerebral", disse-me Vince Gennaro. "Esse é um dos traços que define os jogadores de elite, a adaptabilidade, a capacidade de entender o que os dados estão dizendo."

Quando falei com Votto sobre o uso de dados, o que mais percebi foi que seu sucesso não decorre de nenhum truque ou insight, mas de um mindset. "Presto atenção a várias estatísticas diferentes, mas não presto atenção aos resultados", disse-me ele. Isso pode parecer paradoxal em um setor em que os resultados — rebatidas, home runs, vitórias — são tudo o que importa. Mas entradas e saídas são coisas diferentes, e Votto acredita que, se ele acertar as entradas, terá boas saídas.

"Tenho exclusiva curiosidade sobre os marcadores que conseguem um sucesso em longo prazo, mas ignoro a contagem de estatísticas e realmente tento muito não prestar atenção às estatísticas de taxas", disse ele. Ou seja, ele está mais preocupado com os comportamentos ocultos que pode controlar: não fazer movimento de swing para arremessos fora da zona de strike; garantir que quase toda vez que o movimento de swing seja feito, ele faça pelo menos algum contato com a bola; tornar seu swing igualmente eficaz em todos os quadrantes da zona de strike, para que o arremessador não possa explorar nenhum ponto fraco.

Sua abordagem aos dados tem menos foco no aprendizado de uma única lição e sua aplicação, e mais em estar sempre pronto para aprender e se adaptar ao que as evidências mais recentes mostram. "Tento usar os números para entender a direção do jogo", ele disse. "Quero nunca ficar para trás. Quero sempre antecipar o que está por vir e me ajustar."

Brett Ostrum, da Microsoft, não estava tentando rebater uma bola de beisebol; ele queria gerenciar uma grande equipe focada em problemas difíceis tecnológicos e de negócios. Será que a abordagem de Votto — dedicação ao estudo dos dados e escutar o que eles ensinam — poderia realmente ajudar?

O QUE PODEMOS (E NÃO PODEMOS) ENTENDER COM BASE EM ALGUNS MILHÕES DE E-MAILS

Em 2 de dezembro de 2001, a empresa comercializadora de energia Enron entrou com pedido de falência. Na época, era a maior falência da história. Isso desencadeou uma revolta no mundo corporativo, instigando, entre outras coisas, a queda de uma das cinco principais empresas de contabilidade globais, a Arthur Andersen, e uma reconfiguração das leis americanas de valores mobiliários (resultando no que veio a ser conhecido como Lei Sarbanes-Oxley). Para o que tratamos aqui, o que é particularmente interessante é que, na primavera seguinte, os reguladores de energia federais coletaram e-mails de cerca de 150 gerentes seniores da Enron do período entre 2000 a 2002 e, como parte de sua investigação, publicaram--nos para que qualquer um pudesse lê-los. Originalmente, eram 1,6 milhão de e-mails, embora, eventualmente, os reguladores federais excluíssem aqueles contendo informações privadas ou irrelevantes aos negócios — registros bancários, conversas entre cônjuges, confirmações de viagens, spam aleatório — reduzindo a quantidade para algumas centenas de milhares de mensagens. Mesmo depois da falência da Enron, tornando-se uma mera nota de rodapé na história dos negócios, esse conjunto de dados representava algo raro para todos os tipos de pesquisadores: uma fonte rica e detalhada de informações sobre como as pessoas em uma empresa se comportam quando acham que ninguém está vendo. Inúmeros estudiosos do comportamento organizacional, linguística e outros campos analisaram os e-mails da Enron. Isso os torna, parafraseando uma manchete do *MIT Technology Review*, o equivalente comercial do DNA de Henrietta Lacks, uma mulher que morreu em 1951, mas cujas células foram usadas por gerações de pesquisas biomédicas.[13]

Uma década após a falência da Enron, um homem chamado Ryan Fuller teve uma ideia para redirecionar a utilização desses e-mails. Ele era um ex-consultor da Bain & Company que havia fundado uma startup chamada VoloMetrix, com base em um palpite de que conforme executivos mudaram da comunicação em papel para a forma eletrônica, oportunidades ainda inexploradas de melhoria no gerenciamento haviam sido oferecidas.

"Há pouco tempo tudo era processado em papel", disse Fuller. "As pessoas escreviam memorandos. A comunicação apenas se estendia ao número de para quem era possível fazer ligações ou encontrar pessoalmente em um determinado dia. Mas todas essas tecnologias, como e-mail, planilhas e softwares de calendário que se proliferavam, permitiam que os profissionais do conhecimento fizessem muito mais a cada dia. Então as pessoas tinham disponíveis todos esses incríveis aprimoradores de produtividade, mas não tinham nenhuma evolução paralela nas ferramentas de gerenciamento. Todos estão produzindo mais, porém

COMO VENCER NO MUNDO DO TUDO OU NADA

essas ferramentas não se desenvolveram na mesma proporção, então é preciso alcançar esse avanço."

A teoria que ele e seus colegas criaram foi que, com base nos grandes volumes de dados gerados diariamente por esses aplicativos, poderiam desenvolver insights profundos sobre a produtividade dos funcionários. No entanto, eles tinham um dilema do tipo "quem veio primeiro, o ovo ou a galinha?": nenhuma organização aceitaria entregar todos os seus e-mails ou outros registros eletrônicos a uma empresa recém-formada, mas eles não poderiam provar seu conceito ou confiabilidade sem os dados. "Um de nossos questionamentos era 'Por que isso não existe ainda?' Nos parecia que era impossível extrair os dados [do ponto de vista técnico], ou as implicações de privacidade eram tão fortes que era impossível contorná-las", disse Fuller.

Foi aí que eles descobriram os e-mails da Enron, que já eram públicos e, portanto, não apresentavam problemas de privacidade. Para provar seu conceito, eles analisaram a correspondência desses 150 executivos da Enron e mostraram que a tecnologia da VoloMetrix buscava padrões de quem se comunicava com quem, sem colocar em risco a privacidade dos indivíduos.

Isso foi suficiente para que uma empresa de 2.500 funcionários fornecesse acesso aos metadados de seus próprios sistemas internos de e-mail e calendário — quantas reuniões foram realizadas e com quais combinações de participantes, por exemplo, e padrões de tráfego de e-mail com informações que identificam remetentes e destinatários individuais e conteúdo da mensagem. O CEO da empresa achou que havia um "problema de reuniões", como Fuller lembrou, ou seja, que seus funcionários dedicavam muito tempo a elas. Fuller e sua equipe na VoloMetrix começaram a trabalhar na análise dos dados desse cliente e fizeram uma apresentação. Eles calcularam até os décimos de quanto tempo um funcionário típico dedicava às reuniões, quantas pessoas estavam em uma reunião básica e como esses números variavam com base na unidade de negócios e no tipo de trabalho, e estavam bastante satisfeitos com as ideias que criaram. Mas isso por si só não foi suficiente.

"Rapidamente, percebemos que todas essas informações eram interessantes, mas não práticas", disse Fuller. "Eles responderam: 'Bem, isso é bom ou ruim? Deveria ser menor ou maior? Como disputamos de igual para igual com nossos competidores? O que fazemos agora?' Conseguirmos analisar os dados serviu como uma boa validação, mas também ficou claro que precisávamos ir mais fundo para ajudar as empresas a entender como pensar sobre esses dados e como utilizá-los para torná-los aplicáveis. O problema era como partir de um interessante projeto científico para algo realmente atraente."

Enquanto Fuller trabalhava com alguns colegas em uma startup em Seattle, a poucos quilômetros de distância, Dawn Klinghoffer tinha os mesmos questionamentos, embora de uma perspectiva muito diferente.

Klinghoffer estudava matemática na faculdade e trabalhava no setor de seguros antes de começar no departamento financeiro da Microsoft em 1998, no qual trabalhou na sempre complicada tarefa de alocar custos e receitas para diferentes departamentos, para, com precisão, conseguir calcular o lucro ou a perda de linhas de negócios individuais. Então, em 2003, um colega a procurou com uma proposta surpreendente. O departamento de recursos humanos da Microsoft buscava uma melhoria na medição e análise rigorosa do trabalho de seus 55 mil funcionários. Klinghoffer juntou-se a uma equipe que focava essa situação. "Tivemos a sorte de dispor de um armazém com mais de 15 anos em dados de RH", disse Klinghoffer. Mas ela logo percebeu que sofria do mesmo problema que Fuller: "É ótimo relatar os dados e eles podem revelar o que aconteceu na organização, mas não dizem o porquê e certamente não levam ao próximo nível de entendimento de comportamentos que afetam o desempenho, e o motivo."

Assim, por exemplo, tradicionalmente, dentro da Microsoft, o pensamento era de que um executivo ambicioso precisava passar um tempo no exterior para ter sucesso em longo prazo. Analisando os dados, Klinghoffer não encontrou evidências sólidas de que esse fosse o caso; executivos que passaram um tempo no exterior, em média, não tiveram sucesso mais cedo ou mais tarde do que aqueles que ficaram na sede da Microsoft. Mas ela e seus colegas encontraram algo interessante neste exercício: um número surpreendentemente alto de gerentes que realizaram um trabalho internacional acabou deixando a empresa alguns meses depois de retornarem. O insight que podemos tirar disso é útil: a empresa falhou no trabalho de garantir que esses executivos tivessem um trabalho envolvente ao retornar, deixando-os no limbo por alguns meses após a viagem — nesse período, eles eram contatados pelos concorrentes. "As pessoas aceitavam essas tarefas no exterior e ficavam seis meses esperando que algo surgisse disso. O pensamento era: se vamos investir esse dinheiro para mandá-las para o exterior, é melhor ter um caminho definido para quando retornarem."

Mais tarde, descobriram dois fatos peculiares, analisando os mesmos dados sobre planos de carreira e tendências de rotatividade. Primeiro, as transferências internas poderiam ser muito boas tanto para a empresa quanto para os trabalhadores: quando as pessoas trocavam de unidade dentro da empresa, tendiam a se envolver mais em seu trabalho e, finalmente, a se tornar funcionários mais valiosos. (Isso me parece uma confirmação adicional de que uma carreira não linear é importante para se tornar um funcionário ótimo de Pareto.)

Segundo, apesar das boas notícias sobre a importância das transferências, suas pesquisas mostraram que os funcionários consideravam mais fácil deixar a Microsoft por outra empresa do que fazer uma mudança interna. Depois que a equipe de Klinghoffer produziu esses dados, o time de RH pensou um pouco sobre como mudar esse padrão — e percebeu que suas próprias políticas provavelmente tinham muito a ver com isso.

De acordo com as regras da Microsoft era preciso estar em uma posição atual há, pelo menos, de 18 a 24 meses, dependendo do departamento, antes de poder se candidatar a um novo emprego em outro setor da empresa, e era necessário pedir permissão ao gerente antes de fazer uma entrevista para uma nova função. Mas tais regras não se aplicavam, obviamente, a quando as pessoas exploravam novos empregos em potencial fora da empresa — ou seja, alguém que desejasse uma mudança tinha incentivo ativo para procurar *apenas* fora da Microsoft em vez de considerar transferências internas. A empresa afrouxou essas regras e a taxa de transferência aumentou.

Ambas as lições derivam da justaposição de dados sobre carreiras com medidas de sucesso futuro, como longevidade na empresa. Mas Klinghoffer tinha certeza de que havia espaço para levar esse tipo de abordagem analítica a um novo nível. Afinal, a Microsoft era uma das maiores fabricantes de software para e-mail e calendário empresariais — programas que inevitavelmente produzem um tipo de "exaustão digital" de metadados sobre como quase todos os funcionários da empresa estão usando seu tempo. Haveria como usar isso?

Então, em 2015, ela recebeu uma ligação de um executivo de desenvolvimento de negócios da Microsoft. "Olá, vamos avaliar uma empresa que trabalha com produtividade e análise no local de trabalho", disse o executivo. "Sei que você trabalha com isso, então pensei que talvez você pudesse vir à reunião e nos ajudar a avaliar esta empresa."

A empresa era a VoloMetrix. Quando Ryan Fuller apareceu na reunião, pensou que era uma conferência de vendas — que ele estava tentando convencer a Microsoft a permitir o acesso a dados sobre seus funcionários e a pagar pelos insights que a VoloMetrix poderia desenvolver a partir de tais dados. Na verdade, a Microsoft estava avaliando o terreno; por fim, adquiriu toda a empresa, e Fuller e Klinghoffer se tornaram colegas. Separadamente, Klinghoffer e Fuller imaginaram o uso de metadados de e-mail e calendário — o escape digital criado pelo que se tornou uma equipe de 118 mil funcionários da Microsoft — para produzir insights de negócios realmente úteis. Agora, eles trabalhariam juntos nessa missão.

A SABERMETRIA NA DIRETORIA

Conectar centenas de variáveis em um computador e procurar qualquer correlação é uma abordagem rudimentar do uso de dados. O risco dessa triagem de dados é obter informações estatísticas, mas não insights. Se o grupo de pessoas que chegam singularmente cedo ao trabalho também provavelmente for o grupo de pessoas que escrevem e-mails mais longos, isso realmente não significa muita coisa — e pode ser uma correlação hipotética em razão de algumas pessoas eloquentes serem também madrugadoras.

Bons cientistas de dados, como seus semelhantes nas ciências físicas e naturais, têm um método para testar ideias a partir de dados. Eles começam com uma pergunta que precisa ser respondida e, então, formam uma hipótese — aqueles que chegam cedo são mais produtivos, por exemplo — e a testam contra os dados para que as evidências a confirmem ou desmintam. No contexto do trabalho de Klinghoffer e Fuller, a questão é justapor os metadados de e-mail e calendários — não o conteúdo real de mensagens ou compromissos de calendário, mas os padrões de comunicação e das reuniões — com padrões de sucesso ou fracasso no contexto da Microsoft.

Caso queira descobrir quais comportamentos em uma empresa preveem e contribuem para o sucesso, primeiro é preciso definir "sucesso". Os gerentes concluíram que, para eles, "sucesso" estava em coisas como evidências de altos níveis de envolvimento dos funcionários e alcance de metas de vendas e receita.

Enquanto Klinghoffer e Fuller ponderavam sobre as perguntas que os dados disponíveis poderiam ajudar a responder, chegaram a algumas possibilidades: Há uma duração ideal da jornada de trabalho em termos de produtividade? Os vendedores devem focar contatos profundos com alguns clientes ou relacionamentos superficiais com muitos deles?

É equivalente a Joey Votto procurar entender quais comportamentos se correlacionariam com o sucesso eventual e focar o que poderia controlar. Todo funcionário da Microsoft pode almejar promoções e mais vendas, assim como todo jogador de beisebol deseja ganhar mais jogos. A questão reside em quais dados podem ser otimizados a nível individual para melhorar as chances desse sucesso por toda a organização; respondê-la efetivamente é a chave tanto para conseguir um contrato multimilionário como jogador de beisebol profissional quanto para conseguir uma promoção dentro de uma empresa como a Microsoft.

Depois de alguns anos desse trabalho, Klinghoffer e Fuller tiveram algumas opiniões que se mostraram sólidas — ideias sobre o comportamento de gerentes eficazes da Microsoft que apareceram nos dados e foram comprovadas, independentemente de como eram processadas exatamente: correntes evidentes ao longo de vários anos e em muitas unidades da empresa, por exemplo. Essas seriam a versão dos negócios da convicção de Votto de que deveria se concentrar na chegada à base e evitar perder bolas de qualquer jeito — lições vistas como sólidas em diferentes formas de análise.

Dentre as lições:

Trabalhe duro, mas não muito. Uma constatação surpreendente foi que o número de horas de trabalho — como revelado por quando um funcionário usa o e-mail ou marca compromissos no calendário — é contagioso. Os trabalhadores tendem a seguir as ações do chefe. Os subordinados dos gerentes que dedicam algo além do padrão de 40h semanais eram mais engajados e propensos a trabalhar mais horas. Mas levar isso a extremos — por exemplo, gerentes que frequentemente trabalhavam durante a noite e nos fins de semana — mudava a direção desse efeito. Seus funcionários podiam até trabalhar muitas horas, mas tornaram-se menos envolvidos em pesquisas. "Em uma das empresas que analisamos, para cada hora que um gerente passava enviando e-mails ou fazendo reuniões após o horário normal de trabalho, havia o acréscimo de até 20 minutos por subordinado direto e isso contamina a organização", disse Fuller.

Encontre seus funcionários para conversas ao vivo. Realizar reuniões regularmente com todo o departamento pode parecer uma boa medida de liderança, porém há pouca correlação com sucesso gerencial. Em contrapartida, os gerentes que faziam reuniões individuais frequentes — ainda que breves — com seus subordinados diretos provavelmente teriam funcionários mais engajados que obteriam maior sucesso. "Os funcionários achavam que teriam mais oportunidades de carreira se fizessem reuniões constantes com o gerente, provavelmente porque, na verdade, esse será o assunto dessas reuniões", afirmou Klinghoffer. "E eles estariam realmente mais abertos a receber feedback do que aqueles funcionários que faziam menos reuniões com seu gerente."

Sempre trabalhe na construção de sua rede de contatos dentro da sua organização. É importante que os subordinados, e não apenas um gerente mediano que busca resultados, conheçam pessoas de diferentes departamentos de uma empresa. Funcionários subordinados a um chefe com uma rede de contatos mais extensa tendiam a ter carreiras mais longas na Microsoft. Parece que há algo contagioso, no bom sentido, em conhecer muitas pessoas. "O tamanho, a profundidade e a amplitude das redes de contatos de um único funcionário estão altamente correlacionados com o desempenho, engajamento e os vários resultados diferentes", disse Fuller. "De um modo geral, as maiores redes de contatos são melhores e as pequenas ou reduzidas são um indicador de algo ruim que está por vir. O que faz sentido, pois os seres humanos são criaturas sociais."

Além das especificidades deste conselho, o que impressiona é como a tecnologia — a ascensão do big data — está possibilitando os tipos de insights desejados por Vince Gennaro para sua própria carreira corporativa na década de 1990, mas ainda não estavam prontos para todo esse destaque.

Klinghoffer e Fuller se tornaram os principais representantes internos dessa abordagem na Microsoft e, em 2017, apresentaram-na aos mais altos executivos da empresa em um retiro, explicando a abordagem, seu potencial e suas armadilhas. Na plateia, estava Brett Ostrum.

O MISTÉRIO DOS FUNCIONÁRIOS TRISTES

Quando Ostrum levou seu problema a Klinghoffer e Fuller, eles viram uma oportunidade de colocar suas ferramentas analíticas para um novo fim: descobrindo por que muitos membros da unidade de desenvolvimento Surface e Xbox estavam menos satisfeitos com seu equilíbrio entre vida pessoal e profissional do que outros funcionários da Microsoft. A equipe de análise organizacional começou a trabalhar nos metadados agregados do uso de e-mails e calendários desses 700 funcionários, em uma tentativa de identificar o problema principal e encontrar uma forma de resolvê-lo.

O trabalho da equipe confirmou pela primeira vez que a tese original — que telefonemas internacionais e viagens eram os motivadores da insatisfação — não tinha substância. Ao comparar os calendários digitais de pessoas em diferentes equipes e testar tais resultados em comparação com os resultados da pesquisa sobre satisfação, os membros da equipe o refutaram. "A resposta foi não", disse Ostrum. "Quando analisamos os dados, as viagens internacionais não impulsionaram nosso resultado geral de equilíbrio entre vida profissional e pessoal. Não era exatamente isso que influenciava o resultado."

Para testar teorias alternativas, eles identificaram quais equipes tinham resultados particularmente ruins na pesquisa sobre o equilíbrio entre vida pessoal e trabalho e, depois, procuraram como seus padrões de trabalho diferiam dos padrões das equipes com resultados medianos ou bons na pesquisa. Eles extraíram dados de calendário e e-mail para revelar o que diferenciava as equipes que abrigavam as pessoas insatisfeitas daquelas em que parecia estar tudo bem.

Parecia que o problema envolvia algo sobre o trabalho fora do expediente — por que outro motivo a insatisfação dos funcionários se manifestaria com as baixas pontuações na pesquisa sobre seu equilíbrio entre vida profissional e pessoal? Mas, independentemente de como analisaram os dados, nenhuma correlação significativa entre os grupos que tinham muito trabalho a fazer em momentos ímpares e os que eram infelizes foi encontrada. Era um processo de iteração, testar as diferentes teorias sobre viagens de trabalho e telefonemas fora do horário comercial e exigências dos chefes contrastando com a realidade fria e complexa dos números. Os dados forneciam uma linguagem comum e uma ferramenta de medição para testar diferentes instintos de maneira mais objetiva, e sua maioria não foi confirmada.

Mas uma coisa que os instintos da equipe diziam era que deveriam verificar os dados: as pessoas gastavam muito tempo nas reuniões. Analisando os horários dos funcionários, descobriram que a diferença entre a unidade de hardware e outras partes da Microsoft com maior satisfação, no que diz respeito ao equilíbrio entre vida pessoal e trabalho, não era mais horas em reuniões ou mais reuniões em horários não ortodoxos.

Eles descobriram que, em média, equipes insatisfeitas passavam 27h horas por semana em reuniões — mas o que realmente distinguia essas equipes era que suas reuniões tendiam a incluir muitas pessoas: 10 ou 20 funcionários ao redor de uma mesa de reunião coordenando planos, não duas ou três pessoas fazendo brainstorming para solucionar um problema.

A questão não era que as pessoas precisavam viajar para a China e fazer ligações telefônicas tarde da noite. Empregados com essas funções meio que pareciam aceitar isso como parte do acordo. Os gerentes estavam sobrecarregando seus cronogramas com grandes reuniões, reduzindo o horário de trabalho disponível para tarefas que exigissem concentração individual — sentar-se, pensar profundamente e tentar resolver um problema.

Como as equipes de beisebol mostraram há muito tempo, os dados por si só não são insights, mas munidos de dados, os executivos poderiam fazer melhores perguntas aos funcionários, tentando compreender a fonte de suas frustrações — e testar suas respostas com informações mais objetivas. Os funcionários se queixaram da necessidade de acompanhar o trabalho que exigia concentração individual durante seus momentos de folga, porque grande parte do dia de trabalho era dedicada a reuniões desnecessárias e essa reclamação estava alinhada com os dados de seus calendários e e-mails.

Para Ostrum, esse insight foi mais do que apenas teórico. Por acaso, seus subordinados diretos constituíam uma das equipes que relatavam a insatisfação tanto quanto ao equilíbrio entre vida profissional e trabalho quanto às 27h horas semanais dedicadas a grandes reuniões. Felizmente para ele, o diagnóstico também trazia uma solução.

Ostrum e sua equipe de liderança decidiram resolver o problema, percebendo que, por serem a principal fonte de sobrecarga, precisavam ser os primeiros a fazer uma mudança. Ostrum e a equipe de análise mostraram aos gerentes afetados os dados e suas ideias sobre o que indicavam, e pediram que fizessem o quanto antes uma auditoria em si mesmos de quantas reuniões agendaram e que fizessem a difícil seleção de quais eram essenciais dentre elas. Da parte dos funcionários, deu-se início ao incentivo do agendamento de horários em seus calendários para o tipo de concentração independente que essas reuniões acabavam deixando para ser feita à noite e nos fins de semana. Simplesmente contabilizar o tempo de trabalho independente em um calendário — em vez de deixá-lo em branco, facilitando que um colega solicite uma reunião durante esse período —, significava que teriam tempo garantido no trabalho para esta atividade.

O próximo passo de Ostrum foi acompanhar o progresso, usando o tipo de informação analítica que o ajudou a seguir adiante na solução — o equivalente do mundo corporativo aos dados que Joey Votto estuda em um tablet todos os dias para entender exatamente como está se saindo bem, ou mal, ao rebater as bolas de beisebol.

"Recebo um alerta toda semana que diz: 'Esta é sua semana'", disse Ostrum. "Ele mostra quanto tempo foi dedicado ao foco, quantas horas fora do expediente foram gastas enviando e recebendo e-mails. Todos recebem isso e, às vezes, é alarmante ver a quantidade de e-mails que você envia nos fins de semana ou no fim da noite, é bom usarmos como forma de conscientização."

Assim como muitas pessoas usam um aplicativo fitness como o Fitbit para monitorar seus comportamentos de saúde, um aplicativo chamado MyAnalytics, lançado em meados de 2018 como parte do pacote Office, oferece estímulos quando as pessoas exibem hábitos abaixo do ideal. Ele pode informar que "você enviou e-mails durante mais de 40% de suas reuniões na semana passada" ou "30% de suas reuniões semanais são recorrentes. Reveja essa situação para garantir um bom aproveitamento desse tempo".

O sucesso de Joey Votto não resultou de uma única leitura da análise. Em qualquer situação, as pessoas evoluem continuamente em resposta à mudança em seu ambiente, por isso, é preciso constantemente revisar o material e fazer novas perguntas como acompanhamento (follow up). Na visão de Ostrum, estamos apenas no nível superficial do que pode ser aprendido. A grande questão para os próximos anos é como capacitar os funcionários a desenvolver habilidades no nível de Joey Votto na triagem de dados de análise.

Como no beisebol, a ideia de que o desempenho humano possa ser reduzido tão facilmente aos dados não é uma unanimidade. A chave para quem deseja sem bem-sucedido nesse ambiente é se comprometer a ouvir o que os dados têm a dizer, estudá-los e — talvez o mais importante — desenvolver as habilidades analíticas e interpretativas muito humanas para entender o que eles afirmam.

5

A Economia da Gestão

O QUE VOCÊ DIRIA QUE *FAZ* AQUI?

Alguns casais jovens encontram afinidades em filmes ou esportes. Em meados dos anos 1990, Susan Salgado e seu então namorado passavam seus fins de semana em um trajeto de duas horas de ônibus entre Bethlehem, Pensilvânia, onde ela estudava para seu MBA e trabalhava na Universidade de Lehigh, até a cidade de Nova York, para comer em alguns dos melhores restaurantes da cidade. Eles gostavam particularmente de dois locais que eram muito badalados pelos entusiastas gastronômicos de Nova York — o Union Square Cafe e o Gramercy Tavern, localizados a alguns quarteirões um do outro, ao norte do Union Square Park. Ambos os restaurantes ofereciam comida sofisticada, sem muita afetação, e atendimento acolhedor, mesmo para uma estudante de pós-graduação que pegou o ônibus da Pensilvânia até lá, algo que não poderíamos dizer sobre muitos dos melhores restaurantes de Nova York naquela época. E ambos eram dirigidos por um restaurateur chamado Danny Meyer.

Em 1999, Salgado e seu agora marido se mudaram para Nova York, onde ela estudava para seu doutorado em comportamento organizacional na Escola de Administração Stern da Universidade de Nova York. Quase no fim do curso, sua preocupação era sobre o tema de sua dissertação. Ela queria fazer pesquisas de campo em vez de analisar dados em planilhas e estudar como as organizações de sucesso podem fornecer experiências autênticas e consistentes aos seus clientes. Então, ela pensou que os restaurantes de Meyer eram um ótimo exemplo disso. Uma noite, ela estava comendo no Tabla, o mais recente braço de seu império de restaurantes, com foco na culinária indiana, e viu Meyer sozinho, observando o ambiente. Ela já tinha lido sobre ele e frequentava seus restaurantes há anos, mas nunca haviam se cruzado. Ela se aproximou dele, apresentou-se, falou sobre suas experiências em seus restaurantes e fez uma proposta. Poderia estudar a empresa de Meyer para entender o funcionamento interno desse pequeno império de restaurantes, que parecia ter o dom de acumular elogios de críticos gastronômicos e fãs entusiasmados, para sua dissertação?

Ela recorda que Meyer tinha dúvidas, mas ficou intrigado o bastante para convidar Salgado para uma reunião com seus sócios. Depois de debaterem um pouco, eles concordaram, mas sugeriram que, para que tudo funcionasse, ela precisaria realmente mergulhar nas operações. Então, em novembro de 1999, Salgado começou a trabalhar como atendente de reservas em uma sala dos fundos do Union Square Cafe, na qual atendia a telefonemas 8h por dia, ouvindo os pedidos dos nova-iorquinos desesperados por uma das reservas mais disputadas da cidade e aprendendo o delicado método de Meyer de dizer não de uma forma que o cliente ainda se sentisse bem após ouvi-lo. Oito semanas depois, ela começou a fazer turnos como host do restaurante, aprendendo a forma singular empregada por Meyer de cumprimentar os clientes e fazê-los sentir-se em casa. Depois disso, acompanhou garçons, cozinheiros, bartenders e outros para observar como realizavam seu trabalho.

O trabalho de Salgado resultou em uma dissertação de 161 páginas intitulada "Fine Restaurants: Creating Inimitable Advantages in a Competitive Industry" (Restaurantes Finos: Criando Vantagens Inimitáveis em uma Indústria Competitiva, em tradução livre). Sua principal descoberta: A empresa de Meyer gerou uma vantagem duradoura sobre seus concorrentes na disputada cena gastronômica de Nova York por meio da cultura que criou entre seus funcionários. De acordo com ela, havia um ciclo de feedback positivo. Quando a equipe tratava uns aos outros, e os clientes, com respeito e empatia, todos se saíam melhor em seus trabalhos do que poderiam ser em outros lugares, e ainda criava uma experiência significativamente melhor para os clientes do que provavelmente encontrariam em outros locais. Ou, em linguagem acadêmica, "o crescimento bem-sucedido dessa organização reside no desenvolvimento de uma identidade principal singular, valiosa e consistente entre restaurantes, além das identidades estratégicas que variam entre os restaurantes e permitem que cada um seja competitivo em seu nicho. A sustentabilidade desse sistema está enraizada na capacidade da gerência em desenvolver e transferir com sucesso identidades fundamentais e estratégicas, além de práticas institucionais que apoiam e mantêm a identidade continuamente."

Ela poderia ter parado por aí. Salgado poderia ter partido para lecionar administração em uma faculdade. Mas ela se apaixonou pela indústria de restaurantes e pelo modo como as coisas funcionavam no Union Square Hospitality Group. E a empresa estava à beira de uma enorme expansão. Meyer assinou um contrato para abrir um restaurante no Museu de Arte Moderna. Também estava começando um serviço de catering e acabara de abrir uma barraca de cachorro-quente no Madison Square Park que, embora ninguém envolvido soubesse na época, se tornaria maior do que qualquer outro empreendimento; era o Shake Shack.

Salgado, que também estudou outras empresas bem administradas que viram sua cultura desmoronar à medida que se expandiam, estava preocupada com a capacidade do Union Square Hospitality de continuar crescendo enquanto mantinha as qualidades que trouxeram sucesso aos seus primeiros restaurantes. "Tinha a teoria de que Danny possuía sistemas ou estruturas que lhe permitiam transferir efetivamente essa cultura para novos restaurantes", ela me disse. "Mas não era isso. Era tudo feito pelo Danny. E isso não é sustentável. Eu disse que, se continuasse ampliando esse grupo de restaurantes, precisaria construir uma infraestrutura para apoiar essa cultura, ou então quebraria." Salgado pensou que talvez pudesse ajudar Meyer nisso. Por isso, depois de terminar o doutorado, abandonou a carreira acadêmica para ingressar na empresa com o título de "diretora de cultura e aprendizado".

Nos 15 anos seguintes, o Union Square Hospitality passaria de 4 restaurantes para 16, sem contar o que aconteceu com aquela barraca de cachorro-quente. A Shake Shack foi transformada em uma empresa à parte de capital aberto, com 188 restaurantes no final de 2018, estendendo-se por todo o mundo.

Tende-se a olhar para os empresários de sucesso, especialmente os empreendedores que constroem uma empresa do zero, a partir de suas próprias visões — e não há dúvida de que Meyer tenha uma visão convincente sobre gastronomia e atendimento ao cliente —, mas a visão não é tudo. O que realmente diferencia Meyer dos inúmeros outros restauranteurs de Nova York com menos sucesso é sua capacidade de transformar essa visão em algo que poderia ser institucionalizado e replicado, chegando muito longe — mesmo que não tivesse plena noção de como fazê-lo quando Salgado entrou na empresa. Meyer pode não colocar dessa forma, mas o sucesso de suas empresas se resume a compreender e aplicar a economia básica da administração.

Isso, por sua vez, faz de sua carreira um estudo de caso importante para qualquer pessoa no mundo dos negócios. Em nossas carreiras, seremos todos gerenciados, e muitos de nós, em algum momento ou outro, gerenciaremos outros, e os benefícios de gerenciar bem ou trabalhar para alguém que o faça são maiores do que nunca.

COMO DANNY MEYER PASSOU DE EMPREENDEDOR A CEO

Quando Meyer abriu o Union Square Cafe em 1985, sua intenção era trazer um novo tipo de restaurante para Nova York. A cidade tinha restaurantes de alta qualidade que serviam comida excelente, muitos deles seguindo a tradição francesa — caros, formais e não exatamente acolhedores. E havia restaurantes nos arredores que até ofereciam um ambiente muito mais aconchegante e acessível, mas comida completamente trivial. Meyer desejava replicar o que vira em suas viagens a Paris e Roma — como escreveu em sua autobiografia, "serviço técnico refinado combinado com carinho, hospitalidade delicada e emocionante culinária sazonal".[1.]

Foi um sucesso instantâneo. Desde os primeiros dias, o simples encaixe das reservas e mesas era um desafio; Meyer aprendeu rapidamente o poder de uma taça de vinho de cortesia para acalmar um cliente irritado com a espera por uma mesa. Os aplausos começaram — uma crítica positiva no *New York Times* no início de 1986 provocou um salto de 60% nos negócios. Enquanto isso, Meyer aprendia a ser um gerente à medida que passava pelas situações. Ele era um chefe muito participativo e entrevistou pessoalmente cada novo funcionário em potencial, mesmo o auxiliar de nível mais baixo. Outros simplesmente fariam a triagem dos candidatos tecnicamente, mas Meyer confiava apenas em si mesmo para julgar se eles tinham inteligência emocional para o trabalho — os instintos de perceber se o clima em uma mesa é alegre ou problemático, oferecer serviços sutilmente diferentes a clientes distintos — um executivo do ramo editorial em um almoço de negócios, um casal em um primeiro encontro desconfortável ou confraternização entre amigos de longa data.

Meyer e sua equipe criaram processos sistemáticos para a cozinha e para as partes técnicas do serviço: os chefs escreviam suas receitas, não somente as decoravam; um manual especialmente elaborado detalhava a decoração do ambiente, o momento exato de quando deve-se anotar os pedidos de coquetéis, quando uma pequena tigela de azeitonas seria entregue e assim por diante. Mas Meyer não queria que garçons e hosts somente lessem um script e executassem as etapas corretas do serviço; ele queria que soubessem improvisar para oferecer aos clientes uma experiência calorosa e memorável. Os elementos de hospitalidade do negócio continuavam confusos e improvisados.

"Era o meu jeito de dizer: 'Estou no comando, e sei que tipos de pessoas quero contratar e quais habilidades emocionais estou procurando'", ele me contou.

"Mas eu ainda precisava traduzir essas habilidades emocionais em palavras. Nesse ponto, era simplesmente intuitivo. Eu não conseguia dizer às pessoas: 'Eis as 6 habilidades emocionais que estamos procurando'. Eu contratava com base nas impressões que me causavam."

Por nove anos, Meyer trabalhou para tentar aperfeiçoar o Union Square Cafe, mas relutou em abrir outro restaurante. Seu pai era um empreendedor que sofrera a dor da falência, algo que Meyer viu de perto quando criança. "Eu tinha uns dez anos", lembrou. "Associei suas falências ao excesso de expansões. Portanto, grande parte de mim evitava ser o grande chefe e considerar uma expansão." É revelador que, só depois da morte de seu pai, Meyer identificou uma nova oportunidade boa demais para recusar. Tom Colicchio era um jovem chef em ascensão que queria abrir um restaurante que ofereceria comida ambiciosa em um ambiente acolhedor, semelhante a uma taberna. Sua visão e a de Meyer se encaixaram. O Gramercy Tavern foi inaugurado em 1994, com agitação e atenção instantâneas; classificado com quatro estrelas, a capa da revista *New York* na semana de abertura perguntava em negrito, "o próximo grande restaurante?"[2] "É o bebê de US$3 milhões do Union Square Cafe. E abre nesta semana", explicava o subtítulo, que era, em certo ponto, a melhor publicidade gratuita que um restaurateur poderia sonhar, e em outro, extremamente promissor para um restaurante que sequer servira uma única refeição e levaria um ou dois anos para encontrar seu ritmo.

Meyer gerenciava apenas dois restaurantes, mas percebeu que algo estava errado. "Embora os restaurantes estivessem a apenas quatro quarteirões de distância, eu parecia um louco rodopiando", disse. "Sempre que eu voltava a um restaurante, estava tudo confuso. Enquanto eu estava lá, estava tudo bem, e então, quando ia para o outro restaurante, precisava corrigir tudo que estava errado. O que mais me incomodava era a forma como as pessoas estavam se tratando, a abordagem que estavam adotando com os clientes."

E ele continuou com essa sensação quando abriu mais dois restaurantes, o Eleven Madison Park (que foi vendido ao então chef e gerente-geral em 2011) e o Tabla (que fechou em 2010). O último foi onde ele e Susan Salgado se conheceram, naquela noite de 1999, quando esse problema ainda não tinha solução.

Em sua dissertação, Salgado teve o insight de que os restaurantes de Meyer contavam com o que ela chama de "banco de três pernas" para prosperar. Eles contrataram pessoas boas; tinham bons sistemas e estrutura; mantinham um bom ambiente de trabalho. Nenhum desses elementos funcionava isoladamente. Ter um bom processo de contratação não ajudaria muito se o ambiente de trabalho fosse tóxico; os bons candidatos desistiriam ou se tornariam mais tóxicos. E nada disso funcionaria se a liderança não criasse um ambiente no qual eles pudessem participar e obter sucesso. "Eles são tão sistematicamente organizados!" Salgado me disse. "Há sistemas para tudo. Eles sabem se alguém anotou o pedido de bebida. No Union Square Cafe, tínhamos pequenos pedaços de velhos cardápios cortados em quadrados. Se um grupo em uma mesa reservada fosse ao teatro depois do jantar, colocávamos um pedaço de papel embaixo do saleiro sobre a mesa. Todos sabiam que era um jantar 'pré-teatro', para garantir que fossem atendidos a tempo de ir à peça."

Mas o processo por si só não basta. Esses sistemas só funcionarão eficientemente com um bom ambiente e cultura de trabalho.

Almoçávamos no Gramercy Tavern, enquanto Salgado me contava tudo isso, no início de 2018; apesar de seus 24 de operação na época, ainda estava cheio. Um garçom nos apresentou os *amuse-bouche* daquele dia, um pequeno canapé servido antes de iniciar a refeição. Era um molho saboroso de limão, azeitona verde e iogurte, sobre um biscoito caseiro. Poucos minutos depois, outro garçom trouxe mais dois do mesmo *amuse*. Alguém fez besteira. Perguntei a Salgado o que provavelmente havia acontecido e quais eram as consequências.

"Há duas hipóteses para o que aconteceu", disse ela. "Ou o primeiro garçom não informou que entregou o *amuse,* ou o segundo garçom errou a mesa para a qual deveria entregá-lo. Mas o mais importante é que o segundo garçom voltou à cozinha para descobrir o que houve." Em um ambiente de trabalho tóxico, qualquer um que cometa um erro será incentivado a tentar esconder esse fato, evitando ser repreendido — o que, por sua vez, tornaria menos provável que o problema fosse corrigido e mais provável que acontecesse novamente. Ela contou que, nos restaurantes do Union Square Hospitality Group, uma cultura de empatia e confiança significa que o garçom que fez besteira muito provavelmente seria honesto quanto a isso. As três pernas do banco funcionam juntas: como ser repreendido não é muito divertido, um bom garçom estaria mais interessado em trabalhar lá do que em um local com uma cultura diferente e, quando um erro é reconhecido, é mais provável que resulte em ajustes nos sistemas e processos para garantir que uma entrega dupla de um *amuse-bouche* não aconteça novamente. Uma boa cultura reforça boas contratações e bons sistemas, e vice-versa.

Após entrar na empresa como diretora de cultura, Salgado trabalhou na formalização disso tudo para que pudesse ser replicado muito além dos limites da capacidade individual de Meyer de se reunir pessoalmente com os funcionários. De fato, a maior parte do trabalho englobava descobrir e formalizar o que Meyer *não* faria.

"Quando cheguei à empresa, Danny precisava participar de todas as decisões", afirmou Salgado. "O preço da carne assada aumentaria em $0,50 no Blue Smoke" — uma casa de carnes que o Union Square Hospitality abriu em 2002 — "e o gerente-geral precisou primeiro perguntar ao Danny. Isso é, de certa forma, debilitante, porque ele não tem autonomia para decidir." Então eles se sentaram e fizeram uma lista, dividindo as decisões de negócios em três categorias: aquelas nas quais Meyer sempre estaria envolvido, aquelas sobre as quais ele seria informado, mas precisaria opinar, e aquelas que poderiam ser completamente delegadas, feitas por outras pessoas, sem que ele fosse consultado ou até mesmo informado.

Meyer precisou aprender a se disciplinar a não microgerenciar, especialmente em detalhes estéticos. Sempre que entrava em um de seus restaurantes, sua primeira reação era apontar pequenos problemas para que os funcionários pudessem resolvê-los — um quadro levemente torto ou uma luminária um tanto clara demais. Mas isso gerou um caos operacional. Quando ele mencionava essas coisas para a equipe de menor nível hierárquico, todo o restaurante parava tentando resolver o problema para agradar o chefão, e a autoridade do gerente desse restaurante ficava comprometida. Ele aprendeu a apontar esses problemas que percebia apenas para o gerente, que podia fazer uma triagem e direcionar recursos para corrigir apenas os mais importantes.

Salgado liderou a criação de uma série de sessões de treinamento em uma sala de aula construída na sede do grupo de restaurantes com vista para a Union Square. Eles se concentraram não na equipe da linha de frente, mas nos gerentes de nível intermediário — os gerentes-gerais e assistentes, e aqueles que, à medida que a empresa crescia, tornaram-se o elo crucial entre a filosofia de serviço de Meyer e o produto entregue nesses restaurantes espalhados pela cidade. Essas sessões não focavam nos aspectos técnicos da prestação de serviços eficientes — afinal, eles eram diferentes em cada restaurante, com pouca semelhança entre os detalhes mecânicos de como as coisas funcionavam no Blue Smoke e no Union Square Cafe. Em vez disso, focaram uma filosofia organizacional mais ampla e uma mentalidade propícia ao aprendizado e colaboração. "Quanto maior nos tornamos, se torna mais difícil que os outros se lembrem por que essas coisas são tão importantes se pararmos de falar delas." Ela me disse: "Os líderes da empresa precisam entender qual é realmente o seu papel, não apenas em termos de gerenciamento, mas em termos de fazer as pessoas quererem desempenhar suas funções. Gerenciar tarefas, delegar e garantir que os sistemas funcionem, é uma parte do gerenciamento. Mas fazer as pessoas quererem ir além exige verdadeira liderança e inspiração, e nosso foco foi nisso, na parte emocional da liderança."

Salgado transformou uma filosofia retirada do mais íntimo de Meyer em um processo formal de treinamento dos gerentes intermediários da organização, em sessões cheias de simulações de como lidar com situações potencialmente difíceis: repreender um funcionário que comete erros continuamente; perceber preventivamente um cliente frustrado; mediar as inevitáveis brigas entre a equipe do salão e da cozinha.[3]

A ideia de ensinar e confiar nos gerentes de nível intermediário se estendeu às questões financeiras. Durante esse período de rápida expansão, Ron Parker liderou operações para o conglomerado. Quando mais jovem, sonhava em ser um chef famoso e trabalhou em algumas das melhores cozinhas de Nova York, mas descobriu um trabalho mais estável na supervisão de catering e eventos. Antes de ingressar no Union Square, por exemplo, supervisionou, por algum tempo, as 46 barracas de comida do torneio de tênis US Open. Ele era um executivo ótimo de Pareto, que conhecia tanto a culinária sofisticada quanto o fluxo de trabalho e processo. (Podemos presumir que poucas pessoas dominem como fazer um *foie gras torchon* e o projeto de um espaço de trabalho eficiente para a cozinha, modelando-o, ao mesmo tempo, com um software de design 3D). Ao relembrar do caminho de crescimento da empresa, Parker enfatizou a importância de confiar aos gerentes intermediários — gerentes-gerais de restaurantes e gerentes assistentes — dados e outras informações suficientes para entender verdadeiramente as partes móveis de seus negócios. Proprietários-operadores bem-sucedidos tendem a acumular essas informações, a ser a única pessoa com todas as informações relevantes para as principais decisões. Mas parte principal para liderar uma organização de escala significativa é confiar nos outros com essas informações.

"É algo para o qual eu gostaria de ter sido treinado quando estava começando, em vez de ter que descobrir", disse Parker. "O mantra constante: seja você um chef executivo ou um gerente, quero que mais pessoas tenham acesso aos dados financeiros, porque assim podemos realmente conduzir os negócios, em vez de deixar que os negócios nos conduzam. E se, em algum momento, você sair do setor, saberá ler uma declaração [de lucros e perdas]. Tenho solidariedade por qualquer dono de restaurante que ainda ache ruim que qualquer pessoa saiba quanto foram seus lucros ou perdas. É bom que saibam quanto você gera de lucro ou não, porque assim poderão ajudar a impactar positivamente os negócios."

Essa transparência também se vincula à compensação. A empresa vem construindo uma série de faixas salariais, para oferecer mais clareza aos trabalhadores sobre como se dariam os avanços na hierarquia da organização e como uma maior responsabilidade seria compensada. É essencial, argumentou Parker, que as pessoas entendam que mesmo um bom chef confeiteiro ganhará menos do que o chef executivo, independente de sua habilidade culinária relativa, com base na realidade econômica de que as sobremesas representam apenas cerca de 3% da renda de um restaurante sofisticado. "É um momento de descoberta, porque se você já chegou ao máximo do teto pago em sua função, suas opções são orgulhar-se de ter alcançado o topo ou, se quiser ir além, trabalhar na ampliação de seus conhecimentos para lucrar mais." Por exemplo, liderar iniciativas por toda a empresa, em adição ao seu trabalho diário em um único restaurante.

Enquanto falava com Meyer, fiquei impressionado com o que parecia ser uma lição mais profunda de sua evolução, partindo de fundador de um único restaurante a líder de um império lucrativo. Desde muito jovem, ele tinha talentos especiais em vários aspectos necessários para a fundação de um restaurante — contratar o melhor chef, acertar no design, criar uma atmosfera acolhedora para os clientes. Mas muitas outras pessoas com habilidades semelhantes lançaram restaurantes de sucesso nos anos 1980. O diferencial de Meyer era sua capacidade de criar uma infraestrutura inteira pela qual *outras* pessoas poderiam melhorar sua eficácia.

E isso leva às lições que o crescimento de Meyer, de empreendedor individual a CEO de uma empresa considerável, oferecem às pessoas que tentam navegar por áreas que são, na maior parte, completamente diferentes do setor de restaurantes.

UMA BREVE HISTÓRIA DO CAPITALISMO GERENCIAL

Toda organização moderna é dirigida por uma pirâmide idiossincrática de gerentes intermediários — líderes de equipe, chefes de departamento, vice-presidentes regionais e assim por diante. Trabalhar para o gerente certo pode ser o que defina a diferença entre amar e odiar um trabalho, ser uma superestrela em uma organização ou alguém na fila da demissão. E embora muitas organizações tenham melhorado a forma como recompensam e apoiam "colaboradores individuais" que simplesmente fazem um trabalho de alto valor sem supervisionar outros, subir nessa pirâmide de gerenciamento para supervisionar mais e mais pessoas é o caminho mais garantido para mais responsabilidades, dinheiro e todos os outros benefícios que advêm das mais altas posições na escada corporativa (ou estrutura).

Uma coisa que ouvi várias vezes em entrevistas com executivos para este livro foi a importância, nesse ambiente de negócios fluido, de compreender a estrutura econômica do setor e a empresa na qual trabalhamos. Como você, pessoalmente, independente de seu cargo, contribui para a lucratividade da empresa? Em alguns, essa análise é fácil. Se você for associado de um escritório de advocacia, sua contribuição é determinada pelo número de horas que fatura, multiplicado pelo valor dos seus honorários, menos as despesas gerais envolvidas na manutenção do seu emprego.

Mas qual é realmente a contribuição econômica de um gerente intermediário? O trabalho em si pode parecer um fluxo interminável de resolução de problemas, análises de desempenho, tentativas de alertar rigorosamente um funcionário que precisa melhorar sua performance ou se mostrar receptivo a outro que precise desabafar. Então, ao final de uma longa semana de trabalho, sua contribuição talvez não esteja clara. Se você for um desenvolvedor de software, sua ajuda é criar o produto. Mas e se você supervisionar uma equipe de dez desenvolvedores de software, nunca digitando uma linha de código sequer? Parafraseando uma pergunta apontada por um consultor a um infeliz gerente intermediário da série de comédia *Office Space* de 1999: "O que você diria que *faz* aqui?"

Para entender a resposta, é preciso conhecer um pouco da história dos negócios.

Até meados do século XIX, o que hoje entendemos por "gerenciamento" não existia. Nos séculos anteriores, mesmo em economias mais avançadas, quase todas as empresas produziam apenas um pequeno número de produtos em um só lugar e contavam com apenas um proprietário que supervisionava uma única fábrica ou fazenda, conhecendo todos os funcionários pelo nome. Considere que, em 1470, o Banco Medici, a instituição financeira mais poderosa de sua época, contava com 57 funcionários, dos quais apenas 12 eram gerentes; agora um banco de nível intermediário em alguma região qualquer pode empregar milhares de pessoas.[4] Em 1776, em *A Riqueza das Nações*, o grande economista e filósofo Adam Smith, por meio da metáfora de uma fábrica de alfinetes, explicou como a divisão do trabalho pode aumentar a produtividade; notavelmente, em seu exemplo do incrível potencial produtivo de especialização entre trabalhadores, ele escreveu que uma única pessoa pode fazer apenas um único alfinete em um dia, enquanto dez trabalhadores, cada um especializado em uma parte do processo de fabricação de alfinetes, podem produzir 48 mil, aumentando assim a produção de cada trabalhador em um fator de 4.800. Agora, é claro, um setor de produção de uma fábrica com apenas dez funcionários sob supervisão direta do proprietário parece algo estranho. Smith presumivelmente não poderia imaginar (supomos) uma fábrica produzindo centenas de bilhões de alfinetes e agulhas por mês, sob a supervisão de um gerente que, por sua vez, trabalha para o vice-presidente executivo de suprimentos de costura de um conglomerado industrial com sede a milhares de quilômetros de distância e de propriedade de acionistas dispersos pelo mundo.

A mudança para um mundo de grandes empresas que operam em vários locais com camadas de gerência intermediária entre trabalhadores e proprietários nasceu das mudanças tecnológicas, especialmente em energia, transporte e comunicação. O historiador de negócios Alfred Chandler Jr. contou essa história em seu livro de 1977, *A Mão Visível: A Revolução Gerencial nos Negócios Americanos,* o título faz menção ao conceito de mão invisível segundo Smith. Na era de Smith, a coordenação acontecia quase inteiramente por meio de trocas de mercado. Um alfaiate, trabalhando sozinho ou com uma pequena equipe, compraria alfinetes daquela fábrica com dez funcionários, e os tecidos de uma pequena fábrica têxtil — que, por sua vez, comprara lá de pequenos agricultores —, e confeccionaria um terno de cada vez. Eventualmente, algo um pouco mais complicado substituiu esse sistema — um mundo em que os bens e serviços das grandes empresas eram transferidos em um mercado interno, supervisionado por gerentes profissionais remunerados.

E tudo isso se deve às ferrovias. "Os homens que administravam essas empresas se tornaram o primeiro grupo de administradores de empresas modernas nos

138 COMO VENCER NO MUNDO DO TUDO OU NADA

Estados Unidos." Chandler escreveu sobre as ferrovias espalhadas pelo interior dos Estados Unidos e da Europa Ocidental a partir de meados do século XIX. "Logo, propriedade e gerência se separaram. O capital necessário para construir uma ferrovia era muito maior do que o necessário para comprar uma plantação, uma fábrica têxtil ou até mesmo uma frota de navios. Portanto, um único empresário, uma família ou pequeno grupo de associados raramente poderia ser dono de uma ferrovia. Nem mesmo os muitos acionistas ou seus representantes poderiam administrá-la. As tarefas administrativas eram muitas, variadas e complexas. E demandavam habilidades e treinamento especiais, que só poderiam ser comandados por um gerente assalariado em tempo integral... Os gerentes de ferrovia começaram a perceber uma longevidade muito maior em seu trabalho do que os de superintendente de plantações ou agente da fábrica têxtil. A maioria dos gerentes das ferrovias logo passou a almejar passar a vida subindo a escada administrativa."[5]

Esse padrão se repetiu com o lançamento do telégrafo, das concessionárias de energia elétrica e de outros negócios que exigem enormes investimentos de capital, uma ampla pegada geográfica e um exército de gerentes habilidosos. A inovação que permitiu à Sears, Roebuck and Company tornar-se uma gigante do varejo em uma época na qual as pequenas lojas de propriedade familiar imperavam, foi também o que separou a empresa de automóveis de Henry Ford de dezenas de pequenos mecânicos, e o que fez com que a General Electric, no século XX, não fosse apenas uma obra de arte para Thomas Edison, mas um grande sucesso que introduziu iluminação e eletrodomésticos para milhões de famílias. E podemos estender a lista a outras economias avançadas daquela época. A Grã-Bretanha demorou a seguir a tendência, provavelmente devido ao seu mercado doméstico menor e de crescimento mais lento, e talvez à inflexibilidade e tradicionalismo entre sua classe de comerciantes; já a Alemanha estava havia ficado para trás quanto a produtos de consumo, mas estava à frente em metais e bens industriais avançados. Porém, durante a Primeira Guerra Mundial, o sistema de grandes e complexas empresas, de onde a maioria das futuras carreiras de negócios derivariam, já era predominante.

A ECONOMIA DA GESTÃO 139

Nos primeiros anos do capitalismo gerencial, muito do estudo administrativo envolvia a aplicação de princípios da engenharia para tentar tornar os trabalhadores mais eficazes. Frederick Winslow Taylor foi considerado o pai da engenharia industrial, um consultor de administração e pregador influente da "administração científica" na virada do século XX. Mas, para Taylor e seus descendentes intelectuais, gerenciar trabalhadores significava tratar humanos como máquinas e tentar descobrir a forma ideal de organizar e operá-los. Ele usou o exemplo do trabalho de carregamento manual de gusa, matéria-prima do aço. "Este trabalho é tão bruto e elementar em sua natureza que o escritor acredita firmemente que seria possível treinar um gorila inteligente para que passasse a manipular gusa de forma mais eficiente do que qualquer homem." Taylor escreveu em 1911. No entanto, ele argumentou que a aplicação de princípios científicos poderia tornar um trabalhador drasticamente mais eficaz. Ele usou como narrativa uma história sobre um holandês da Pensilvânia a quem deu o pseudônimo de "Schmidt", que mais tarde os pesquisadores descobriram que se chamavam Henry Noll.[6] De acordo com Taylor, ele perguntou a Schmidt se desejava ser um "homem valorizado", que ganha US$1,85 por dia, em vez de se contentar com apenas US$1,15. Schmidt respondeu positivamente, em um diálogo recriado por Taylor em um sotaque holandês (um pouco debochado): "Zin, enton, zou un homem valioso." Mas, para chegar a essa soma principesca, Taylor explicou a Schmidt: "Você fará exatamente o que esse homem lhe disser amanhã, de manhã até a noite. Quando ele disser que você deve pegar gusa e andar, você fará isso, e quando ele disser para você sentar e descansar, você sentará. Faça isso direto durante todo o dia. E, além do mais, não responda. Um homem valioso faz exatamente o que lhe foi ordenado, e sem responder." Ao exigir que Schmidt trabalhasse exatamente da maneira que a "administração científica" prescrevia, Taylor conseguiu aumentar a quantidade de gusa que ele poderia carregar em um dia de 12,5 toneladas para 47,5. Ele estudou tempo e movimento com cronômetros, entendendo todos os momentos de ineficiência, todos os atrasos desnecessários na forma como um trabalhador poderia realizar sua tarefa.

140 COMO VENCER NO MUNDO DO TUDO OU NADA

Ainda podemos ver os ecos do taylorismo em como, por exemplo, as empresas otimizam o layout do setor de produção da fábrica. Quando Ron Parker, do Union Square, comanda o design das cozinhas dos restaurantes, isso é um ato de taylorismo; ele lembra, por exemplo, que ao projetar a cozinha do Shake Shack original, era importante colocar grelhas para hambúrgueres e pães, para que a carne pudesse ser cozida e os pães tostados simultaneamente, economizando, em média, um ou dois minutos de cada pedido. Porém, será complicado aplicar essa "gestão científica" mecanicista a qualquer área em que o trabalho não seja rotineiro, previsível e facilmente mensurável — ou seja, quase qualquer serviço na economia de serviços do século XXI. Descobrir qual algoritmo é mais elegante, qual estratégia de marketing é mais sensata ou como fornecer atendimento consistentemente acolhedor ao cliente em um restaurante sofisticado é uma questão bem diferente da mineração de gusa.

Peter F. Drucker, teórico da administração extremamente prolífico, ativo nas últimas décadas do século XX, cunhou o termo "trabalhador do conhecimento" em 1959 para descrever os tipos de funcionários mais cruciais para dar forma às fortunas das organizações modernas. Na década de 1940, a General Motors ocultou que um de seus principais executivos tinha doutorado, pois esse tipo de ensino avançado era considerado embaraçoso.[7] Em 1967, quando a tecnologia da computação era, de acordo com os padrões modernos, ainda muito recente, Drucker escrevia de forma quase preditiva sobre como a capacidade de analisar e fazer julgamentos — e usar computadores para tal — seria uma característica definidora dos profissionais de negócios bem-sucedidos no futuro. Ao longo das décadas seguintes, ele refinou suas ideias em torno do que a centralidade dos trabalhadores do conhecimento em uma organização moderna significava para o gerenciamento.

Em um de seus últimos livros, antes de sua morte em 2005, ele introduziu uma das mudanças fundamentais ocorridas. "Cada vez menos pessoas são 'subordinadas' — mesmo em empregos de nível muito baixo. E é crescente o número de 'trabalhadores do conhecimento'. E os trabalhadores do conhecimento não são subordinados; eles são 'associados'... É claro que esses associados são 'subordinados', pois dependem do 'chefe' quando se trata de serem contratados ou demitidos, promovidos, avaliados e assim por diante. Mas, em seu próprio trabalho, o superior só pode trabalhar se esses supostos subordinados assumirem a responsabilidade de sua própria *educação*. Seu relacionamento, em outras palavras, é muito mais parecido com o que existe entre o regente de uma orquestra e o instrumentista do que com uma relação tradicional entre superior/subordinado."[8]

Eu não me surpreenderia se essas exatas palavras fossem ditas por Danny Meyer.

Drucker defendeu a ideia de tratar os trabalhadores do conhecimento como voluntários, que precisam conhecer a missão da organização e acreditar nela para "tornar os pontos fortes e conhecimentos específicos de cada indivíduo produtivos". E talvez esses sejam os pontos em comum ao gerenciamento — uma conexão entre o mestre de tarefas que empunha o cronômetro do Taylorismo e o condutor de orquestra do Druckerismo.

O que os gerentes fazem em um mundo de capitalismo gerencial? Eles tornam seus subordinados mais produtivos do que normalmente seriam.

A ESTRANHA MATEMÁTICA DA PRODUTIVIDADE

A produtividade é um conceito um tanto complicado. No sentido coloquial, geralmente usamos "produtivo" para descrever um dia em que trabalhamos extraordinariamente duro e realizamos muitas coisas. No sentido econômico, porém, significa algo substancialmente diferente.

Para um economista, a produtividade do trabalho é, simplesmente, a quantidade de produção econômica alcançada em relação ao tempo gasto pelos trabalhadores na produção — quanto é realizado para cada hora de trabalho.

Produtividade não é quanto uma pessoa parece estar trabalhando; todos conhecemos pessoas constantemente estressadas, mas que nunca conseguem fazer nada, e pessoas que podem passar o mínimo de horas no escritório e realizar grandes coisas.

Considerando essa matemática, para um gerente, tornar uma organização produtiva pode tomar várias formas. As mais difundidas nesta era do capitalismo gerencial são as seguintes: Organizar e incentivar as pessoas de formas que gerem um maior sucesso nos negócios. Implementar os processos em pessoas com níveis relativamente baixos de treinamento ou experiência para tornar sua produção mais valiosa do que jamais poderia se fosse de forma isolada. Transformar um produto valioso, exclusivo e artesanal em algo que possa ser sistematizado e replicado.

Foi exatamente isso que Danny Meyer e o Union Square Hospitality conseguiram fazer. Eles desenvolveram um conceito de "Hospitalidade Consciente" e estabeleceram as etapas para transformá-lo em uma empresa de hospitalidade. E é algo sincero — eles realmente acreditam que criaram uma abordagem para o negócio de restaurantes que é melhor para funcionários, clientes e investidores. Mas, em um sentido econômico, essa cultura significa — como Susan Salgado apontou em sua dissertação de 2003 — uma estratégia com replicação complicada que cria uma vantagem contínua de tornar os trabalhadores de toda a organização mais produtivos. O trabalho de garçom pode parecer idêntico no Union Square Cafe e em centenas de outros restaurantes em Nova York com preços e menus semelhantes. Mas a complexa combinação de milhares de escolhas diferentes feitas na forma como o restaurante é administrado resulta em uma maior e mais duradoura felicidade da clientela que enche o Union Square, o que, por sua vez, significa mais vendas por pessoa-hora de trabalho, ou seja, maior produtividade.

Tornar seus funcionários mais valiosos — mais produtivos em um verdadeiro sentido econômico — é o que guia a prática de gerenciamento. Todo o resto, material de milhares de livros e artigos sobre gerenciamento, não passa de conhecimento tático. O primeiro passo para ser um bom gerente ou alinhar-se com um é entender esse fato. Às vezes, isso acontece em uma faculdade de administração ou em um seminário de treinamento para gerentes. Já em outras vezes, acontece em uma campanha política fracassada em um gélido inverno da Nova Inglaterra.

MATT MCDONALD E A BUSCA POR APROVEITAMENTO DE TALENTO

As campanhas políticas americanas têm uma estranha semelhança com uma empresa iniciante em rápida ascensão. No começo, tudo que elas têm são ideias e a ambição de uma pessoa (o candidato em uma campanha, o fundador em uma empresa) e, então, é preciso arrecadar dinheiro e elevar um nada a uma organização com uma grande equipe e hierarquia administrativa, tudo isso com o objetivo de vencer a competição. As maiores dentre elas são verdadeiras gigantes; a campanha presidencial de Hillary Clinton em 2016 tinha cerca de 800 funcionários.[9]

Foi em uma dessas operações iniciais que, no início dos anos 2000, um jovem aprendeu sobre a economia da administração do modo mais difícil. Matt McDonald tinha 24 anos e tentava descobrir o que fazer com sua vida. Ele se juntou à campanha de Jane Swift, uma candidata republicana ao governo de Massachusetts.[10] Ele rapidamente percebeu duas coisas: que havia uma quantidade impossível de trabalho e que precisaria de ajuda para ter alguma esperança de alcançar os objetivos. "Há um fluxo sem fim de trabalho a ser feito; é simplesmente uma questão de quanto pode ser feito antes do dia das eleições." Ele disse. "Sempre há outro eleitor a ser contatado, outra história a ser apresentada. Então, acho que existe um nível aceito desse senso de 'Como você aproveita seu tempo para ter mais eficácia?'"

Estagiários eram a resposta. McDonald buscou voluntários em clubes republicanos de faculdades próximas. Eles geralmente não possuíam habilidades específicas relevantes para a campanha, entretanto, tinham entusiasmo e desejo de melhorar seus currículos. Ele os treinou para monitorar as notícias e registrar os contatos dos eleitores, além de manter o mecanismo dessa campanha em funcionamento. "Se a expectativa é de que você realize 110% ou 120% do que tem tempo para fazer, basta trabalhar muito." Disse McDonald. "Mas se a expectativa for de 200% ou 300%, isso é simplesmente impossível." Ele tornou isso possível recrutando voluntários e os treinando para fazer exatamente o que era necessário. Ele podia ter 24 anos, mas estava tornando as pessoas abaixo dele mais produtivas do que jamais teriam sido de outra forma, utilizando voluntários como multiplicadores de forças para permitir que a organização desenvolvesse muito mais.

A campanha de Swift falhou, e McDonald seguiu trabalhando em campanhas para George W. Bush, Arnold Schwarzenegger e John McCain; também trabalhou na Casa Branca de Bush e na McKinsey. Mas as lições de gerenciamento daqueles anos de formação em uma campanha fracassada ficaram evidentes 15 anos depois, em uma abafada quarta-feira de junho de 2017, em Washington.

Cerca de uma dúzia de jovens profissionais — com pouco mais de vinte anos, a maioria com diplomas recém-impressos de boas faculdades — sentaram-se ao redor de uma mesa de reunião em um prédio de escritórios na esquina da Casa Branca. Eles haviam sido recém-contratados pela Hamilton Place Strategies, na qual McDonald é um sócio que tinha grande importância na definição da estratégia organizacional.

Hamilton Place é uma das muitas empresas de negócios públicos que podemos encontrar em Washington e outras capitais; eles ajudam principalmente clientes corporativos a tentar direcionar as políticas públicas em sua direção preferida, principalmente por meio de influência na cobertura da mídia. Eles analisam questões de política, criam comunicados de imprensa e artigos de opinião, constroem coalizões de apoio e, em outros casos, buscam inserir as opiniões de seus clientes na discussão pública. McDonald iniciou essa sessão de orientação, dando aos novos contratados uma visão da economia que molda seu potencial plano de carreira.

"Vamos falar sobre a nossa mecânica de crescimento e como pensamos nela." Disse McDonald. "Nos serviços profissionais, seu produto é o seu tempo. O quanto você pode produzir no tempo determinado. E a empresa e quem trabalha nela recebem mais dinheiro aumentando a produtividade líquida. Portanto, todo o treinamento e aprendizado que farão nesta semana, tudo será impulsionado pelo modelo de negócios e economia dessa organização. Essa é a realidade em qualquer empresa de serviços profissionais por aí, independentemente de dizerem explicitamente ou não."

Ele explicou a estrutura da Hamilton Place e de empresas similares, e a economia que a sustenta. No fundo, há analistas e associados que fazem grande parte do trabalho analisando dados ou elaborando memorandos de políticas; a expectativa é de que eles façam de 50% a 60% do trabalho em um projeto. No meio, temos diretores e diretores seniores, que atuam como gerentes de projeto que supervisionam o serviço diário a um cliente; eles fazem outros 30% ou mais do trabalho. Acima deles, encontramos os sócios, que se dedicam a realizar negócios e supervisionar o trabalho realizado para muitos clientes ao mesmo tempo. Para que todo o modelo de negócios da empresa funcione, eles devem contribuir apenas com os últimos 10% ou 20% — talvez orientando sobre a direção no front end e elaborando uma revisão final para garantir que o trabalho esteja pronto.

Toda a organização de como as pessoas são pagas e como podem avançar flui dessa estrutura, como McDonald explicou naquela manhã de junho.

"Se você estiver atendendo dois clientes, cada um nos pagando US$20 mil/mês, e, no próximo ano, estiver atendendo a dois clientes que pagam US$20 mil/mês, não haverá qualquer mudança na sua economia, sua função ou em qualquer coisa", disse ele. "O caminho para uma ascensão em termos de função e remuneração é fazer com que nosso cliente pague mais, ou conseguir atender mais clientes. À medida que você se torna mais eficiente na fabricação desses produtos e, em algum momento, supervisiona outras pessoas que os fabricam, toda a empresa se tornará eficiente como um todo. Quando falamos sobre todo o treinamento e trabalho em equipe, sempre focamos na parte boa, mas não quero que você confunda e ache que só será motivado por sentimentos gentis e carinhosos. Ele também é intrínseco ao modelo de negócios da empresa e basicamente a qualquer outra empresa de serviços profissionais. É assim que essa economia funciona."

Por exemplo, ele disse em outra entrevista: "Se hoje você leva 40h para produzir um arquivo de 20 páginas [PowerPoint], e no próximo ano consegue realizar essa tarefa em 10h e o resultado é ainda melhor, então não estará mais atendendo a dois clientes, estará atendendo a três clientes. E à medida que você ultrapassa essa incapacidade de produzir de forma mais rápida, compartilha ideias sobre outras pessoas, e orienta e direciona para otimizar seu tempo, está atendendo a cinco clientes em vez de dois ou três, e sua remuneração e responsabilidade crescem também.

"Muitas vezes vejo queixas do tipo 'Ei, estou no lugar X há cinco anos e não vi um aumento' e então respondo 'Bem, o que mudou em cinco anos e como está mais eficaz e mais valioso em sua função?'"

Na Hamilton Place isso é feito, essencialmente, tornando um funcionário ótimo de Pareto. Aqueles cujo histórico é mais forte na escrita e nas comunicações precisam se esforçar para melhorar suas habilidades de análise de dados — por exemplo, extrair informações sobre um setor do terminal de dados financeiros da Bloomberg e manipulá-las no Microsoft Excel para resultar em informações úteis. Quem tem um background quantitativo mais forte precisa desenvolver experiência, por exemplo, para se tornar especialista em algum campo de políticas públicas e oferecer um ângulo da história que os clientes desejam que seja propagado pela mídia.

Avançar, em outras palavras, não se trata de acumular anos extras de serviço, mas sim usar esses anos para se tornar um funcionário que possa oferecer o maior valor aos clientes e, então, se tornar um gerente de projeto que, por sua vez, possa elevar o trabalho de mais funcionários em posições inferiores e com salários mais baixos — transformando o talento bruto de uma nova turma de recém-formados em funcionários ótimos de Pareto por seus próprios méritos. É muito mais complexo do que gerenciar um funcionário sem qualificação que carrega gusa, e o estilo de administração se assemelha muito mais ao mundo de Peter Drucker do que ao de Frederick Taylor. Mas a economia não é totalmente diferente.

Ashley Smith se formou em 2010 na Southern Methodist University em Dallas, Texas; formada em economia, sua intenção era se mudar para Washington. Por isso, se candidatou a um estágio na Hamilton Place, que representava clientes no setor bancário. Ela foi rapidamente promovida a uma de suas primeiras associadas. No começo, seu trabalho era principalmente administrativo — coletar recortes de notícias, reunir listas de repórteres que cobrem assuntos variados, esse tipo de coisa — e, à medida que ganhava experiência, recebia tarefas mais complexas, como elaboração de comunicados de imprensa ou pontos de discussão para clientes. Esse tipo de trabalho é o arroz com feijão das empresas de relações públicas em todo o mundo, e muitos profissionais que começaram nessas funções fazem mais ou menos o mesmo por muitos anos.

Mas McDonald e os outros sócios tinham uma visão maior do tipo de empresa que a Hamilton Place poderia se tornar, e Smith se encaixava nela perfeitamente. Eles tinham uma teoria de que havia oportunidade de combinar relações públicas tradicionais com análise de políticas. E também tinham outra teoria de que poderiam ensinar jovens trabalhadores relativamente mal pagos a fazer essa análise e, assim, oferecer um serviço mais valioso a mais clientes com melhor custo-benefício. De fato, seu misto de conhecimento analítico e comunicação era algo replicável, que melhoraria a produtividade — economicamente falando — de funcionários relativamente jovens. Era o equivalente à empresa de serviços profissionais de McDonald transformar vários estagiários de campanha não remunerados em uma equipe de alto desempenho, ou Danny Meyer com seu dom sobrenatural para gerenciar um restaurante e criar algo que poderia ser replicado em centenas de locais.

"À medida que o calibre e número dos clientes aumentavam, tudo ficou muito mais sistemático, padronizado", disse Smith. "Muito da cultura focava em aprender ao longo do serviço. Matt nos ensinou como quantificar informações qualitativas e apresentá-las ao cliente de maneira quantificável."

Um dia, McDonald, a antiga consultora da McKinsey, ficou literalmente na sombra de Smith enquanto ela navegava por uma planilha analisando como diferentes resultados de políticas afetariam os negócios de um cliente, apurando os dados brutos que o cliente forneceu e transformando grandes tabelas de dados em análises coerentes, então tornando tudo em uma apresentação com recomendações para o cliente.

"Estávamos analisando a probabilidade dessa mudança ocorrer e qual seria o impacto negativo nos negócios do cliente em diferentes cenários", afirmou

Smith. "Lembro-me de um fim de semana em que tentei replicar o que fora feito no dia anterior, para que pudesse fazê-lo no futuro." Com certeza, Smith logo conseguiu fazer o mesmo trabalho por conta própria e, com o tempo, ensiná-lo aos associados mais novos em posições inferiores. A empresa, na verdade, estava se tornando uma máquina que transformava recém-formados, relativamente pouco qualificados, como os que estavam na orientação naquele dia de verão, em indivíduos capazes de criar resultados com um valor tremendo para algumas das maiores empresas do mundo.

O fato de isso ter permitido que McDonald e os outros sócios espalhassem sua própria experiência mais amplamente e lucrassem com o trabalho de seus funcionários mais jovens certamente foi bom para seus próprios rendimentos. Mas não devemos pensar neste trabalho de aumento da produtividade de forma egoísta ou exploradora; o aprimoramento da produtividade é uma via de mão dupla. Um trabalhador mais produtivo pode ser promovido a uma função com melhor remuneração. Nos últimos dois anos na empresa, Smith — ainda com vinte e poucos anos e apenas alguns anos após aprender o passo a passo da apuração de dados da planilha, com um gerente literalmente em sua cola — estava dirigindo uma equipe de quatro funcionários mais novos, ensinando-lhes os mesmos processos e cultura.

Ela poderia ter começado como estagiária em uma pequena empresa de relações públicas de Washington, mas, dada a estrutura da organização, adquiriu habilidades mais semelhantes às de um analista de uma consultoria de gestão de elite, preparando o terreno para funções mais lucrativas no futuro. Por fim, ela saiu da empresa para fazer um MBA na faculdade de administração da Universidade de Nova York e, quando a conheci em 2018, atuava como associada de banco de investimento em um dos principais bancos de Wall Street.

Portanto, as lições da Hamilton Place se aplicam igualmente se você estiver direcionando outras pessoas em uma posição de liderança ou procurando um lugar para começar sua carreira.

Se você for um gerente, o caminho para o sucesso é procurar maneiras de elevar as capacidades de sua equipe, oferecer transparência sobre o que será necessário para crescer na organização e tentar transformar o trabalho complexo em algo que possa ser replicado e executado por subordinados em cargos inferiores.

Se você for um funcionário que procura um emprego, procure incisivamente por uma organização com esse tipo de cultura — na qual você receba instruções e liderança para se tornar um colaborador mais valioso, e em que há recompensa à medida que se eleva e cria mais valor econômico para essa organização e futuros empregadores.

E, é bom acrescentar, a Hamilton Place ofereceu a Smith algumas lições que ela levará adiante para onde quer que o resto de sua carreira a leve. "Na época em que saí, estava ajudando a treinar, orientar e atuando como mentora", disse ela. "O que aprendi com o tempo foi [que] depois de entendermos o que devemos fazer, podemos subir muito mais rápido na hierarquia se pudermos orientar os profissionais abaixo de nós."

De certa forma, Smith teve a sorte de continuar no primeiro trabalho que desempenhou. Ela reconhece que mais ou menos foi algo que ela sequer esperava. Mas quando se trata de criar os tipos de processos que constituem uma boa administração — que tornam os funcionários mais produtivos e, portanto, capazes de ter melhores carreiras com maiores rendimentos — um conjunto de evidências em rápida expansão mostra que nem todas as empresas são criadas da mesma forma.

GESTÃO COMO TECNOLOGIA E THE BIG SORT

Quando criança em Londres, no início dos anos 1980, Nicholas Bloom era incomumente obcecado pelo jogo de tabuleiro Banco Imobiliário. Pode até parecer que era obcecado por ganhar dinheiro. Mas o que realmente o cativou não foi descobrir como acumular uma grande fortuna; era o entendimento dos mecanismos pelos quais se ganha dinheiro.

150 COMO VENCER NO MUNDO DO TUDO OU NADA

Depois de terminar o doutorado em economia em Oxford, Bloom foi trabalhar na McKinsey, uma empresa de consultoria. Um dia, em 2003, Michael Porter, o influente professor de estratégia da Harvard Business School, deu uma palestra na London School of Economics sobre a competitividade britânica. Entre os presentes estavam John Van Reenen, professor da LSE, e John Dowdy, sócio do escritório da McKinsey em Londres. Por coincidência, eles se sentaram um ao lado do outro e começaram a conversar sobre a afirmação de Porter de que a estratégia geral era mais importante para a competitividade como um todo do que os detalhes práticos básicos das organizações gestoras. Ambos consideraram que a mecânica da administração realmente importava muito e que más práticas de administração poderiam ser fonte de problemas para a economia britânica. Dowdy e Van Reenen discutiram sobre como comprovar sua teoria.

Dowdy estava supervisionando um projeto na McKinsey, com o objetivo de medir os benefícios de boas práticas de gerenciamento, o que envolvia pesquisar aproximadamente 100 empresas sobre quais práticas as engajavam e compará-las com seus resultados financeiros. Bloom continuava realizando o trabalho — e estava prestes a deixar a McKinsey e seguir para a London School of Economics, onde Van Reenen trabalhava. Bloom agiu como uma ponte entre os acadêmicos e o mundo da consultoria.

Estudiosos tendem a enxergar a administração mais como um palco para os gurus da administração, que vendem livros de mercado de massa em livrarias de aeroportos, do que como um assunto para análises acadêmicas rigorosas e modelos matemáticos formais.[11] "Eu apresentava seminários mostrando um artigo sobre gerenciamento, e ao ler a palavra com G em seu título, a visão das pessoas sobre meu QI caía 20 pontos." Brincou Bloom. Por conveniência, ele acrescentou que os americanos tendem a atribuir automaticamente uns 15 pontos a mais de QI a qualquer um com sotaque britânico. "Então, perdi uns 5 pontos, mas espero que ambos pré-conceitos sejam extintos com o decorrer do seminário."

Ainda assim, ele e Van Reenen decidiram que poderiam aprender algo importante sobre como e se as técnicas de gerenciamento são importantes se ampliarem

A ECONOMIA DA GESTÃO 151

a escala da metodologia de pesquisa da McKinsey. Talvez, com dados suficientes, pode-se resolver de uma vez por todas: Há algum talento secreto de boa administração que algumas empresas têm e outras não?

Então, eles criaram um plano. Contratavam pessoas — estudantes de MBA trabalhando em meio período — para conduzir entrevistas telefônicas estruturadas com gerentes de empresas de médio porte por todo o mundo, usando o que chamamos de técnica "duplo-cego". Os entrevistadores não sabiam nada sobre as empresas que entrevistavam, uma medida com a intenção de evitar qualquer tipo de preconceito. E os entrevistados recebiam apenas uma descrição vaga do objetivo da conversa — que faziam parte de um estudo sobre práticas de gerenciamento. Isso foi feito para incentivar a honestidade dos gerentes entrevistados; sem seu conhecimento, o entrevistador ouvia atentamente e pontuava sua empresa em 18 práticas de gerenciamento diferentes em uma escala de cinco pontos, de "pior prática" a "melhor prática". Por exemplo, uma das 18 práticas era "gerenciamento de consequências". Caso, baseado na entrevista, a melhor descrição da prática da empresa fosse "o fracasso em atingir os objetivos acordados não traz consequências", ela tiraria um na categoria; caso a melhor descrição fosse que "o não cumprimento das metas acordadas impulsiona a reciclagem em áreas de fraqueza identificadas ou a transferência de indivíduos para onde suas habilidades são mais apropriadas", a nota seria cinco.[12]

Apenas configurar a infraestrutura da pesquisa foi um desafio de gerenciamento por si só; no auge, 40 entrevistadores alocados em um escritório em Londres, fluentes em uma ampla variedade de idiomas, trabalhavam em horários peculiares para combinar com os fusos horários dos países onde os entrevistados estavam localizados. Bloom sentiu o gosto das dificuldades de gerenciar uma grande equipe. "Algumas pessoas levavam na brincadeira, e todos ficavam muito bravos de receber o mesmo pagamento que o cara duas mesas atrás que parecia ficar na internet o dia todo vendo os placares de jogos." Foi um trabalho árduo — em um dia inteiro, um membro da equipe poderia conduzir apenas duas entrevistas de 45 minutos, passando o resto do tempo tentando rastrear e persuadir os gerentes das empresas da amostra a concordar em participar de uma dessas conversas — e o processo envolvia certa subjetividade, obviamente. Porém, ao final de cada entrevista, o resultado era uma pontuação da proximidade da empresa de ser administrada com o que é amplamente reconhecido como as melhores práticas de gerenciamento. A partir de bancos de dados e registros públicos, os pesquisadores já sabiam muito sobre os resultados financeiros das empresas.

Com todos esses dados, era possível analisar todo tipo de coisas: como as empresas bem gerenciadas tiveram desempenho financeiro em comparação com as mal gerenciadas, por exemplo, e como as práticas de gerenciamento variavam entre os países. O primeiro conjunto de pesquisas foi realizado em 2004, com 732 empresas em quatro países. Quando me encontrei com Bloom em seu escritório em Stanford, época em que entrou no corpo docente após seu período na LSE, cerca de 25 mil entrevistas haviam sido realizadas com empresas em 35 países.

Este trabalho gerou muitas descobertas interessantes.[13] Com certeza, as empresas com maiores classificações em suas práticas de gestão têm maior retorno de capital e menor propensão a falir. As práticas de gerenciamento parecem ser mais fortes em alguns dos países conhecidos por alta competitividade e renda, como EUA, Alemanha, Japão e Canadá — e mais fracas em locais conhecidos por problemas em ambas as frentes, como Itália, Portugal, Índia e Brasil. Vale observar que alguns dos países com níveis médios de qualidade gerencial mais baixos apresentam resultados muito mais fortes nas instalações das empresas multinacionais dentro de suas fronteiras, sugerindo que as empresas podem exportar suas boas técnicas de gestão. Bloom e seus coautores chegaram a conclusões importantes e cruciais para entender as carreiras na economia moderna.

Uma boa administração age como uma tecnologia por si só. É algo que pode ser adotado e propagado pelas empresas da mesma maneira que uma nova técnica de fusão de aço ou teste de peças de máquinas. Quando as melhores práticas de gerenciamento estão em vigor, a produtividade dos funcionários na organização é maior; cada indivíduo se torna mais valioso do que seria em uma empresa com pior administração. A maior produtividade é uma condição prévia essencial para uma maior remuneração.

Além disso, a pesquisa da Bloom–Van Reenen mostra que há um bom equilíbrio entre empresas bem gerenciadas e mal gerenciadas, mesmo dentro de um mesmo país, e mesmo setor. Isso está relacionado a como pensar uma carreira principalmente quando consideramos um segmento de pesquisa diferente (para o qual, por acaso, Bloom também contribuiu).

Um poderoso conjunto de evidências indica que certas empresas estão se afastando do restante da economia global. Essas empresas "estrelas" são mais lucrativas e seus funcionários são mais bem remunerados do que em outras empresas de seus setores. O próximo capítulo examinará essas evidências e suas implicações em detalhes, mas perguntei a Bloom se era possível uma conexão entre essa descoberta e seus resultados sobre a ideia da função do gerenciamento na formação da produtividade. E certamente parece que esse é o caso.

Presumivelmente, sempre existiram empresas mais bem administradas do que outras. O que parece estar mudando é que a recompensa relativa por estar nas empresas bem administradas está aumentando. E isso é o que todos esperariam caso um bom gerenciamento fosse uma tecnologia que beneficia, particularmente considerável, o aumento da produtividade de funcionários com alta capacidade de trabalho em conjunto, o que Bloom defende. A ideia principal é "complementaridade".

"Assisto muito futebol", disse Bloom. "É muito óbvio que existe uma grande complementaridade entre grandes jogadores. Ter o Lionel Messi" — o brilhante atacante argentino — "é muito mais valioso se ele tiver pessoas para quem possa passar a bola. Portanto, isso pode acontecer nas empresas também, essa complementaridade aumentou." Talvez, em outras palavras, quando temos profissionais com alta habilidade e bem gerenciados, o todo não é apenas um pouco maior que a soma de suas partes, mas muito, muito maior, da mesma forma que um jogador de futebol de elite pode alcançar resultados muito melhores com companheiros de time de elite também.

"Se você achava que a tecnologia moderna, sendo bem gerenciada, era realmente complementar aos tipos de alta habilidade, achará que faz sentido que empresas bem-sucedidas e bem administradas contratem mais funcionários de alta capacidade", disse-me Bloom. "Podemos identificar empresas que estão vencendo em todos os lugares. Têm melhor gerenciamento. Têm melhor tecnologia. Têm funcionários melhores vindo até elas de outras empresas. Se a receita marginal produzida por uma pessoa de alta capacidade for cada vez mais alta em uma empresa boa em relação a uma empresa ruim, é claro que isso será um divisor." Ou seja, as pessoas com melhor desempenho ficarão apenas nas empresas com melhor desempenho — "Porque o Google pagará um salário mais alto do que uma empresa menos bem administrada."

Isso é precisamente consistente com o padrão observado na maioria das principais economias do mundo nas últimas décadas. "O que está acontecendo é que, em todos os setores, regiões e regiões demográficas, por mais que seja descrito, ainda é uma modalidade enorme", disse Bloom.[14]

Perguntei a ele como aconselharia um de seus alunos em Stanford, ou uma sobrinha ou sobrinho ambicioso, a administrar suas carreiras, dadas essas descobertas. "Há 50 anos, não importava quem o contratava para trabalhar em um setor, e agora parece importar muito mais. Portanto, se fossem meus filhos, eu diria a eles: 'Tentem muito ser contratados por uma das melhores empresas do setor.'"

Esse conselho parece óbvio e bastante limitador. Por definição, nem todos podem trabalhar no seleto grupo de empresas superfamosas que são as maiores vencedoras do gênero. Nem todos podemos trabalhar no Google ou Goldman Sachs, assim como nem todo jovem chef pode conseguir um emprego no império de restaurantes de Danny Meyer, e nem toda empresa de serviços profissionais oferecerá aos jovens associados a oportunidade de ampliar suas habilidades da mesma maneira que a Hamilton Place Strategies faz. O desafio é seguir uma carreira como acontece no mundo real, em que a opção ideal nem sempre está disponível.

E o que você faz quando se encontra vivendo neste mundo de empresas megafamosas, além de rezar e esperar por um emprego em um dos lugares em que poderá atuar ao lado dos Lionel Messis ou Danny Meyers do seu setor? Com a ajuda de três executivos de Seattle, pude compreender as opções.

6

Navegando pelo Mundo do Tudo ou Nada

VOCÊ TRABALHA EM UMA EMPRESA VENCEDORA, ASPIRANTE OU ESQUECÍVEL?

Estima-se que Taylor Swift, cantora pop de músicas chiclete, tenha arrecadado US$170 milhões em 2016. Centenas de outros músicos faturaram milhões de dólares.[1] No entanto, o salário médio das 40 mil pessoas nos EUA que trabalham como músicos naquele ano foi de US$25,14/hora, ou cerca de US$50 mil por ano.[2] Seu rendimento foi um pouco maior do que o de fabricantes de ferramentas e matrizes e um pouco menos que os fabricantes de drivers comerciais.

A tenista que mais faturou naquele ano foi Angelique Kerber, acumulando US$10,1 milhões em prêmios em dinheiro. A 100ª melhor, uma colombiana chamada Mariana Duque-Mariño, faturou US$309.115, tão lucrativo quanto um médico ou advogado bem-sucedido. A 1000ª melhor, uma belga chamada Sofie Oyen, acumulou meros US$2.678; ela provavelmente teria lucrado mais em um resort, ensinando dentistas aposentados a melhorar seu saque.

No entretenimento e nos esportes, os melhores de todos sempre se saem radicalmente melhores do que as pessoas que estão apenas um nível abaixo — é o mundo do tudo ou nada, ou, se formos mais precisos, melhor ou nada.[3] A crescente aplicação dessa mesma dinâmica às empresas que prosperam é uma das maiores mudanças no mundo dos negócios nas últimas décadas. E isso tem implicações enormes e pouco reconhecidas.

O conselho de Nick Bloom no último capítulo foi procurar trabalho nessas empresas famosíssimas e aguentar o tranco. Pode até ser um bom conselho, na medida do possível — se sua personalidade, habilidades, ambições e sorte no mercado de trabalho estiverem alinhadas. Porém, frequentemente, este não é o caso. O trabalho em uma grande e lucrativa organização oferece muitas vantagens. Mas, para a pessoa certa no estágio certo da carreira, o mesmo acontece quando o trabalho é em uma empresa iniciante, mais empreendedora ou em uma empresa estabelecida passando por momentos difíceis e em risco de se tornar a parte do nada no mundo do tudo ou nada.

Em outras palavras, navegar pela natureza do mundo do tudo ou nada dos negócios modernos deve acontecer a partir da compreensão das razões para tal, em que seu empregador se encaixa nesse cenário competitivo e como aproveitar ao máximo todas as vantagens que essa posição oferece. Este capítulo é um guia para tal navegação.

CINCO FATORES QUE CRIAM UM MUNDO DE RENDIMENTOS DE ESCALA

O grande pensador de economia Alfred Marshall, lá pela virada do século XX, descreveu a "lei dos rendimentos decrescentes", que era como tudo funcionava quando as empresas produziam os mesmos bens repetidamente na agricultura e nas indústrias pesadas. A ideia é que, à medida que uma empresa cresce — cobrindo novos mercados, aproveitando novos recursos naturais —, seus rendimentos diminuem. Entrar nesse novo mercado se tornará inevitavelmente mais caro do que entrar no mercado original de uma empresa; a 14ª mina de cobre mais promissora terá o procedimento de escavação mais caro do que a 1ª. Quanto mais você vende, maior é o custo de produção de cada unidade.

No século XXI, o mundo de rendimentos decrescentes de Marshall foi substituído por um mundo de rendimentos crescentes. Algumas indústrias centradas na informação sempre vivenciaram isso. Uma vez que um estúdio de cinema já gastou US$200 milhões para fazer um filme nos EUA, o custo de trazê-lo para a China ou o Brasil é comparativamente ínfimo. A Oracle não precisa explorar a 14ª melhor mina de cobre para vender outra cópia de seu software; basta vender mais uma licença de um produto no qual já investiu milhões na criação. Uma empresa farmacêutica pode investir alguns bilhões de dólares ao longo de muitos anos nas pesquisas do próximo grande medicamento, mas o custo de fazer cada comprimido adicional é trivial. Essencialmente, a lucratividade potencial nessas indústrias é ilimitada — se, e é um grande "se", você tiver sucesso em ser um dos poucos vencedores.

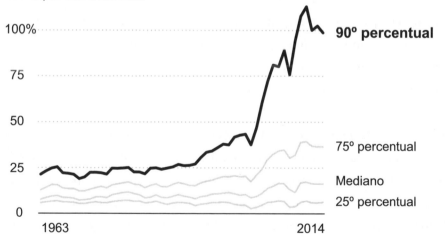

A Crescente Vantagem de Trabalhar em uma das Melhores Empresas
Retorno sobre o capital investido, exceto para caridade, de empresas não financeiras com capital aberto dos EUA

Nas últimas décadas, esse mundo de rendimentos de escala crescentes parece ter se espalhado por muito mais indústrias. Isso pode ser notado em dados de lucratividade, como mostra o gráfico abaixo, com base nos dados analisados pelos economistas Jason Furman e Peter Orszag. Recentemente, na década de 1990, a faixa de 10% das empresas de capital aberto mais bem-sucedidas nos EUA tinham rendimentos de cerca de 25%, enquanto em empresas medianas essa taxa era de cerca de 10%. O número não mudou muito para as empresas medianas, mas as empresas de primeira linha estão atingindo rendimentos sobre o capital de mais de 100%!

Essa mudança de direção para uma economia do tudo ou nada se deve a várias razões. Eis alguns dos fatores que considero mais persuasivos — e note que não são mutuamente exclusivos. Em vez disso, cada um pode reforçar os outros a criar um fosso econômico ainda maior para as empresas na faixa superior a 10%.

Entradas intangíveis se tornando mais predominantes. Como mencionado acima, as indústrias da informação, como software e filmes, sempre tiveram esse elemento do tudo ou nada. Mas, agora, as coisas intangíveis — sejam linhas de código, gigantes conjuntos de dados de clientes ou patentes em alguns processos de negócios, ou apenas uma marca com respeito no mercado — estão ocupando uma parcela maior do que é preciso para produzir produtos na economia moderna, ao contrário do capital físico. O software de um carro moderno é tão importante quanto o aço em seu chassi; os dados do cliente acumulados por um vendedor são tão importantes quanto seus imóveis. Parafraseando o memorável título do livro de Jonathan Haskel e Stian Westlake sobre esses efeitos, isso cria um mundo de "capitalismo sem capital".

Efeitos de rede de contatos. Alguns produtos se tornam mais valiosos a medida que mais pessoas os usam — o que significa que a indústria tende a convergir para um monopólio ou duopólio, e não uma concorrência livre para todos. A indústria de software testemunha isso há muito tempo. Escrevi boa parte deste livro no Microsoft Word porque meus editores e outros colaboradores também usam o programa. Mesmo que achasse que um concorrente oferece um software de processamento de texto um pouco melhor, teria dificuldades em mudar por esse motivo. O Facebook se tornou uma das empresas mais valiosas do planeta, fortemente influenciada pelos efeitos da rede de contatos — se você usa o serviço de mídia social, é em grande parte porque muitos de seus amigos e familiares também usam. Mas os efeitos de rede de contatos também podem aparecer em setores que não envolvem tecnologia digital. Como veremos, os efeitos de rede de contatos estão sendo identificados em alguns pontos surpreendentes na era moderna.

Poder de mercado e consolidação contagiosa. Quando um setor se consolida por qualquer motivo que seja, pode haver maior incentivo para que seus parceiros comerciais também se consolidem, por temerem serem prejudicados por um fornecedor ou cliente maior, mais poderoso e com maior capitalização. Um exemplo disso são hospitais e empresas de planos de saúde nos EUA. Quanto mais clientes uma seguradora tiver em determinada cidade, mais ela pode forçar os hospitais a aceitar suas baixas taxas de reembolso por tratamentos; quanto maior o número de hospitais sob a mesma organização tutelar, mais eles podem se unir e pressionar por taxas de reembolso mais altas. Nos dois lados, vemos a criação de um incentivo para consolidar o menor número possível de empresas em um círculo vicioso ou virtuoso, dependendo de sua sensação quanto ao valor da grandeza. Podemos identificar uma dinâmica semelhante com os gigantes fabricantes de bens de consumo e varejistas.

Capitalismo companheiro e barreiras regulatórias. Uma grande e lucrativa empresa tem todo incentivo para usar a política em favor da consolidação de sua vantagem. Quanto mais uma empresa ganha, mais pode gastar em doações políticas e lobby para tentar implementar políticas que a beneficiem, não importando se isso significa financiamento subsidiado pelo governo, proteção à propriedade intelectual ou subsídios à exportação. Mesmo as regulações ostensivas podem favorecer empresas estabelecidas; por exemplo, o setor bancário se opôs aos regulamentos pós-crise financeira nos EUA, mas um conjunto complexo de regras tende a favorecer empresas grandes e bem-sucedidas que podem influenciar os detalhes dos regulamentos e contratar muitos agentes coniventes.

A tolerância à consolidação por parte das autoridades antitruste. As empresas sempre procuram se consolidar para reduzir a concorrência e o farão desde que as autoridades antitruste não as impeçam — e as autoridades antitruste têm sido mais tolerantes à consolidação nas últimas décadas. As companhias aéreas nos EUA são um ótimo exemplo. As regulamentadoras antitruste não impediram a Delta de comprar a Northwest em 2008, a United de comprar a Continental em 2010, a Southwest de comprar a AirTran em 2011 ou a compra da US Airways pela American em 2013. O resultado: apenas quatro empresas representavam 72% da participação de mercado em 2016 (as quatro principais companhias aéreas tinham cerca de 50% de participação de mercado em 2007). Na esfera tecnológica, quase ninguém se manifestou quando o Facebook comprou o Instagram e até mesmo o WhatsApp, ainda que tais aquisições permitissem a solidificação de seu domínio nas redes sociais e no mercado de publicidade digital.

Há outros excelentes livros que valem a pena ser lidos se quiser entender mais sobre a importância relativa desses fatores na criação de nosso mundo empresarial moderno de tudo ou nada (alguns estão listados nas notas finais).[4] E existe um interessante debate sobre as implicações dessa mudança para trabalhadores e comunidades; há evidências de que, por exemplo, ao reduzir o número de empresas que competem por profissionais, uma maior concentração das principais indústrias pode reduzir os salários gerais.[5] Mas, neste livro, a questão é o que você deve fazer sobre isso. Qual é o significado da realidade de que um pequeno número de empresas famosas é dramaticamente mais bem-sucedido e lucrativo que as demais? O que devemos entender do fato de que a diferença entre as empresas famosas e o resto é cada vez mais similar à diferença entre Angelique Kerber e Sofie Oyen, ou Taylor Swift e a banda que toca em casamentos na sua cidade? Para descobrir isso, passei algum tempo analisando um setor no qual a ascensão de empresas famosas está bem estabelecida, buscando entender o que isso significava para qualquer um que almeje uma boa carreira.

OS HOTÉIS HILTON E COMO A HOSPEDAGEM SE TORNOU UM NEGÓCIO DE INFORMAÇÃO

Existem hotéis em qualquer cidade, independente de tamanho, no mundo. O ramo é a epítome dos negócios em que qualquer pessoa com acesso a algum capital e um pouco de conhecimento pode competir. É uma indústria que recompensa bom senso e empreendedorismo. O mercado de hospedagem, por sua vez, não se parece com algumas das complexas indústrias examinadas por este livro. Diferente da fabricação de peças de aeronaves ou automóveis, trata-se de executar funções relativamente simples — selecionar um prédio com uma boa localização para os viajantes, investir em camas confortáveis e um saguão com boa aparência, oferecer um serviço de qualidade ao cliente, que corresponda ao nível de expectativas do seu mercado-alvo.

E, por ter suas raízes no setor imobiliário, pode parecer um negócio clássico de rendimentos em escala negativa: quanto mais hotéis você compra ou constrói, mais gasta e mais regiões de qualidade inferior você entra. Um hotel a vários quilômetros de um centro urbano é o equivalente à 14ª melhor mina de cobre.

O quesito imobiliário dessa indústria parece seguir tais regras, em que a propriedade de hotéis se espalha por uma lista interminável de investidores, que inclui fundos de investimento imobiliário, fundos de pensão, fundos patrimoniais permanentes e famílias que possuem e operam um motel sob um contrato de franquia.

Mas a gestão e a marca dos hotéis mudaram de direção. Em 1997, as cinco principais empresas de hospedagem nos EUA controlavam 43% dos quartos de hotel no país, segundo a STR, uma empresa de dados e análises. Em 2017, esse número subiu para 52%. Apenas três empresas, Marriott International, Hilton Worldwide e Choice Hotels International, controlam 2,6 milhões de quartos de hotel em todo o mundo — 15% do total mundial — e todas sediadas a 20 minutos de carro uma da outra nos subúrbios de Washington![6]

As razões para essa mudança na estrutura da indústria acompanham de perto os cinco fatores descritos acima (alguns mais que outros).

162 COMO VENCER NO MUNDO DO TUDO OU NADA

Embora o capital físico de um hotel — o próprio edifício, os móveis do seu quarto — represente grande parte da sua escolha por onde se hospedar em uma viagem, os itens intangíveis conferem um valor próprio e é aí que as grandes redes de hotéis saem na frente. Se você reservar um quarto em um Hilton em uma cidade que nunca visitou, sabe que terá uma cama confortável e certo nível de serviço, com base nas décadas em que a empresa dedicou a afirmar essa reputação (e exigir que suas propriedades atendessem a esses requisitos mínimos). Então, entra o componente tecnológico: a rede Hilton emprega desenvolvedores de software que criaram e mantêm um aplicativo móvel para facilitar a reserva e o check-in. Os serviços mais recentes permitem que você use seu telefone como chave do quarto e procuram a complementação do atendimento ao cliente humano por meio de chatbots com inteligência artificial. Essas áreas, diferentemente do capital físico, estão no mundo dos rendimentos de escala positivos: a reputação da marca Hilton e sua tecnologia de informações são valiosas, mas a extensão desse benefício para mais uma propriedade não custa muito. A construção dessa reputação e tecnologia pode ter levado décadas e bilhões de dólares, mas permitir que mais um hotel da rede tire proveito delas exige apenas o custo de trocar as placas.

Os efeitos de rede de contatos também são cada vez mais frequentes na indústria hoteleira. Os programas de fidelidade recompensam os viajantes frequentes com pontos que podem ser usados em reservas gratuitas em outras propriedades de uma empresa. Isso significa que quanto maior a empresa, mais atraente ela se torna. Se você fizer viagens de negócios constantes a Cleveland, por que ficar em um hotel independente, quando poderia ficar em um hotel em que acumulará pontos que podem pagar por uma futura estadia em um resort de luxo em Bali ou um fim de semana prolongado em Paris? E como hóspedes frequentes preferem as principais empresas hoteleiras, uma rede maior é a melhor escolha.

Os sites de reservas de hotéis são um excelente exemplo de como o poder de mercado e a consolidação contagiosa afetam o setor. Eles se tornaram um poderoso intermediário em hospedagem e outros negócios de viagens; muitas pessoas que visitam uma cidade decidem onde ficar navegando pelas opções da Expedia, Travelocity, Hotwire, Hoteis.com ou Orbitz. Portanto, o destino de um hoteleiro depende significativamente de como uma propriedade é apresentada e precificada nesses sites. Um hotel independente depende tipicamente bastante dos sites de reservas de viagens e, como resultado, não tem boas condições para negociar; se quiser destaque nos resultados de pesquisa, deve pagar pelo privilégio. Enquanto as grandes redes possuem uma força de vendas e uma operação de marketing em larga escala, portanto, são menos dependentes dos sites de reservas. A rede Hilton pode veicular anúncios de televisão (a atriz Anna Kendrick foi recentemente contratada como garota-propaganda) direcionando as pessoas para seu próprio site; já os hotéis independentes, não. E eles brigam de igual para igual com os sites de reservas, porque os sites precisam das grandes redes. Se o Marriott ou o Hilton retirassem suas propriedades dos anúncios, esses sites de reservas não teriam mais utilidade para os viajantes planejarem suas viagens. Uma evidência para o argumento da consolidação contagiosa: os cinco sites de reservas listados acima fazem parte da mesma empresa.

Quanto às barreiras regulatórias e o capitalismo de camaradagem, o setor tentou usar o poder político na consolidação do sucesso das maiores empresas hoteleiras. Nos Estados Unidos, por exemplo, a indústria hoteleira enfrenta batalhas contínuas com o Airbnb, com o mercado de aluguel por temporada argumentando que as principais empresas hoteleiras se beneficiaram de subsídios estaduais e locais para a construção de imóveis; enquanto isso, a indústria hoteleira, com algum sucesso, pressionou estados e municípios a cumprirem as leis tributárias e de uso da terra de maneira mais rigorosa, para tentar conter a ascensão desse rival.[7]

Por fim, as autoridades antitruste certamente aceitaram a consolidação do setor, principalmente com a aquisição da Starwood pela Marriott em 2016, uma empresa que englobava marcas como Westin, Sheraton e Le Méridien. O acordo levou um tempo para ser aprovado pelas regulamentações de 40 países nos quais as empresas faziam negócios, mas acabou criando a maior empresa hoteleira do mundo.

Para entender o que essas mudanças no setor de hospedagem significam para um profissional da indústria, conversei com Matthew Schuyler, diretor

164 COMO VENCER NO MUNDO DO TUDO OU NADA

de recursos humanos da Hilton, na sede global da empresa, em uma torre em McLean, Virgínia.

A tecnologia está mudando inexoravelmente a experiência da hotelaria, disse ele. Ao planejar uma viagem, reservar um quarto e até fazer check-in, as pessoas estão cada vez mais propensas a fazê-lo com seu dispositivo móvel. Isso significa que quem realmente opera os hotéis — gerentes-gerais assistentes e gerentes-gerais de uma propriedade, gerentes regionais, etc. — precisa ter uma mentalidade diferente do passado.

Ninguém espera que um gerente de hotel entenda os detalhes técnicos de um chip RFID que permite que um telefone celular funcione como chave do quarto. Mas é preciso que esteja pronto para abraçar as implicações deste e de outros avanços técnicos que revolucionaram a forma como um hotel presta seu serviço. "Quando entrevisto uma pessoa que estamos recrutando, o que procuro no candidato?", ponderou Schuyler. "Adequação à cultura, que é sinônimo de bom critério, que essa pessoa se dará bem com os outros. Que está aberta à mudança, e não resistente, e que é adaptável e possui as habilidades mais suaves de liderança, que possa engajar e inspirar."

Joe Berger iniciou sua carreira na indústria hoteleira na adolescência, nos anos 1980, como carregador de malas no hotel Marriott, perto do aeroporto de Dulles, nos arredores de Washington; era um trabalho muito mais necessário naqueles dias antes da adoção generalizada das malas com rodinhas, ele lembrou, e pagava muito mais do que fritar hambúrgueres no McDonald's. Ele instantaneamente se apaixonou pelo setor hoteleiro e, depois de estudar economia na faculdade, retornou ao setor seguindo a carreira administrativa na rede Marriott. Ele trabalhou nos hotéis Marriott em Atlanta e Chicago, depois mudou-se com sua jovem família para a Europa, onde trabalhou em Viena, Munique e Frankfurt. Sua próxima parada foi em São Francisco, onde se tornaria o gerente-geral do Fairmont e mais tarde do Westin St. Francis, um enorme hotel originalmente construído em 1904, que sobreviveu ao terremoto de 1906 em São Francisco e, posteriormente, foi ampliado, contando agora com 1.200 quartos.

Após algumas décadas na linha de frente da administração de hotéis, Berger passou a ocupar funções mais corporativas na supervisão de propriedades. Ele era um executivo ótimo de Pareto, combinando sua formação financeira com experiência operacional. Ele foi trabalhar para a Blackstone, a empresa de capital privado dona do St. Francis durante sua administração. Então, em 2007, a Blackstone projetou uma aquisição da Hilton por US$26 bilhões — colocando Berger em uma boa posição para um cargo sênior na empresa.

Quando o conheci em 2018, Berger era presidente da rede Hilton nas Américas — ou seja, grande parte de seu trabalho englobava identificar, desenvolver e promover os gerentes de hotéis que melhor impulsionassem o sucesso das unidades da Hilton no hemisfério oeste. E ele buscava algo bem diferente do que eram consideradas as habilidades necessárias para ter sucesso como gerente-geral quando ele era jovem. "Hoje, muitos de nossos hotéis pertencem a investidores de capital privado e outros que agem como tal. É preciso saber falar a língua deles. Entender sua tese de investimento. É preciso ser tão bom na parte financeira quanto eles para conseguir realizar seus objetivos. Pode ser: 'Gostaríamos de reposicionar essa propriedade no mercado e, para isso, vamos investir X dólares, precisamos de Y de rendimento, e nosso fundo está credenciado por sete anos, vamos precisar da sua ajuda para chegar lá.' E a parte mais difícil do trabalho de um gerente-geral é que isso precisa ser feito ao mesmo tempo em que todas as outras coisas necessárias para a administração de um hotel. Para mim, isso é o que torna esse negócio tão divertido, ao mesmo tempo em que nos preocupamos com o rendimento sobre [despesas de capital], focamos com a mesma proporção em garantir que os coquetéis artesanais no bar sejam criativos e divertidos, em cuidar dos membros da equipe e como estamos atendendo aos hóspedes."

Tudo isso significa que, para prosperar, os executivos em ascensão precisam repensar em como construir suas experiências. O sucesso das maiores empresas hoteleiras implica que a maior oportunidade reside nessas grandes organizações, e não em uma propriedade independente, na qual as oportunidades de crescimento serão limitadas. E crescer dentro de um Hilton (ou Marriott, Intercontinental, Hyatt) exige que você se torne um gerente dentro da zona de "agregadores" da curva ótima de Pareto. "Hoje você realmente precisa se mover horizontalmente", disse Berger. "Penso nesse negócio em quando entrei como mensageiro, ou na minha primeira vez como gerente, e tudo ficou muito mais complicado. Ainda é preciso ser bom em cuidar dos membros da equipe, ter um ótimo bar e ótimos restaurantes, além de criar esse aspecto teatral, mas também há os componentes financeiros, de marketing e de tecnologia. Quem não consegue fazer isso não pode acompanhar o mercado de hoje porque todos estão se esforçando muito."

COMO CONSEGUIR UM EMPREGO SE PARECE COM INVESTIR: CRESCIMENTO, VALOR E EMPREENDIMENTOS

Portanto, considerando tudo, conseguir um emprego em uma das empresas mais proeminentes, bem estabelecidas e lucrativas do seu setor parece ser o melhor conselho para sua carreira, como sugeriu Nick Bloom, de Stanford.

Sua primeira reposta a isso pode ser: *Jura?*

E, em seguida, poderá dizer: *Certo, mas nem todos podem trabalhar nas melhores empresas.*

Nem todo profissional técnico conseguirá um emprego no Google, Apple ou Facebook; nem todo banqueiro no Goldman Sachs ou JPMorgan; nem todo hoteleiro na rede Hilton ou Marriott. É uma simples questão matemática, mas também é uma questão na qual, às vezes, pode ser mais desejável conseguir um emprego em uma empresa menos renomada do que em uma empresa famosíssima de renome. Isso pode ser porque uma empresa menos bem-sucedida ou conhecida esteja oferecendo algo melhor em termos de compensação ou responsabilidade (ou seja, até mesmo a única oferta do mercado — afinal, a maioria das pessoas não pode escolher quais empresas lhes oferecerão um emprego). E nem todos são adequados, por personalidade e temperamento, para trabalhar nessas grandes e frequentemente burocráticas empresas.

Tentei resolver esse dilema por um tempo; considerando essas realidades, o que os efeitos do tudo ou nada realmente significam para uma carreira ideal?

E percebi que, na verdade, podemos traçar um útil paralelo com o mundo dos investimentos.

Há dois tipos de ações amplamente definidas que um investidor pode comprar: de crescimento ou de valor. As ações de crescimento são das empresas que, de acordo com os investidores, tanto já são bem-sucedidas quanto têm futuro brilhante. A maioria das empresas que são consideradas famosas e marcas reconhecidas que dominam seus setores estão nessa categoria. Como são bem gerenciadas, espera-se que continuem rendendo lucros crescentes no futuro. Mas o problema mora precisamente no fato de que todos acham que as ações de crescimento são tão desejáveis: todos querem possuí-las e, portanto, seus lances chegam aos níveis premium. O preço de suas ações é alto em relação aos ganhos da empresa, valor contábil de seus ativos ou qualquer outra métrica contábil que você prefira usar na comparação do valor de mercado de uma empresa com seus fundamentos.

As ações de valor, por outro lado, são as empresas menosprezadas pelo mercado. Elas podem ter uma participação de mercado cada vez menor, ou um produto sendo substituído por novas tecnologias, problemas legais ou até mesmo um CEO incompetente. Essas empresas são desprezadas pelo mercado porque têm muitos defeitos. E, com frequência, o senso comum está certo: Seus rendimentos podem continuar baixos ou em declínio, a falência ou um julgamento caro podem estar no futuro e o CEO pode ser exatamente o idiota que imaginam. Mas como o senso comum é pessimista, suas ações tendem a ser baratas quando comparadas aos fundamentos. Cada dólar investido gera mais ganhos anuais ou valor de ativo, porque o smart money pressupõe que as condições piorarão com o tempo.

E eis a questão, no entanto. Às vezes, uma empresa de valor acaba não sendo tão ruim assim. Talvez sua participação no mercado se estabilize, o novo concorrente revolucionário demore a dominar o mercado, o processo seja resolvido e o CEO seja trocado por outro mais capaz. E nem todas as empresas em crescimento terão um futuro tão brilhante quanto todos supõem; a história do mundo dos negócios está repleta de gigantes que faliram.

168 COMO VENCER NO MUNDO DO TUDO OU NADA

Se você pudesse voltar no tempo para 1968 e investir em qualquer empresa listada na Bolsa de Valores de Nova York, com planos de manter suas ações e reinvestir seus dividendos até os anos 2000, que empresa você escolheria? Talvez uma ligada a software ou semicondutores, para tirar proveito da revolução digital que ocorreu nesse período? Produtos farmacêuticos, para lucrar com toda a inovação na medicina? Bancos, para se beneficiar do notável aumento do setor financeiro nessas décadas? Todas essas opções dariam retornos inferiores a uma empresa agora conhecida como Altria, então conhecida como Philip Morris.[8] Durante esse período, o consenso científico em torno das propriedades causadoras de câncer presentes nos cigarros ficou mais rigoroso, as empresas de tabaco enfrentaram ações multibilionárias por encobrir esse fato, os impostos sobre os cigarros aumentaram radicalmente e a proporção de adultos americanos que fumam caiu de 40% para 17%.[9] No entanto, as ações renderam 20% ao ano por mais de três décadas seguidas! O motivo, obviamente, é que suas ações eram de valor. A trajetória descendente da indústria tabagista e sua exposição legal fizeram com que as ações da Philip Morris fossem cotadas continuamente a preços mais baixos em relação aos seus lucros e dividendos. Ou seja, quem comprava e mantinha as ações estava constantemente reinvestindo dividendos a preços baixos.

E, embora a Philip Morris/Altria seja uma empresa "marginal", por longos períodos, as ações de valor historicamente oferecem retornos mais altos do que as ações de crescimento. Isso foi comprovado em diferentes países e períodos: empresas ruins e baratas oferecem rendimentos mais altos do que as grandes e caras. Os investidores são essencialmente compensados em rendimentos mais altos por investir em empresas que não são atraentes e bem-sucedidas.

Depois, há um terceiro tipo de investimento: empresas que não são de alto crescimento e bem-sucedidas, nem empresas de valor problemático, mas que são potencialmente lucrativas. São diversos tipos de startups — empresas que estão em estágios iniciais e aspiram a se tornar gigantes, ou a serem adquiridas por uma boa quantia. Os investimentos em startups, como o realizado por empresas de capital de risco, têm uma dinâmica totalmente diferente da compra de ações em crescimento ou em valor nos mercados públicos. Os capitalistas de risco geralmente não procuram sucessos modestos. Investir em uma empresa quando vale US$5 milhões e vendê-la a um concorrente maior por US$10 milhões pode parecer uma vitória — afinal, um rendimento duplicado não é nada mal. Mas a matemática do setor, na qual a maioria das empresas fracassará, significa que um investimento precisa render um valor mais próximo de 20x, 50x ou até 100x para contar como um sucesso. É um estilo de investimento voltado para um louco sucesso ou o fracasso abjeto — comprar empresas que renderão ações de crescimento negociados publicamente no futuro ou, mais comumente, vendidas a uma dessas empresas de crescimento estabelecido ou, ainda mais comum, que serão encerradas sem cerimônia, ou vendidas a preço de banana.

É aqui que entra em jogo o paralelo entre investimento e carreira. Quando você assume um cargo em uma empresa, está essencialmente investindo nisso — não com dinheiro, mas com seu tempo. Ao contrário dos investidores do mercado de ações ou empreendimentos, no entanto, você não pode diversificar seu investimento. Como Ann Miura-Ko, uma sócia da empresa de capital de risco Floodgate, diz aos alunos de uma de suas turmas em Stanford: "Se você trabalha em qualquer empresa, seja grande, média ou pequena, deve pensar em seu portfólio. Seu tempo é o seu bem mais valioso; portanto, se passará todas as suas horas trabalhando, precisa ter certeza de que o trabalho está alinhado com seus objetivos."

É por isso que a estratégia "vá atrás de um emprego em uma grande empresa de sucesso", embora válida até o momento, deixa escapar algo importante sobre a navegação em um mundo de negócios em que a regra é o tudo ou nada. Empregos fora dessas empresas famosas podem ser gratificantes e lucrativos se forem tratados da mesma forma que um investidor faria — de olhos bem abertos sobre o que está recebendo, e por quê.

Caso você trabalhe em uma das empresas que levam *tudo* na economia moderna — organizações em que você pode trabalhar tendo todas as expectativas de um futuro brilhante, um salário constante e a oportunidade de subir na hierarquia — é como estar em uma empresa de crescimento. Sua dinâmica é muito diferente daquela de uma empresa *aspirante* — uma startup que almeja um dia se tornar uma das empresas parte desse "tudo" (ou, se for o caso, ser adquirida por uma). E isso, por sua vez, gera uma dinâmica diferente do que estar em uma empresa *esquecível*, ou seja, uma empresa tradicional passando por problemas; essas são, de fato, as empresas de valor em termos de opções de carreira — o fato de estarem com problemas pode levar as pessoas a ignorar seus pontos fortes.

Para entender as vantagens e desvantagens desses diferentes tipos de empresas, conversei com três executivos de sucesso que não se conhecem, mas que, há anos, trabalhavam a apenas alguns quilômetros de distância na área de Seattle. Cada um concentrou suas carreiras em um dos três tipos de empresas — e, juntos, mostram as vantagens e desvantagens envolvidas em adotar uma carreira entre os vencedores na economia atual versus aspirantes versus esquecíveis que todo candidato deve entender. Começaremos por uma empresa que já mencionamos aqui, que incorpora os executivos poderosos e bem-sucedidos que dominam a economia moderna.

UMA CARREIRA EM UMA EMPRESA QUE TEM TUDO: NICK CALDWELL NA MICROSOFT

Quando Nick Caldwell estudou ciência da computação e engenharia elétrica no MIT no início dos anos 2000, as oportunidades pareciam vir de todas as direções. Uma empresa iniciante onde ele trabalhou durante o primeiro ano de faculdade pediu que ele largasse a graduação para trabalhar com eles. Ele tinha amigos que foram trabalhar no Google e em outras empresas iniciantes do Vale do Silício, em uma época em que o Google ainda estava na fase aspirante.

As prioridades de Caldwell eram um pouco diferentes. Seus pais eram de classe média — um defensor público e uma professora de Largo, Maryland. Uma pilha de dívidas estudantis do MIT o encarava. Ele queria um emprego que pagasse um salário estável e confiável, aconteça o que acontecesse, e lhe permitisse pagar sua dívida estudantil, além de manter um padrão de vida decente desde o começo.[10]

"Meu principal objetivo era ganhar dinheiro. Esse era o motivo para eu ter trabalhado duro, em primeiro lugar", disse Caldwell. "Eu sentia que no Vale do Silício estaria trabalhando com um garoto sem diploma universitário que tinha aquela visão de 'vou mudar o mundo'. Isso me parecia loucura. Ainda que meu espírito fosse empreendedor, sempre fui mais pé no chão e prático."

Então, quando um recrutador da Microsoft apareceu no MIT procurando por estagiários, Caldwell rapidamente se ofereceu. Aquele era, e ainda é, um exemplo consumado de empresa famosa no mercado global. Em 2003, ano em que Caldwell entrou, a empresa teve US$7,5 bilhões em lucros (naquele ano, o Google lucrou apenas US$106 milhões). Caldwell, um ávido gamer, pensou que era a realização de um sonho quando seu primeiro estágio na Microsoft o levou a uma unidade que fazia ferramentas para a criação de jogos de computador; ele percebeu que aquela não era sua praia quando soube que uma mulher no mesmo andar estava há anos tentando otimizar o programa Flight Simulator da Microsoft para tornar as nuvens mais realistas. "Ela literalmente trabalhava todo dia para tentar fazer as nuvens parecerem mais fofas ou mais fluidas, e eu pensava: 'Não era bem como eu imaginava que se faziam jogos'".

Ele retornou à Microsoft após sua formatura atuando em uma unidade mais adequada aos seus interesses, focada em processamento de linguagem natural — ensinando computadores a interpretar corretamente palavras e frases comuns. Sua unidade focava em fazer com que os corretores gramaticais, as ferramentas de revisão e similares fossem muito úteis na leitura correta de um documento no Microsoft Word.[11]

Então, era intimidador ser um funcionário jovem em um cargo relativamente iniciante em uma grande empresa global? Não tanto quanto você pensa.

"A questão sobre uma empresa como a Microsoft é que ela é tão grande que se divide em organizações menores." Ele completou: "Sim, existem mais de cem mil pessoas lá. Mas se prestarmos atenção ao organograma, as coisas se separam de maneira bem precisa. Eu fazia parte do grupo de linguagem natural, e ele se

172 COMO VENCER NO MUNDO DO TUDO OU NADA

subdividia em quatro outras organizações e, pensando no ambiente em que eu trabalhava, meu grupo realmente parecia bem pequeno e acolhedor."

Como engenheiro de software iniciante em uma empresa enorme e extremamente lucrativa como a Microsoft, ele pôde se dar ao luxo de se concentrar apenas nas tarefas de desenvolvimento de software à sua frente. Ele não precisava se preocupar com o rendimento das vendas do Microsoft Office naquele mês, com a participação de mercado do Microsoft Windows ou com a situação das finanças da empresa naquele trimestre. Era o trabalho de vários gerentes se preocupar com a forma como o trabalho se encaixava na estratégia mais ampla da organização. Por outro lado, em empresas menores e mais empreendedoras, mesmo pessoas relativamente iniciantes, geralmente, precisam atentar mais para o modo como o trabalho delas se cruza com os objetivos comerciais mais amplos. Em uma organização de cem pessoas, o que todos fazem afeta quase todo mundo. Em uma organização de cem mil pessoas, pode haver vários departamentos enormes sobre os quais você não sabe nada. Caldwell não conhecia ninguém de vendas e marketing até fazer uns três ou quatro anos de casa, quando foi colocado em um programa para talentos de alto potencial que incluía um número aproximadamente similar de pessoas com experiência em engenharia e outras áreas como jurídico, vendas e finanças. Essencialmente, a necessidade de ser um executivo ótimo de Pareto — conseguir navegar na interseção dessas diferentes especialidades — acontece em um nível mais sênior, quanto maior e mais estabelecida seja a empresa.

Havia, desde o primeiro dia, uma hierarquia excepcionalmente clara. A Microsoft até mesmo atribui números a diferentes níveis de tempo na empresa, da mesma forma que o governo dos EUA faz, a partir de 50 em diante; um recém-formado que desenvolve software começará em 59. Chegar a 60 significa que você tem um pouco mais de experiência e pode atuar em projetos significativos, além de ter um ligeiro aumento no salário. E é uma ascendente a partir daí. Os níveis 65 a 67 são para "diretores", normalmente desempenhando um trabalho que afeta várias equipes. Acima de 68 temos os títulos como "sócio" e espera-se que essas pessoas tenham impacto em todo o negócio.

"Você já jogou World of Warcraft?", perguntou Caldwell, referindo-se ao gigante jogo multiplayer imersivo em que os jogadores adotam o avatar de uma criatura mítica. "Você começa o jogo e os primeiros níveis são muito fáceis, subindo rapidamente. Então, quando chegamos ao meio, cada nível exige o dobro de experiência. E então, no final, é algo astronômico. As pessoas ficam trancadas em casa por meses seguidos apenas para chegar ao nível superior. Uma carreira na Microsoft tem uma estrutura similar."

Um dos grandes desafios de uma organização como essa é superar a complacência. A certa altura, Caldwell passou a integrar o grupo que trabalha no Microsoft Office. "Quando entrei no Office, estava apenas na 11ª versão, então trabalhamos nisso por cerca de um ano e, então, passamos a trabalhar na 12ª versão. É como se enviássemos a mesma coisa repetidamente, em um momento eu quis fazer a diferença e participar da produção de algo novo." Desejar ser empreendedor e trabalhar em uma empresa famosa não são coisas necessariamente inconsistentes.

Por volta de 2007, Caldwell estava reclamando com um mentor sobre a repetitividade do trabalho e recebeu um sermão. "Ele me disse: 'Nick, é hora de parar de agir como gerente e se tonar um líder. Os gerentes distribuem o trabalho e os líderes assumem a responsabilidade pelo que acontecerá a seguir.' Ele disse: 'Você não pode ficar aqui no meu escritório reclamando. Precisa fazer algo sobre isso, porque, na verdade, você é uma pessoa que pode fazer a diferença'."

Isso o motivou, e ele foi direto ao escritório do gerente-geral e pediu permissão para formar uma equipe que investigaria opções para um futuro roteiro de produtos, o que foi concedido. Sua equipe desenvolveu uma ferramenta de colaboração de equipe que foi cancelada, mas partes dela foram lançadas em outros produtos da Microsoft — e a iniciativa o colocou no radar da liderança sênior.

Foi assim que Caldwell foi designado para um projeto encomendado pelo fundador da Microsoft, Bill Gates, em que tentaria construir ferramentas para criar visualizações de dados via comandos em linguagem simples. Caldwell era o diretor de engenharia; ele ajudou a montar uma equipe com 30 funcionários de toda a empresa, em um curto espaço de tempo. De certa forma, era o melhor dos cenários; ele poderia tentar criar algo novo e exercitar sua veia empreendedora, ao mesmo tempo em que tinha um salário e liderança constante de um dos empreendedores mais famosos da história. "Quando estamos em uma empresa muito segura, com opções disponíveis, isso é, para todos os efeitos, uma situação de 0 risco", disse. "Precisa se convencer de que se movimentar é um risco."

Caldwell finalmente alcançou o posto de gerente-geral, supervisionando 300 pessoas na unidade de inteligência de negócios da Microsoft. Mas, depois de 13 anos na empresa, ele começou a temer que estivesse preso ao papel de gerente de uma empresa em funcionamento, e não construindo algo novo. Então ele começou a pesquisar; em 2016, se tornou vice-presidente de engenharia do Reddit, e então diretor de produtos. Refletindo sobre seu trabalho na Microsoft e no que isso pode implicar para outras pessoas que se encontram em uma empresa famosa, Caldwell descreveu um conto de dois tipos de carreiras.

"Eu encontrava dois tipos de pessoas", disse ele. "Um seria o tipo de pessoa que repete e otimiza. Eles se dão bem trabalhando no Office 11, 12, 13, 14 e 15. Esse é o seu arroz com feijão. Mas para pessoas como eu, a ideia era mais 'Como fazer algo novo de uma forma que se encaixe nesse produto mais antigo?' E o número de pessoas empolgadas com esse tipo de coisa é pequeno, mas encontrá-las e reuni-las da maneira certa, é a raiz de toda verdadeira inovação." Mesmo se uma de suas apostas dentro de uma empresa der certo, não causará uma vantagem para você; você estará trocando o potencial de uma grande vitória pela segurança de um salário estável, independentemente de seu produto dar certo ou não.

Em outras palavras, estar em uma das empresas que estão com tudo na economia do tudo ou nada significa ter todos os recursos e oportunidades do mundo e uma vida livre de preocupações sobre de onde virá seu próximo salário. Se você tiver uma personalidade do tipo que repete e otimiza, pode ser perfeitamente satisfatório. Mas caso não tenha — se procura construir algo novo —, estar em uma empresa grande e dominante significa que você deve se esforçar para ir de encontro às oportunidades e navegar na burocracia de maneira eficaz para criar ótimos produtos e ter uma carreira verdadeiramente gratificante.

UMA CARREIRA EM UMA ASPIRANTE: AMY BOHUTINSKY NA ZILLOW

Era 2005 e tudo estava indo bem para Amy Bohutinsky em sua vida em São Francisco. Ela tinha acabado de completar 30 anos. Finalmente estava ganhando dinheiro suficiente para ter seu próprio apartamento, em Presidio Heights. Ela tinha muitos amigos, sua irmã morava na cidade e tinha filhos pequenos. Ela tinha um namorado sério por quem estava se apaixonando. E sentiu que estava se saindo muito bem em seu trabalho como gerente de relações públicas do Hotwire, o site de reservas de viagens em que ingressou logo após sua criação, em 2000. Mas alguma coisa parecia estranha. "Não havia mais dificuldades", disse ela.

Ainda assim, quando Bohutinsky concordou em vir a Seattle para se encontrar com dois de seus ex-chefes, Spencer Rascoff e Rich Barton, sobre uma nova startup que estavam planejando, ela não tinha intenção de trabalhar lá. Em todo caso, ela pensou que talvez *pudesse* considerar iniciar uma empresa de consultoria e trabalhar no novo empreendimento por um contrato. Ela foi até o escritório no centro da cidade onde Rascoff e Barton reuniram cerca de uma dúzia de funcionários; ambos sequer sabiam exatamente a estratégia de negócios da nova empresa, em parte porque ainda não haviam decidido. Tudo o que tinham era um nome, Zillow, e uma ambição de transformar o setor imobiliário residencial. Depois de 2h de conversa, Bohutinsky foi para o aeroporto. Chorando, ela ligou para o namorado do táxi. "Vou me mudar para Seattle", recorda ter dito a ele.

Ao conversar com Rascoff e Barton, ela ficou animada com a chance de estar na base da construção de algo emocionante. Em vez de ser uma das engrenagens de uma enorme organização, ela ajudaria a moldar uma estratégia que transformaria uma empresa em algo significativo do zero. Para isso, tudo o que ela precisava fazer era deixar sua vida em São Francisco e aceitar um corte de 40% no salário. Seu novo pacote de remuneração, como em muitas empresas iniciantes, era mais voltado para incentivos em ações do que compensações em dinheiro, e

Bohutinsky nem sequer tentou estipular seu valor potencial em sua contabilidade mental, dadas todas as incógnitas. Ela e o namorado concordaram que, depois de um ano no Zillow, se as coisas estivessem indo mal, ela desistiria e voltaria para São Francisco, e se tudo desse certo, ele se mudaria para Seattle. E foi ele quem precisou se mudar.

Em seu primeiro dia no Zillow — havia cerca de 30 funcionários quando ela começou a trabalhar —, Bohutinsky encontrou uma mesa com um computador ainda na caixa. Ela precisou desembalar e conectar o monitor sozinha, porque ainda não havia um departamento de TI. Foi a primeira de suas muitas percepções sobre as diferenças entre trabalhar em uma empresa jovem e ambiciosa e uma empresa mais bem estabelecida. Quando a conheci, 13 anos depois, no início de 2018, nos escritórios do Zillow — agora no 31º andar de um prédio de luxo com uma vista que vai do Puget Sound até o Monte Rainier em um dia de céu limpo —, Bohutinsky havia passado de diretora de relações públicas de uma empresa com 30 funcionários ainda tentando definir seu modelo de negócios para diretora de operações de uma empresa de capital aberto com um valor de mercado de US$6 bilhões e quase quatro mil funcionários.

Quando o Zillow foi lançado em 2006, não havia orçamento para publicidade ou outros esforços de marketing convencionais; todos os envolvidos aprenderam a lição das empresas virtuais no final dos anos 1990 que acabaram no ostracismo. Isso significava que a área que Bohutinsky cuidaria — relações públicas — era duplamente importante; a estratégia de marketing do Zillow era desenvolver novidades e usuários, contando uma história interessante em vez de gastar dinheiro em propagandas. "Parte do acordo quando fui contratada era 'OK, você é a diretora de comunicações, mas isso *é* o nosso marketing'", contou.

Em organizações maiores, incluindo onde Bohutinsky trabalhava anteriormente, os desenvolvedores de produtos tendiam a trabalhar na construção de um produto e, depois que estivesse pronto para lançamento, a equipe de relações públicas trabalhava para conseguir cobertura de mídia ou outra forma de divulgação. O marketing era uma operação totalmente separada. O que Bohutinsky considerava empolgante sobre seu trabalho em uma startup era que essas divisões simplesmente não existiam. Ela acompanhava Rascoff, Barton e a equipe de produto, enquanto eles descobriam o que estavam tentando construir e como iriam executá-lo.

Seu insight básico: havia muita informação sobre o mercado imobiliário em fontes difíceis ou caras de se acessar. Os registros de transações fiscais e de propriedade estavam enterrados em milhares de agências governamentais das jurisdições locais. As corretoras de imóveis e os serviços de anúncios queriam controlar o acesso a seus bancos de dados, para que qualquer pessoa que comprasse ou vendesse um imóvel precisasse usá-los. A visão do Zillow era que disponibilizar todas essas informações online em um só lugar, gratuitamente, com uma experiência de usuário acessível e ferramentas úteis, poderia tornar o site um destino para quem quisesse comprar, vender ou alugar um imóvel, ou até mesmo aquelas pessoas tomadas pela curiosidade ociosa sobre seus vizinhos. E os fundadores apostavam que esse grande público seria inestimável para corretores imobiliários, financiadores de hipotecas e outros agentes que prestassem serviços ligados à habitação, que, por sua vez, pagariam muito dinheiro para ter acesso aos usuários do Zillow.

Durante longas horas tentando descobrir qual seria seu primeiro produto de consumo, a equipe percebeu que tinha dados suficientes para fazer uma estimativa razoavelmente precisa do valor de quase qualquer residência nos EUA, usando um algoritmo complexo que incorpora as vendas recentes de imóveis nas proximidades, registros de transações anteriores, autuações fiscais e muito mais. Bohutinsky estava na sala enquanto tentavam aprimorar a criação do que ficou conhecido como o "Zestimate", uma ferramenta que permitia que os usuários descobrissem quanto sua casa — ou a do vizinho ou cunhado — valia, com base nas transações mais recentes nas proximidades.

Na verdade, o modelo estatístico gerou não apenas uma estimativa única, mas um intervalo confiável. Mas Bohutinsky estava na sala com os desenvolvedores de produtos, ajudando a entender como este serviço poderia ser divulgado para o mundo, e eles decidiram que um único número — *Sua casa vale US$260 mil —* teria mais chances de atrair o interesse do que um eloquente: *Podemos dizer com 70% de confiança que sua casa vale entre US$227 mil e US$307 mil.*

Nas reuniões, Bohutinsky enfatizava os esforços para tornar Zillow um nome familiar. Ela se concentrou no uso de "Zillow" como verbo. Ela esperava que as pessoas pudessem falar de "Zillowing" ("dar um Zillow", em tradução livre) como o termo para procurar uma casa, assim como usam "Googling" (em português coloquial, "dar um Google") para representar fazer uma pesquisa na web.

A empresa estabeleceu uma meta elevada de atingir um milhão de usuários por mês dentro de seis meses após o lançamento. Eles atingiram esse número em três dias, e chegaram aos cinco milhões após um mês.

Aqueles que mais prosperam em ambientes de startups têm mais facilidade de aceitar a ambiguidade, com uma falta de hierarquia ou linhas departamentais claras. A recompensa é que essa ambiguidade permite uma experiência mais profunda e abrangente em questões estratégicas cruciais do que em uma empresa mais estabelecida. Podemos ver de perto como várias partes de uma empresa — desenvolvimento de produtos, vendas, marketing, finanças, etc. — se cruzam muito mais do que acontece com uma pessoa com um nível de experiência comparável em uma organização maior. Bohutinsky disse: "Estar envolvida com a estratégia do produto é algo que eu só poderia vivenciar em uma startup na fase inicial. Éramos somente um grupo de pessoas em uma sala meio vazia, e isso me preparou para perceber no futuro que eu tinha uma voz no que criamos que não seria ouvida de outra maneira."

À medida que a empresa crescia, ela se tornava menos a pessoa de RP que tinha como missão tentar conseguir uma cobertura favorável da mídia e mais parte da equipe que moldava a estratégia da empresa. Ela não tinha a experiência tradicional que se espera de um diretor de marketing — e nem tinha um MBA ou experiência como gerente de marca de uma grande empresa de produtos de consumo, por exemplo — mas quando o Zillow começou a fazer uma publicidade mais convencional, ela assumiu essa função. Ela estava na liderança sênior quando a empresa realizou sua oferta pública inicial em 2011 e comprou o site imobiliário rival Trulia em 2015, quase dobrando de tamanho da noite para o dia. Rascoff e Barton a nomearam COO em um momento em que a fusão dessas duas empresas era um imperativo operacional urgente de aposta na companhia. Perguntei a Bohutinsky por que ela achava que eles lhe deram uma vaga para a qual seus antecedentes e experiência eram tão atípicos. "Acho que isso vem dos anos mostrando que, se eu receber algo que não tenho muito conhecimento, descobrirei como lidar com isso e como formar equipes para fazê-lo, e tentar entender o que não sei", refletiu ela.

Essa é a questão quando ingressamos em uma empresa aspirante. A compensação em dinheiro provavelmente será relativamente baixa, e as opções de ações mais frequentemente não valerão nada (Bohutinsky deu sorte nesse sentido). A carga horária será longa, as vantagens nada impressionantes, e talvez você precise configurar seu próprio computador. A verdadeira recompensa é a oportunidade de aprender exatamente do que você é capaz em um ambiente em que regras e procedimentos de uma empresa mais estabelecida não existem.

Pode ser uma experiência de tudo ou nada para se tornar ótimo de Pareto, uma chance de aprender como as partes móveis de uma empresa se encaixam de modos que apenas executivos experientes e seniores de empresas vencedoras entendem. Em vez de pensar em sua remuneração como inteiramente proveniente de um salário (abaixo do esperado) e de ações (arriscadas), no início, pense na sua experiência de aprendizado como parte dela. E, com um pouco de sorte, pode ser que você esteja no começo de algo grande.

AS ESQUECÍVEIS: MARK MASON E A ARTE DA RECUPERAÇÃO

Quando Mark Mason era pequeno, sua família morava em um apartamento próximo a uma funerária, operada por seus pais, no sul da Califórnia. Era um negócio difícil, oferecer empatia e ajuda às pessoas que lidavam com a morte de um ente querido. Tendo visto o quanto seus pais trabalhavam e o quão emocionalmente desgastante era, Mason decidiu não seguir nos negócios da família e se tornou contador. No final das contas, desenvolveria sua carreira, em grande parte, em um ramo muito próximo da morte, de qualquer forma.

Quando era um jovem contador na Deloitte & Touche em 1990, em Orange County, Califórnia, um cliente de incorporação imobiliária recrutou Mason como seu diretor financeiro. Ele entrou na empresa durante o início de uma grave recessão imobiliária. A empresa era funcionalmente insolvente e, como se viu, seu trabalho tinha como missão ajudar no desenvolvimento de uma recuperação — vender ativos e reestruturar dívidas, além de tentar fazer com que a empresa consiga funcionar por mais um dia. Em pouco tempo, ele aprendeu muito sobre negociações de alto risco e como lidar com uma empresa em crise. Eles mal haviam começado a reestruturação, embora a experiência tenha deixado Mason pronto para retornar à segurança de um emprego em uma grande empresa de contabilidade, em que poderia gradualmente continuar sua escalada para tornar-se sócio.

"Voltei à Deloitte e dei um passo para trás, tanto em compensação quanto em posto", disse Mason. "Acho que foi uma ótima lição, que muitas vezes a decisão certa em sua carreira é dar um passo para trás para dar um passo adiante. [É difícil fazer isso] porque nos acostumamos com a compensação ou o posto, mas descobri que, algumas vezes, na minha carreira, essa era exatamente a coisa certa a fazer."

Essa série de medidas significou que, em meados da década de 1990, Mason não era apenas um contador experiente, mas um contador experiente que também havia liderado a reestruturação de uma empresa problemática. Isso fez com que ele fosse chamado para atuar como diretor financeiro do Fidelity Federal Bank, uma instituição de US$5 bilhões que estava com problemas financeiros, na qual ele passou um ano novamente vendendo ativos, levantando novo capital e retornando a empresa à lucratividade. Alguns anos depois, ele retornou como CEO à empresa controladora daquele banco, outra firma em risco de falência e na qual sua função era tirar o melhor proveito dessa situação, qualquer que fosse esse "melhor" — uma verdadeira recuperação, uma falência organizada ou uma venda a preço de banana para um concorrente.

Uma das lições mais importantes que ele aprendeu nesta série de empregos em empresas em dificuldades foi a importância de ajustar tudo — dedicar-se a entender a real situação de uma empresa — e de ser realista sobre suas reais possibilidades. "Todos os negócios podem ser recuperados, mas, em alguns casos, o custo disso é maior que o valor inerente ao negócio", afirmou ele.

Por exemplo, ele foi presidente de uma empresa chamada Tefco LLC, que financiava geradores elétricos de alta tecnologia para hospitais, prisões e outras instituições. Mas o alto custo inicial dos geradores desanimava os possíveis compradores e a empresa afiliada que os fabricava faliu em 2009. "Há situações em que o que seria preciso para voltar a uma posição lucrativa custa mais do que os lucros futuros da empresa jamais poderiam compensar. Seus esforços heroicos podem ser mais do que a situação merece. E há empresas que são construídas sobre o trabalho de pessoas honestas, com boas ideias e economia incapaz de sustentar lucrativamente essa ideia."

Foi assim que ele se viu à procura de seu próximo emprego, exatamente quando uma crise financeira e uma profunda recessão causavam estragos no setor bancário dos EUA. O HomeStreet Bank era uma instituição familiar com 90 anos de mercado, em Seattle, com cerca de US$3 bilhões em ativos e, ao que parecia, problemas proporcionais. Metade de sua carteira de empréstimos era para construtoras, com boa parte deles assegurados por terras em estado bruto. Com as vendas e os preços das casas despencando, as construtoras não conseguiram mais cobrir suas dívidas e o valor da terra subjacente estava despencando, o que significa que as garantias do banco não valiam o mesmo que quando os empréstimos foram feitos.

Ah, e toda a economia global estava em queda livre. Toda sexta-feira à tarde, os reguladores dos bancos americanos chegavam às portas dos bancos que julgavam insolventes em Chevrolet Suburbans pretos e depois passavam o fim de semana fechando o banco e transferindo seus depósitos e livros de empréstimos para um comprador mais forte — o objetivo era garantir a fé no sistema bancário, certificando-se de que os clientes nunca passassem um dia útil sem acesso a seus depósitos. Somente em 2009, os reguladores fecharam 140 bancos, e o HomeStreet estava evidentemente no topo da lista de alvos. "Toda sexta-feira circulava o rumor de que seríamos fechados", disse Mason. Sempre que um cliente que dirigia um SUV preto entrava no estacionamento naquele dia, o medo tomava conta de todos. Mason achava que o banco tinha um fundo de capital de emergência decente e não estava tão perto de ser fechado; mais tarde, seus reguladores o ensinaram que não era bem assim. "O HomeStreet esteve no topo de sua lista de fechamento por muitas e muitas semanas." Um agente lhe contou depois. Como uma publicação do setor bancário declarou: "Parecia que mais reguladores prestavam atenção ao HomeStreet Inc. do que investidores."[12]

Um risco de trabalhar em uma empresa esquecível é que o dinheiro é, quase por definição, escasso. Mas Mason argumenta que pequenos cortes no orçamento não recuperarão uma empresa falida. No momento em que uma empresa se encontra em apuros, o orçamento de viagens provavelmente já foi reduzido ao máximo, trabalhadores claramente avulsos já foram demitidos, quaisquer vantagens luxuosas já foram controladas. No caso do HomeStreet, muitos dos 550 funcionários tinham poupanças em um plano de propriedade de ações da empresa — o que, considerando que o banco estava quase insolvente, significava a perda de grande parte de suas poupanças. Mas Mason concluiu, a partir de seu trabalho anterior em empresas problemáticas, que manter a maioria desses funcionários era essencial. "Antes de tudo, é preciso estabilizar a base de trabalho e não perder pessoal... Portanto, é preciso ser transparente sobre o que está acontecendo e quais são os possíveis resultados, e por que todos terão um resultado potencialmente positivo para os funcionários", afirmou. "Normalmente, os problemas com uma empresa em situação de recuperação são culpa da liderança anterior, não da gerência intermediária ou de outros funcionários. E quando mudamos a estratégia, as pessoas se tornam melhores."

A estratégia de Mason, em vez disso, focou em ser rápida e indolor: vender ativos, reconhecer perdas e insistir para que a equipe não sucumbisse à "falácia dos

NAVEGANDO PELO MUNDO DO TUDO OU NADA   183

custos irrecuperáveis". As pessoas são naturalmente relutantes a aceitar grandes perdas em empréstimos que eles ou seus colegas fizeram poucos anos antes — elas querem esperar até que o mercado mude ou que o preço da terra retorne ao que parece justo. Mas em uma situação de crise como a do HomeStreet, o tempo não era algo que eles tinham de sobra. "Se tivéssemos mantido toda essa propriedade, ela teria retornado em valor", afirmou Mason, em 2018. "Mas teríamos fracassado e não estaríamos aqui para colher os frutos."

Trabalhar em uma empresa problemática, mesmo que não seja em seu comando, acarreta uma estranha combinação de características de empresas vencedoras e aspirantes. Existe a incerteza e o risco das aspirantes combinados com parte do processo de solidez e burocracia das vencedoras. Essa não é uma combinação que beneficia a todos. Mas há também algo gratificante em tornar uma empresa estabelecida, mas com problemas, na melhor versão de si mesma possível. E, como a experiência dos aspirantes, uma empresa em declínio pode oferecer oportunidades que uma grande e próspera empresa não ofereceria; Mason tinha trinta e poucos anos quando teve sua primeira experiência como CFO em uma empresa imobiliária com problemas.

"Acho que é preciso primeiro analisar o valor experimental de cada oportunidade de trabalho", disse Mason. De fato, os empregos em empresas esquecíveis podem oferecer experiência, ferramentas e responsabilidades que você talvez não assuma em uma situação normal, "porque o que acontece nas recuperações é que as pessoas têm oportunidades de ampliar suas capacidades e a chance de, embora esteja longe de ser garantido, extrair experiência e resultados profissionais muito melhores do que se trabalhassem para uma empresa mais saudável." Em situações desesperadoras, a liderança de uma empresa pode estar mais disposta a testar estratégias não convencionais e confiar em funcionários menos experientes do que uma empresa dominante e lucrativa como a Microsoft jamais faria.

Mason fez questão de se concentrar em gratificar os departamentos por sucessos intermediários no plano geral de reconstrução da proporção de capital do banco. Para esses funcionários que haviam perdido grande parte de suas economias e estavam com medo de perder seus empregos no meio de uma recessão, o objetivo era deixar claro que havia um plano e que executá-lo com sucesso — realizar uma venda complicada de ativos com velocidade recorde, por exemplo — traria recompensas. "Depois de um tempo, caso se mostre confiante e continue apontando nosso alvo, em que ponto do plano estamos, em que estamos nos saindo melhor, isso ajuda a tornar as pessoas mais confiantes."

E funcionou. Em 2012, as finanças do HomeStreet eram sólidas o suficiente para conseguir levantar novo capital, por meio de uma oferta pública inicial.

À medida que o mercado imobiliário melhorava, o HomeStreet se tornava mais agressivo, abrindo novas agências e adquirindo alguns concorrentes menores.

Trabalhar em uma empresa esquecível não é necessariamente uma coisa ruim. É importante que você entenda as desvantagens (orçamentos apertados, riscos inerentes) e se importe muito com as coisas que podem tornar o trabalho gratificante — a oportunidade de ser um investidor de valor em sua própria carreira e mostrar que uma marca mais antiga ainda tem vida pela frente.

Me despedi de Mark Mason confiante em duas coisas: que uma carreira trabalhando em empresas problemáticas e em apuros era exatamente perfeita para ele, e que não era ideal para todos. Mas podemos dizer o mesmo da carreira de Amy Bohutinsky, pela qual ela largou sua vida em São Francisco e aceitou um corte de salário para ingressar em uma empresa de 30 funcionários, sem garantia de que sobreviveria à segunda rodada de financiamento de risco. E também podemos dizer isso sobre Nick Caldwell, que passou os primeiros 15 anos de sua carreira gradualmente galgando posições em uma das maiores e mais rentáveis empresas do mundo. E essas são apenas três pessoas que tiveram sucesso em uma cidade; você também pode apresentar histórias de fracasso para cada cenário: alguém que se tornou infeliz pela burocracia enquanto trabalhava em uma empresa vencedora; alguém que enlouqueceu pelo caos de uma aspirante fracassada; ou ainda alguém desgastado pelas perspectivas sombrias diante de uma empresa esquecível, em vez de revigorado pela possibilidade de recuperá-la.

Nenhum tipo de empregador é adequado para todos, muito menos para todas as fases da vida. A questão aqui é entender como uma empresa em que você cogita trabalhar se encaixa no mundo do tudo ou nada, e como se adapta à sua personalidade, ambições e tolerância a riscos. Você é um investidor com um portfólio que comporta apenas uma ação por vez. Vale a pena saber o que está comprando.

7

Quando o Software Devorou o Mundo

E COMO GARANTIR QUE VOCÊ NÃO SEJA DEVORADO TAMBÉM

Quando iniciei meu primeiro trabalho administrativo, de repente vi que precisava de um guarda-roupa com mais roupas executivas. Então fiz o que muitos jovens nessa situação fazem e fui à loja na qual meu pai comprava suas roupas. Foi assim que acabei com uma coleção de camisas sociais, blazers e assim por diante, fabricados pela Brooks Brothers, empresa que existe desde 1818, vestindo 40 dos 45 presidentes dos EUA, e na virada do século XXI, tinha lojas por todo o mundo e um movimentado negócio de pedidos por catálogo enviados pelo correio.[1] Havia uma loja da Brooks Brothers a alguns quarteirões do meu escritório e pude comprar uma camisa bem-feita pelo equivalente a uns US$100 nos anos 2000, o que era muito, relativo à minha renda na época, mas parecia um bom investimento. Talvez eu fosse um mero estagiário, mas pensei naquele velho ditado: "Vista-se para o emprego que você deseja, não para o emprego que você tem."

Alguns anos depois, minha renda era um pouco maior, e eu queria camisas que me caíssem um pouco melhor do que as versões prontas para venda na Brooks Brothers, que eu sempre achei que me deixavam um pouco quadrado. Encontrei um alfaiate de Hong Kong que visitava Washington rotineiramente e alugava uma suíte de hotel, na qual ele me mediu de todas as formas, lá pude sentir grandes pilhas de amostras de tecido e fiz meu pedido de camisas sob medida que se ajustavam ao meu corpo e às minhas preferências de estilo. Seis ou oito semanas depois, as camisas chegaram, a um custo ligeiramente superior ao das camisas dos Brooks Brothers: mais ou menos US$120 cada, o que parecia um gasto justo porque elas me vestiam muito bem.

Alguns anos depois, porém, descobri a Bonobos, uma inovadora fabricante de roupas masculinas que produzia roupas elegantes e pouco complicadas e, mais importante, estavam disponíveis para venda por meio de uma rede altamente eficiente de lojas físicas na qual você podia tocar e experimentar as roupas antes de realizar seu pedido, que chegaria um ou dois dias depois. As camisas me vestem quase da mesma forma que as feitas sob medida, custam menos — cerca de US$73 cada — e podem ser encomendadas instantaneamente online e entregues em alguns dias, sem custo adicional.

Em 2017, dois novos desenvolvimentos na estratégia corporativa de alto nível, em duas das maiores empresas do mundo, afetaram minhas escolhas de alfaiataria.

Primeiro, a Amazon começou a vender uma linha de camisas masculinas bem feitas sob uma marca própria chamada Buttoned Down, disponível apenas para assinantes do Amazon Prime. Elas custam meros US$40 e me vestem quase tão bem quanto os modelos mais caros da Bonobos.

Segundo, o Walmart gastou US$310 milhões na compra da Bonobos.

Em menos de duas décadas, deixei de comprar minhas camisas em um varejista tradicional com dois séculos de atividade, passei de um alfaiate especializado para duas megacorporações, engajadas em uma batalha de dominação do mercado varejista como um todo, brigando por um espaço no meu armário. Na verdade, a Amazon e o Walmart estão apostando que podem lucrar me vendendo camisas com a ajuda de um software que gerencie melhor sua cadeia de suprimentos, fornecendo uma melhor experiência de pedidos online que fará com que eu volte a comprar e use a tecnologia ao longo do tempo para melhor personalizar as sugestões de roupas que me são oferecidas.

Pode parecer uma mera curiosidade, mas há algo ainda maior sob tudo isso. A mudança é reflexo de uma virada em cada vez mais indústrias — mesmo as aparentemente mais tradicionais, como o mercado de camisas masculinas — para fundamentalmente focarem na implantação efetiva da tecnologia digital. Quase todo trabalhador profissional está envolvido na indústria de software em algum nível, mesmo quem trabalha com design e venda de camisas masculinas. Isso certamente não significa que todos são ou deveriam ser programadores de software. Mas significa que devem entender e aceitar o fato de que a competitividade no século XXI é cada vez mais sobre quem tem o melhor software.

A ERA DO SOFTWARE E OS NOVOS TERMOS DE CONCORRÊNCIA

Em 2011, o influente capitalista de risco Marc Andreessen publicou um ensaio no *Wall Street Journal* intitulado "Why Software is Eating the World." ("Por que o Software Está Devorando o Mundo?", em tradução livre.)[2] Ele argumentava que todas as grandes indústrias passavam, naquele momento, por agitações devido ao aumento da tecnologia digital e que o sucesso ou o fracasso de certa empresa seria determinado pela forma como ela se adaptaria a este mundo e lideraria essa revolução. Anos depois, lendo o texto, é impressionante como hoje muitos dos elementos de seu argumento, na época considerados ousados, se tornaram senso comum. Por exemplo, grande parte se dedica a opor-se à ideia predominante de que as ações de empresas de tecnologia estivessem em algum tipo de nova bolha. No dia em que o ensaio foi publicado, a Amazon negociava cada uma de suas ações por US$179; sete anos depois, o preço encontra-se nove vezes mais alto.

Porém, mais interessantes do que as flutuações do mercado de ações são as maneiras pelas quais as forças descritas por Andreessen foram exercidas nos anos

190 COMO VENCER NO MUNDO DO TUDO OU NADA

seguintes. Como já vimos repetidamente neste livro, indústrias tão variadas quanto cinema, automóveis e hotéis — aquelas que não seriam convencionalmente consideradas como "a indústria da tecnologia" — são definidas cada vez mais por quem faz o melhor uso da tecnologia de computação para fornecer produtos ou serviços com mais eficiência. Consideremos mais alguns exemplos:

- Em 2018, a Disney sofria intensa pressão em dois de seus negócios tradicionais: menos pessoas estavam dispostas a pagar os preços cada vez mais altos dos cinemas, e os jovens tinham cada vez menos inclinação a assinar TV a cabo, um fator de enorme receita para a ESPN e outros canais fechados de propriedade da Disney. A companhia enfrentou esses desafios com uma grande aposta na criação de um serviço de streaming que rivalizaria com a Netflix. Uma empresa centenária que ficou famosa por criar personagens memoráveis que se tornaram parte intrínseca da nossa cultura, em outras palavras, terá sucesso ou fracassará, dependendo de sua capacidade de criar compactação de dados, algoritmos de recomendação e uma experiência interativa para o usuário de primeira classe.

- As empresas petroleiras estão em um tipo de competição computadorizada. Com os supercomputadores, elas podem, de forma mais eficaz, prever onde vale a pena extrair petróleo e como manter sua capacidade de produção existente. Um funcionário da BP disse ao *Wall Street Journal* que a empresa conseguiu modelar 40 anos de dados sobre suas operações no Alasca e a manutenção de seus 1.300km de dutos foi feita com menos inspeções pessoalmente que custavam muito caro graças à melhora na capacidade dos computadores em prever quais tubos provavelmente sofrem corrosão.[3]

- A BlackRock é a maior gerenciadora de ativos do mundo, com US\$6,3 trilhões sob sua gestão no início de 2018. Mas a empresa entende sua vantagem crucial, e área de crescimento, não tanto quanto o negócio tradicional da compra de ações e títulos em nome dos clientes, mas também como a oferta de uma plataforma de dados que permite aos clientes tomar melhores decisões sobre quais ativos desejam. Em 1998, a empresa criou o software Aladdin como uma ferramenta interna de gerenciamento de riscos e, em 2017, foi usado por 85 investidores institucionais com US$20 trilhões em ativos, realizando 250 mil negócios por dia.[4] O CEO da BlackRock, Larry Fink, afirmou que a expectativa é de que as taxas de licenciamento do Aladdin representem 30% da receita da empresa até 2022.

- Em 2017, a John Deere, fabricante de equipamentos agrícolas e maquinário de construção pesados, adquiriu uma empresa chamada Blue River Technology. A Blue River tinha pouco capital tangível, mas era uma inovadora em software que conseguia identificar problemas com reconhecimento óptico e aprendizado maquinário.[5]

O que nos leva ao que essa realidade — de que toda empresa é, de forma significativa, uma empresa de software — significa no gerenciamento de sua carreira. Há uma tentação de seguir um conselho fácil como "aprender programação", que não é necessariamente errado, mas certamente incompleto. O cérebro de muitas pessoas não é "feito" para que elas sejam boas desenvolvedoras de software, para começo de conversa. E cada dia mais, tarefas de programação de baixo custo estão se tornando um trabalho relativamente mal pago.

Mais fundamentalmente, cada uma dessas empresas continuará empregando muitas pessoas que não são programadoras de software. A observação de que "toda empresa é uma empresa de software" basicamente não significa "o trabalho de todo funcionário é criar software". Não importa quantos petaflops de capacidade de supercomputação a BP tenha, ela ainda precisa de engenheiros de petróleo, químicos e contadores. A BlackRock precisa de traders que possam fazer um bom uso de seu software de dados financeiros para os clientes. A Disney precisa de brilhantes mentes criativas para criar os personagens que liderarão a próxima franquia de filmes bilionária, e há uma boa chance de que essas pessoas não saibam muito sobre compressão de dados ou algoritmos de recomendação.

COMO VENCER NO MUNDO DO TUDO OU NADA

Mas também não quer dizer que os não tecnólogos possam simplesmente ignorar o aumento da primazia das tecnologias digitais no núcleo de inúmeras empresas. Diversas vezes, ouvi que eles precisam entender essas mudanças e estarem empolgados e dispostos a ajustar suas próprias maneiras de trabalhar, para serem bem-sucedidos.

O que isso significa na prática e o que representa para uma pessoa — especialmente um não tecnólogo — navegando por uma carreira? Atrás de respostas, visitei outra empresa envolvida na batalha pelo espaço das camisas sociais no meu armário, que está na vanguarda do uso de software na fabricação das coisas macias que vestimos.

TRUQUES NAS MEIAS E ROBÔS ALFAIATES

Em 2007, Aman Advani conseguiu seu primeiro emprego depois de se formar na faculdade, como consultor de estratégia. Seu trabalho consistia, em grande parte, de viajar para encontrar um cliente na segunda-feira de manhã e trabalhar 18h por dia antes de voltar para casa na quinta-feira à noite — e repetir tudo isso na semana seguinte. Manter um bom estoque de roupas formais era, para usar um termo que os jovens consultores gostam muito, "ponto dolorido".

"Se você não buscasse suas roupas na lavanderia no fim de semana, provavelmente estaria às 6h da manhã procurando lojas de roupas abertas em Columbus, Ohio, atrás de uma camisa", disse Advani. "Rapidamente, você percebe que é um saco ter que se preocupar com passar as roupas, lavagem a seco e lidar com as manchas de suor, e até o final do dia está parecendo um louco."

Advani se irritava com a obrigação de usar roupas sociais durante longos dias de trabalho. Mas as noites eram diferentes. Depois do jantar, ele vestia suas roupas de ginástica — geralmente produtos Dri-FIT da Nike — para continuar seu trabalho no saguão do hotel. Eram peças muito mais confortáveis. Elas se esticavam com seu corpo e absorviam o suor, mantendo-o seco. Ele estava convencido de que o conforto melhorava sua eficácia. "À noite, eu arrasava", disse. "Eu trabalhava como nunca às 21h, usando minhas roupas de academia."

Formado em engenharia, Advani começou a testar alguns truques de vestuário. Um deles foi um fracasso infeliz: ele tentou aplicar fita adesiva na parte interna da meia, para que não escorregasse ao longo do dia. No final, esse se mostrou um erro doloroso para qualquer homem com pernas peludas. Outro experimento teve um resultado melhor. Advani cortou a parte do pé de um par de meias de lã pretas e costurou a parte superior em uma meia Dri-FIT da Nike. Para um colega que por acaso visse seu tornozelo, parecia que ele usava uma meia formal padrão; no entanto, ao redor do pé havia um tecido avançado que absorvia o suor e proporcionava mais conforto ao caminhar.

A muitos quilômetros de distância, Gihan Amarasiriwardena fazia um trabalho estranhamente semelhante.

Alguns anos antes, Amarasiriwardena estudava engenharia química e biológica no MIT. Um ávido corredor, ele estava irritado por suas camisas sociais não terem uma reação tão boa ao suor quanto suas camisas de corrida. Então, ele costurou suas próprias camisas com material de camisetas de corrida para atingir esse objetivo. Em 2011, Advani começou a estudar no MIT para seu MBA. Um professor percebeu que ambos tinham interesses semelhantes e fez a ponte. Eles e seus colegas de turma do MIT, Kit Hickey e Kevin Rustagi, logo começaram um negócio juntos, iniciando uma campanha no Kickstarter para levar ao mercado uma camisa social com tecidos avançados. A empresa se chamava Ministry of Supply, uma referência ao uniforme militar britânico da época da Segunda Guerra Mundial, que também servia de cobertura para um lendário inventor de dispositivos de espionagem, Charles Fraser-Smith.

Parte de seu trabalho na criação da empresa seria familiar para qualquer um com experiência na indústria de vestuário. Eles viajaram de sua base em Boston para o Garment District em Nova York buscando identificar fabricantes e distribuidores, por exemplo. Mas muito do que eles estavam fazendo era implementar uma estratégia e um modo de trabalho totalmente alheios à indústria.

194 COMO VENCER NO MUNDO DO TUDO OU NADA

Por exemplo, tradicionalmente um designer desenharia uma camisa, selecionaria um tecido, costuraria uma amostra, o modelo apareceria em um desfile, depois as camisas seriam fabricadas e distribuídas nas lojas na expectativa de que os clientes as comprassem. A Ministry of Supply assumiu o desenvolvimento de produtos da maneira que uma empresa de tecnologia faria, com conceitos como "produto mínimo viável", "design iterativo" e "teste de a/b". Eles produziram pequenas tiragens de 50–100 camisas, depois testaram quais tecidos e desenhos fizeram mais sucesso com os clientes antes de produzir mais produtos. "O design industrial é realmente construído sobre esse equilíbrio de estética e utilidade, e esse é o nosso processo", contou Amarasiriwardena. "Criar um protótipo, testá-lo e usar esse feedback para criar a próxima versão. Pouquíssimas casas de moda mostrariam seus produtos antes que chegassem à passarela. Nosso processo é o oposto.

Na Ministry of Supply, o processo de design está entrelaçado com marketing e produção. Desde o início, a empresa usou software de design 3D, incluindo um pacote chamado CLO, o mesmo tipo de software usado por estúdios como Pixar. O processo começa com um modelo do corpo humano, em vez de ter um designer desenhando uma camisa ou casaco esportivo com um lápis, basicamente começando pela aparência da roupa. Cada nova peça de vestuário é projetada para testar como será seu movimento com os músculos e ossos de uma pessoa, e como reagirá ao calor e ao suor do corpo. "Se usássemos um processo de design tradicional, usaríamos um modelo de prova para testar como uma peça de roupa se encaixaria. Mas conseguimos modelar como a roupa caberá em uma pessoa quando ela estiver de pé, e modelar quando ela move a perna. Podemos realmente mudar a tensão do tecido e ver quanta força é necessária para esticar e dizer: 'Na verdade, isso ficará muito apertado na parte de trás, então precisamos criar um painel especial aqui para liberar um pouco dessa tensão', e podemos fazer isso sem a necessidade de um modelo de prova."

Segundo o relato de Amarasiriwardena, a indústria de vestuário tem se concentrado há décadas em melhorar sua eficiência, mudando sua produção para locais com baixo custo de mão de obra — a China nas décadas de 80 e 90, e, mais recentemente, Vietnã, Bangladesh e Etiópia — enquanto houve subinvestimento no aproveitamento dos benefícios da tecnologia avançada. "Houve uma estagnação no desenvolvimento da indústria de vestuário", disse ele. "Não conseguimos aquele efeito da lei de Moore" — o impressionante e exponencial aumento da velocidade de processamento computadorizado nas últimas décadas — "com roupas, porque o ramo sequer alcançou essa era digital. Mas cada vez mais conseguimos fazer isso acontecer, tanto no design quanto na fabricação."

O exemplo mais extremo disso é uma possível mudança para as máquinas de tricô 3D que são, na verdade, robôs que fazem o trabalho de alfaiate. Essa tecnologia começou a ser usada em 2018, mas a Ministry of Supply tem feito alguns testes com ela. Em sua loja na Newbury Street, em Boston, há uma máquina de US$190 mil que tricota um blazer customizado, um dispositivo monstruoso com quatro mil agulhas que é tão grande que a porta da loja teve que ser temporariamente removida para que fosse colocado lá. Com o tempo, ela poderá personalizar de acordo com as preferências de tamanho e cor do comprador. Não é exagero imaginar que o futuro dos negócios de vestuário sofisticado será disputado nas bases de quem tem à sua disposição os melhores robôs alfaiates.

Tudo isso ajuda a explicar por que as unidades digitais da Amazon e do Walmart estão tentando me vender camisas sociais. Um setor que sempre foi dominado pelo artesanato e pelo trabalho físico está se transformando em um setor em que economias da informação crescem desenfreadas. Os vencedores no setor de vestuário não serão aqueles que conseguirão garantir a mão de obra mais barata ou oferecer a maior rede de lojas. Na verdade, serão aqueles capazes de usar da melhor maneira as informações para projetar peças de vestuário, integrar esse design aos processos de produção e fazer uso do software no controle dessa produção. Pode até haver grandes empresas vencedoras, como a Amazon e o Walmart, ou empresas iniciantes como a Ministry of Supply. E algumas das empresas existentes que correm o risco de se tornar esquecíveis conseguirão se reinventar ou agonizar por um tempo surpreendentemente longo. Amarasiriwardena argumenta que a reinvenção se mostrará mais difícil do que parece.

196 COMO VENCER NO MUNDO DO TUDO OU NADA

"As pessoas nos perguntam o tempo todo: 'Por que a Brooks Brothers não faz isso?' ou 'Por que a Banana Republic não faz isso?'", conta ele. "E a resposta é que seria preciso que eles reconfigurassem todo o seu processo de design e produção. Nenhuma fábrica que hoje fabrica uma camisa da Brooks Brothers está disposta a comprar uma soldadeira por ultrassom, e sabemos disso porque conversamos com todas elas. Ou, no caso da Gap, estamos falando em mudar todo o sistema de fabricação de uma empresa de US$16 bilhões. Estamos falando de contratar uma equipe de design composta por metade engenheiros e metade designers tradicionais. Não é tão simples. É uma mudança no ecossistema."

Independentemente de como a indústria do vestuário mudará nos próximos anos, isso é claro: os termos da concorrência estão mudando e alguém que procura ter uma carreira vibrante na indústria precisa acompanhar tal mudança. Como é trabalhar na indústria da moda em uma época em que o software está devorando o mundo? Advani e Amarasiriwardena chegaram à indústria com formação em engenharia, mas e se essa não for sua habilidade — se seu foco for outra dimensão da indústria do vestuário, como os aspectos mais puramente estéticos da moda?

À medida que a Ministry of Supply crescia e ampliava seu catálogo para além de camisas e meias, e incluía modelos mais diferentes e ofertas para homens e mulheres, Advani e Amarasiriwardena sabiam que a engenharia por si só não seria suficiente. Eles precisavam de alguém que entendesse não apenas os aspectos técnicos do design, mas também como gerenciar uma linha inteira e desenvolver belas roupas que as pessoas gostariam de usar para trabalhar ou sair à noite. Então contrataram alguém com um longo histórico na indústria da moda. Por acaso, com quem eu compartilhava uma ligação pessoal, mesmo que nunca tivesse ouvido seu nome. Isso porque Jarlath Mellett era encarregado do design daquelas camisas da Brooks Brothers que eu usava para trabalhar em 2001.

UM TRADICIONAL DESIGNER DE MODA NO NOVO MUNDO DOS NEGÓCIOS

Mellett chegou a Nova York, em 1981, com uma bolsa de estudos para o Fashion Institute of Technology, financiada pela Wool Weavers of Ireland, da Irlanda, seu país natal; após quase quatro décadas nos EUA, seu sotaque parece apenas levemente suavizado. Ele formou-se em malharia.

Após percorrer os círculos da moda de Nova York até meados dos anos 1990, foi recrutado para se tornar o primeiro diretor de design da Brooks Brothers. A empresa era tão tradicional que, mais ou menos, fabricava os mesmos ternos e blusas há gerações, com apenas modestas alterações para refletir as tendências. O escritório de Mellett ficava literalmente acima da loja; a sede da empresa era localizada sobre a loja da Brooks Brothers, na Madison Avenue, em Nova York. Sua tarefa era renovar a estética da empresa — adicionando um visual mais moderno. "Quando mergulhei nos arquivos da marca, percebi que era nada mais do que uma mina de ouro cheia de coisas fantásticas com que eu poderia brincar", disse-me. "Eu apenas ajustei as coisas. Demos uma alegrada nas camisas. Deixamos as gravatas vermelhas mais brilhantes; combinando com camisas de algodão estampadas em xadrez e tínhamos 12 cores na cartela, com laranja, roxo ou diferentes tons de rosa." Eles testaram novos tecidos que não amassavam e trabalharam na adaptação de uma empresa famosa por vestir executivos em ternos cinza-chumbo em um local de trabalho crescentemente casual.

A única coisa que não evolui muito foi como o trabalho de design em si era feito. Mellett se debruçava sobre uma prancheta, desenhando e então costurava uma amostra. Quando o design de, por exemplo, um suéter estava completo, um pacote com croquis desenhados à mão era enviado à fábrica, mostrando-o de todos os ângulos e medidas, e com especificações manuscritas. Não era diferente do processo de design que ele aprendeu na escola na década de 1980 e qualquer pessoa envolvida na indústria da moda há séculos teria reconhecido essa forma de trabalho.

Ele então partiu para uma função semelhante na cadeia de lojas de roupas Eddie Bauer, depois foi o responsável por desenhar roupas femininas para a grife

Theory. Era o início dos anos 2000 e a maneira de desenhar roupas estava mudando. Ele ainda esboçava roupas à mão, mas um colega transferia seu design para um software em um computador, que por sua vez era usado para criar um único conjunto de documentos que podiam ser compartilhados por toda a organização, de gerentes de suprimentos que queriam garantir que estavam com os tecidos certos até o departamento de marketing que teria a função de tentar vender a linha do ano seguinte. "Cortávamos, aparávamos, colocávamos os botões, o zíper, o forro, tudo era resolvido e feito em um só lugar."

Mas Mellett estava cansando do mundo da moda — a disputa pelo status, a mesmice esmagadora de produzir praticamente as mesmas roupas repetidamente como se pequenas mudanças de cor ou material fossem uma mudança absurda. Então, em 2005, ele se afastou e abriu uma empresa de design de interiores, deixando para trás as camisas e blusas. E esse era o seu trabalho quando recebeu uma ligação da Ministry of Supply, em 2013. Advani e Amarasiriwardena pediram que ele assumisse um projeto freelance único, desenhar um terno masculino. "Lembro-me de dizer para mim mesmo: 'Certo, se eu gostar de fazer esse projeto, posso aceitar o trabalho, mas, caso contrário, não tenho intenção de voltar a trabalhar com moda'", disse Mellett. "O que me intrigou foi essa possibilidade de perguntar 'O que as roupas podem ser?' Se você pensar bem, o telefone evolui do aparelho fixo discado para isso" — ele mostra seu iPhone — "enquanto isso, a indústria de vestuário não mudou muito, seja em tecnologia de tecido, design ou na forma como se molda ao corpo."

Ao ouvir Mellet falar de seu trabalho como diretor de design da Ministry of Supply, e suas diferenças com seu trabalho na mesma função em empresas mais tradicionais como a Brooks Brothers e Eddie Bauer, fica claro quanto da diferença não está realmente na tecnologia de design. O software de design 3D, os robôs alfaiates e a modelagem avançada de como uma camisa se estica quando a pessoa se move, tudo isso é importante — mas ele enfatiza a mentalidade por baixo disso. "Não trazemos nada ao mercado simplesmente por trazer", disse. "Precisamos ter evidências de que nosso cliente realmente deseja isso. Fazemos muitos testes de campo, ouvimos muito nossos clientes, o que está acontecendo em suas vidas. Se tivermos uma ideia do que eles desejam, aí sim podemos dar uma experimentada." Quando trabalhava com moda antes, os designers quase nunca interagiam com os clientes. "Era mais como 'esse foi nosso suéter mais vendido no ano passado, então devemos repeti-lo'."

Então, Mellet me pergunta: "Quem fez sua camisa?" Naquele dia, eu vestia uma camisa azul clara da Bonobos. "Parece ser um oxford pinpoint, certo? Esse tecido existe desde 1864, ou algo assim, e nada mudou. Agora, meu objetivo é encontrar máquinas com bitola fina que teçam tecidos como esse, porém mais leves, e que estiquem de forma incrível e se movam com o corpo, além de absorver a umidade. Isso é empolgante."

Ninguém confundiria Mellett com um engenheiro de software. Na verdade, ele ainda prefere fazer o primeiro esboço com um lápis sobre papel, o que seus colegas mais versados no software de design 3D desenham digitalmente para iniciar o processo de teste de como a roupa se encaixa, dissipa o calor, e assim por diante. Mas ele tem genuíno respeito e entusiasmo por seus colegas e parceiros dotados de profundos conhecimentos técnicos. Quando decidiram criar o blazer feito por robôs, ele passou horas sentado com o programador que sabia como criar instruções para a máquina, experimentando suas capacidades e limitações. "Podemos ver tudo. Dá para aumentar o zoom, ver como as agulhas estão funcionando, coisas incríveis. E, então, acho que a amostra ficou pronta uns dois dias depois. A beleza disso — e acho que esse é o futuro, e é algo que me deixa muito animado — é a customização. Eventualmente, cada pessoa poderá encomendar roupas em seu exato tamanho."

Fica evidente que ele não está isolando nenhum elemento quando fala sobre a indústria de vestuário se tornar um negócio de tecnologia digital. Não é apenas o software de design 3D ou os robôs, "é uma combinação de tudo — a melhor tecnologia para se comunicar com seu cliente, para receber todas as informações deles e usá-las de um modo que permita que recebam de você exatamente o que querem", afirma ele.

200 COMO VENCER NO MUNDO DO TUDO OU NADA

É óbvio que muitos profissionais que estudaram moda e design com Mellett, no início dos anos 1980, estão fora do setor há muito tempo, e muitos outros teriam dificuldades de trabalhar em uma empresa na qual o foco está em software e engenharia, em vez do design em seu sentido mais tradicional. Então, o que torna Mellett diferente? Afinal, ele ainda desenha seus croquis no papel e não consegue escrever uma única linha de código.

Ao conversar com ele e vários de seus colegas, o que mais se percebe é que a Ministry of Supply precisa dele para fundir décadas de experiência na confecção de roupas que profissionais homens e mulheres querem vestir com toda a sua tecnologia quase mágica. Os dois fundadores são engenheiros treinados pelo MIT — eles precisam de alguém com talento para design que, apesar de não ser tecnólogo, esteja genuinamente aberto e empolgado com as oportunidades que as novas tecnologias criam para a indústria da moda.

Ao pensar no sucesso de Mellett, lembrei das muitas pessoas com quem trabalhei na indústria da mídia ao longo dos anos; algumas prosperaram com a avassaladora chegada da internet em todo nosso modelo de negócios e outros desde então tiveram suas empresas compradas ou foram demitidos. O ponto comum entre quem sobreviveu e prosperou não era necessariamente uma tendência a se tornarem tecnólogos; muitos dos jornalistas da era da internet mais talentosos e bem-sucedidos que conheci não sabem nada sobre a tecnologia que faz com que palavras e imagens apareçam nos telefones de seus leitores.

Em vez disso, um jornalista de sucesso na era da internet e o designer de moda da era da internet Jarlath Mellett dividem um entusiasmo básico pelas novas oportunidades que essas novas tecnologias criam. Ambos sabem que devemos nos adaptar à tecnologia digital, não apenas fazendo o que sempre fizemos de forma ligeiramente distinta, mas sim repensando o processo de como fazemos nosso trabalho. Os funcionários bem-sucedidos do setor de mídia da era digital não fazem simplesmente o que gerações de jornalistas impressos sempre fizeram e publicam suas histórias na internet — eles repensam todo o fluxo de trabalho e seu produto para tirar proveito da nova tecnologia. E um designer de moda de sucesso da era digital, como Mellett, não se contentará em ajustar a paleta de cores das mesmas camisas que sua empresa sempre vendeu, mas repensará todo o processo de design, produção e vendas a partir dos primeiros princípios.

Em resumo, à medida que mais indústrias se tornam, em sua essência, empresas de software, não quer dizer que todos os funcionários devam ser tecnólogos. Significa que todos devem se concentrar em aproveitar ao máximo essas tecnologias.

A ERA DA IA: O AUXILIAR DE CONTABILIDADE E O JARDINEIRO

Por mais útil que a abordagem de Mellett seja para a navegação de uma carreira em um setor dominado pela revolução digital, depender apenas da sua atitude nem sempre será suficiente. Essa revolução, por natureza, consiste em tornar certos tipos de empregos e habilidades obsoletos em sua totalidade. A habilidade de Mellet de adaptar sua forma de trabalho à indústria da moda como um negócio de software não teria sido muito útil se, de repente, o software conseguisse, com muito talento, criar camisas, blazers e vestidos.

Então, o que isso significa para alguém que queria ter uma carreira longa e bem-sucedida em uma época na qual, a cada dia, os computadores estão mais inteligentes e os robôs mais hábeis?

James Manyika dedica muito tempo a essa questão — tanto como sócio na McKinsey estudando o futuro do trabalho quanto como pai de um adolescente que em breve ingressará neste mundo. Entre outras coisas, a equipe de Manyika no McKinsey Global Institute, o think tank interno da empresa de consultoria, trabalhou para desvendar os detalhes envolvidos em diferentes trabalhos, para entender quais deles são altamente vulneráveis a uma substituição por máquinas e quais estão relativamente seguros.

Um empreendimento de pesquisa chamado O*NET trabalha há anos na análise de cada uma das centenas de empregos e foca em isolar suas ações específicas inclusas. Por exemplo, ser gerente de uma loja de varejo pode parecer um trabalho simples. Mas a O*NET listou as 21 tarefas diferentes que um gerente de varejo provavelmente executará, as 24 habilidades tecnológicas de que ele precisa, as 23 atividades de trabalho, e assim por diante. Para quase qualquer trabalho que se possa imaginar, eles essencialmente destilam as partes constituintes dessa função. Enquanto isso, a equipe de Manyika na McKinsey buscou chegar a uma referência cruzada de cada uma das cerca de duas mil tarefas diferentes em relação à eficiência com que os computadores podem realizar a tarefa agora e em um futuro próximo. Os resultados geram um mapa de quais tipos de trabalho são altamente vulneráveis à substituição por tecnologia digital e quais deles parecem, por enquanto, relativamente seguros.

O que chama a atenção são as maneiras pelas quais suas conclusões não são uma simples questão de "empregos de alta qualificação estão seguros, já os de baixa qualificação estão em perigo". De fato, os resultados são bem diversos nesse sentido. Os detalhes do que um trabalho consiste têm maior importância do que o nível geral de habilidade envolvido.

"Pensemos em um auxiliar de contabilidade versus um jardineiro", disse Manyika. "A primeira pergunta é puramente técnica. Seria fácil automatizar o pacote de atividades envolvidas na função de auxiliar de contabilidade? Essa é uma questão técnica: eles analisam dados, interpretam-nos e assim por diante. Agora, pensemos em um jardineiro. Um jardineiro precisa reconhecer objetos, buscá-los, podar manualmente a rosa da maneira certa. Seria preciso uma tecnologia robótica muito sofisticada para conseguir navegar por um jardim em um ambiente não estruturado nunca visto antes. E, ao fazer essa pergunta, você concluirá que o trabalho do auxiliar de contabilidade é realmente mais fácil de automatizar do que o desempenhado pelo jardineiro."

Isso se torna ainda mais verdadeiro quando pensamos na economia da automação. "No caso do auxiliar de contabilidade, a maior parte do que será automatizado pode ser feita com uma plataforma e um software de computação padrão, e esses custos diminuem o tempo todo, enquanto para o jardineiro, mesmo que resolvamos a questão técnica, ainda será preciso construir uma máquina física com muitas peças móveis complexas." Além disso, os auxiliares de contabilidade são tipicamente mais bem remunerados do que os jardineiros, o que torna a economia ainda mais favorável, e eles são mais especializados, o que dificulta que um empregador os encontre.

Finalmente, temos o fator "aceitação social". Ninguém sabe, ou se importa, realmente com a maneira pela qual uma empresa gerencia suas finanças nos bastidores, mas as pessoas podem ficar desconfortáveis se seus vizinhos tiverem um gigante robô jardineiro podando suas cercas vivas.

Em termos de educação e remuneração, dinâmicas semelhantes se aplicam quando pensamos em trabalhos semelhantes. Na medicina, podemos comparar um médico de pronto-socorro com um radiologista que analisa radiografias o dia inteiro. O médico do pronto-socorro é mais como um jardineiro, reagindo a um ambiente fluido e mutável, improvisando, pulando do reparo de um osso quebrado em um minuto para o tratamento de uma vítima de ataque cardíaco, e depois tomando decisões em frações de segundo sobre se as doenças de um determinado paciente são de fundo mental ou físico. Nenhum robô poderia fazer isso em um futuro previsível (embora isso não signifique que novas inovações digitais não tornarão os médicos de pronto-socorro mais eficazes). O radiologista se parece mais com o auxiliar de contabilidade, aplicando seu conhecimento de maneira estruturada e propenso a perder seu emprego à medida que o software ficar mais inteligente.

Ou na esfera jurídica, um advogado que representa clientes perante júris provavelmente terá mais segurança do que aquele que revisa contratos o dia todo para garantir que tudo esteja certo — um trabalho mais focado em processo.

A questão é que os tipos de trabalhos em risco de extinção têm detalhes em comum, assim como os que estão comparativamente seguros. Isso deixa duas opções para quem estiver navegando por uma carreira. Uma delas é focar intensamente áreas com baixa probabilidade de automatização já que suas demandas são tão contrárias ao que computadores e robôs conseguem fazer — qualquer que seja o equivalente dos jardineiros em seu ramo.

204 COMO VENCER NO MUNDO DO TUDO OU NADA

A outra, obviamente, é se concentrar em ser o automatizador e não o automatizado. Ou seja, ser o tipo de pessoa que molda os algoritmos que permitem que os computadores realizem o trabalho que um funcionário de contabilidade, um radiologista ou um advogado que passa o dia revisando contratos poderiam fazer. É preciso agir de acordo com as lições sobre ser um trabalhador ótimo de Pareto descritas nos primeiros capítulos deste livro — alguém com profundo conhecimento em engenharia contábil *e* software, ou medicina *e* tecnologia de imagem, ou direito contratual *e* processamento de linguagem natural. Não é uma tarefa fácil, mas é um caminho claro obter sucesso neste mundo de inteligência artificial e robótica cada vez mais avançadas. "O número de pessoas que conduzem os avanços que têm formação multidisciplinar sempre me impressiona", disse Manyika. "A oferta e a demanda funcionam a seu favor, entretanto, parece cada vez mais fácil atrair pessoas com especialidades singulares."

Mas, na prática, como é fazer exatamente isso em uma organização — aplicar tecnologia digital avançada a problemas difíceis com base no mundo real, e não virtual? E como pessoas com apenas uma especialidade podem se transformar nesses tipos de trabalhadores multidisciplinares? O que significa, na prática, ser um automatizador e não um automatizado?

UM PROGRAMADOR E UM BIOLÓGO ENTRAM EM UM LABORATÓRIO...

Erin Shellman estudou economia e biologia evolutiva na faculdade, e depois se formou Doutor em bioinformática pela Universidade de Michigan, em 2012. Apesar de ter estudado ciências biológicas, ela nunca foi chegada ao laboratório; sua paixão era processar informações com computadores que analisavam código genético e outros corpos de dados imensamente complexos. "Nunca fui daquelas cientistas caricatas", disse ela, referindo-se ao que você provavelmente pensa quando falamos de laboratório de pesquisa biológica. "Tanto o meu mestrado quanto o doutorado eram programas baseados em programação."

Isso ajuda a explicar por que, depois de concluir seu doutorado, colocou essas habilidades em prática em uma arena completamente diferente. Seu primeiro trabalho foi no Nordstrom Data Lab, uma unidade da sofisticada loja de departamentos, em que trabalhou com recomendações de produtos, os algoritmos que preveem que quem compra um óculos de sol da Hugo Boss também pode querer comprar relógios da Michael Kors. De lá, ela partiu para o Amazon Web Services, no qual analisou muitos terabytes de dados para detectar como os clientes usavam os servidores na nuvem e, assim, como projetar os serviços com mais eficiência. Ela gostava do trabalho na Nordstrom e na Amazon, mas achava um desperdício não usar todo seu conhecimento de genética e biologia molecular adquiridos durante todos aqueles anos de pós-graduação.

Shawn Manchester, por outro lado, era o típico cientista que imaginamos durante seu doutorado em engenharia química no MIT. Ele fala do ato de executar uma "reação em cadeia da polimerase", uma técnica de cópia de DNA, quase como uma forma de arte. "É fácil descobrir quanto tempo alguém trabalhou em um laboratório com base no ângulo de contato entre a pipeta e o tubo do qual está pipetando", disse ele. "Um novato, faz assim", sugerindo uma inclinação de um fino tubo de vidro. "Quem tem experiência, faz assim", mostra o jeito certo. "O aprendizado meio que se parece com aprender a tocar piano."

Mas, quando estava terminando o doutorado, o medo tomou conta dele. Ele dedicou anos ao treinamento da compreensão e manipulação do DNA da levedura. Em uma conferência sobre genética de leveduras, ele ouviu o cofundador de uma empresa chamada Zymergen falar sobre a construção de uma plataforma que facilitaria que os pesquisadores solicitassem diferentes cepas de levedura, seus genes manipulados conforme instruções.

"Isso me assustou muito, para ser franco, porque minha melhor habilidade era justamente criar cepas de leveduras", disse ele. "E percebi que, muito em breve, essa habilidade seria algo que um robô poderia realizar e eu ficaria sem emprego." E se você passasse seis anos aprendendo a tocar piano, justamente enquanto alguém estivesse inventando um pianista robótico mais virtuoso do que você jamais poderia ser?

Se não pode vencê-los, junte-se a eles. Shellman e Manchester foram trabalhar na Zymergen, e conversei com eles na sede da empresa em Emeryville, Califórnia.

A empresa foi fundada por Joshua Hoffman, um ex-consultor e banqueiro, Zach Serber, um biofísico, e Jed Dean, um bioquímico. Muitos tipos de empresas precisam sintetizar organismos microscópicos, para uso direto em seus produtos ou para produção de produtos químicos que sejam difíceis ou impossíveis de criar de outra forma. Isso se mostra importante nos processos de produção de vinho e cerveja e nas fragrâncias que produzem perfumes finos; também faz parte de inúmeros processos industriais pesados, incluindo em agricultura, energia e produtos farmacêuticos.

Tradicionalmente, essa pesquisa é realizada no laboratório de Shawn Manchester, da forma tradicional. Incluindo pesquisadores de jalecos brancos desenvolvendo ideias de como certa linhagem de levedura pode ser geneticamente modificada para produzir um composto que teria utilidade, por exemplo, na produção de um novo antibiótico. Após um processo trabalhoso de mexer com pipetas — espera-se que empunhadas no ângulo certo para evitar a contaminação —, com sorte, terão um avanço promissor; mais provavelmente, terá um resultado inútil.

Pesquisadores humanos são limitados por sua própria intuição e instintos, além das limitações físicas inerentes à necessidade de manipular amostras manualmente. Uma célula de levedura pode ter cinco mil genes, cada um dos quais pode ser manipulado de inúmeras maneiras. Ao combinar aprendizado de máquina e robótica, a Zymergen pode explorar possibilidades que nunca seriam pensadas por um pesquisador humano. Manchester disse: "Dada a maneira como o design da biologia acontece, por meio de erros aleatórios, nova gênese e evolução, a melhor forma de entender isso provavelmente não é por meio de uma mente humana racional, certo? Provavelmente, esses algoritmos de aprendizado maquinários serão muito melhores nisso."

Hoffman, Serber e Dean apostam que, aplicando as mais recentes técnicas de aprendizado de máquina e robótica a essa pesquisa de biologia molecular, conseguiriam obter insights maiores, mais rapidamente. Em vez de pesquisadores individuais passarem semanas testando sua teoria mais recente, robôs poderiam administrar testes em centenas de manipulações de, digamos, DNA de levedura de uma só vez e calcular os resultados. E algoritmos sofisticados podem pegar os resultados de todos esses dados e usá-los para discernir as áreas mais promissoras para futuras explorações. Nos cenários mais otimistas, isso pode significar uma revolução na ciência dos materiais. "Houve um século de inovação na ciência dos materiais com base no que pode ser feito com as moléculas de um barril de petróleo bruto, mas a inovação realmente decaiu nas últimas duas décadas", afirmou Dean. "Realmente, não há novos materiais sendo lançados, porque há uma limitação nas maneiras pelas quais podemos misturar e combinar os componentes. Mas a biologia oferece uma infinidade de novos componentes para cientistas de materiais."

Essencialmente, sua ideia era colocar técnicas avançadas de computação em ação para resolver o que, por toda a sua complexidade científica, são problemas antigos: como criar novos materiais que sejam mais úteis para a sociedade. Mas, para isso, precisavam que pessoas como Erin Shellman, cientista de dados, e Shawn Manchester, pesquisador de biologia, trabalhassem efetivamente em conjunto.

"No fim, toda a biologia molecular que aprendi na pós-graduação era valiosa, mas, o mais importante, não era valiosa sozinha, certo?", disse Manchester. "A única forma de construir a plataforma com sucesso era colaborar muito estreitamente com pessoas que não falavam o mesmo idioma que eu."

De fato, na Zymergen e em outras empresas nas quais fiz entrevistas, a ideia de uma barreira de linguagem surgiu várias vezes como um dos obstáculos para que a tecnologia pudesse enfrentar problemas antigos.

"Era tão fácil dizer coisas como: 'Lembre-se de aspirar acima dos pellets para tirar apenas um sobrenadante'", disse Manchester: "e algum engenheiro de automação diria: 'Do que você está falando? Isso não faz sentido'".

Ao lidar com cientistas de dados e engenheiros de software da equipe da Shellman, Sheetal Modi, um engenheiro biomédico, disse que era particularmente importante buscar a raiz dos problemas, em vez de oferecer muitos detalhes técnicos. "Penso muito nas conversas que temos com nossos avós ou com uma criança da 5ª série, e meio que tudo se resume a 'Qual é a essência do que estou tentando fazer?'", disse Modi. "Acontece que podemos remover muitos dos detalhes técnicos aleatórios envolvidos em alguma coisa, caso nossa real intenção seja chegar ao cerne do problema." De fato, de acordo com ela, foi isso que a tornou boa em seu trabalho — a capacidade de captar informações de biólogos e traduzi-las a engenheiros de software e cientistas de dados.

Judy Gilbert, chefe de pessoal da empresa, descreve isso como "helicóptero", subir ou descer no nível de detalhes técnicos em qualquer conversa para se equiparar a pessoa com se está falando e com as demandas da tarefa em questão. "Você está em busca de uma altitude comum na qual possa realmente fazer as coisas", disse ela. "Pode ser necessário que você se aprofunde nos detalhes para realmente implementar, ou contar a história para outra pessoa e incluí-la. Aqui, as pessoas estão ficando realmente boas em descobrir em que nível de detalhe devem operar em qualquer conversa."

Para fazer isso efetivamente, é preciso ter a atitude certa. "É necessário uma humildade genuína, uma disposição realmente humilde, porque será constantemente humilhado", contou Shellman. "Não é raro estar em uma reunião com um roboticista, um matemático e um bioquímico, na qual todos são especialistas em seu campo, e você está lá para aprender mais do que qualquer coisa. Então, se trouxer esse mindset fixo, não vai se divertir aqui."

Dean, o cofundador, fala de uma revelação inicial que ele teve devido a essa mistura de humildade, abertura e níveis constantes de discussão técnica em helicópteros. Como cientista, seu instinto seria abordar a questão de como novas cepas de levedura modificam-se geneticamente como um cientista trabalhando manualmente em um laboratório: dos cinco mil genes do organismo, identifique os dez mais promissores e manipule-os, e então os próximos dez mais promissores, e assim por diante. Mas Shellman percebeu que o problema que descrevia era mais parecido com o que os engenheiros de software progrediram bastante na solução de uma maneira diferente: pesquisar na internet. "Quando falamos com o pessoal da ciência de dados", disse Dean, "eles dizem, tipo, 'espera aí, você tem cinco mil genes e maneiras quase infinitas de diferenciá-los? Não estamos falando de um tipo de problema de classificação em que percorremos a lista em ordem de prioridade. Este é um problema de pesquisa. Nosso foco aqui é a pesquisa, porque não sabemos o suficiente sobre a complexidade do cenário'".

Biólogos moleculares como Dean e Manchester conseguiram se tornar os automatizadores, e não os automatizados, em um modo de pesquisa que, qualquer que seja o futuro da Zymergen, se tornou o futuro da ciência industrial. Cientistas de dados como Shellman e biólogos como Modi conseguiram implantar suas habilidades analíticas e de desenvolvimento de software em pesquisas fundamentais que poderiam gerar benefícios duradouros para a vida dos seres humanos, em vez de apenas otimizar um mecanismo de recomendação de produtos ou exibir anúncios de forma ligeiramente mais eficaz.

Isso foi possível ao, primeiramente, observar as interrupções futuras e agindo de forma preventiva para que as mudanças fossem propulsoras e não destruidoras. E esse ajuste à pesquisa biológica como um negócio de software foi bem-sucedido graças à mente aberta, humildade e capacidade de adaptar seu estilo de comunicação para corresponder ao nível de experiência técnica de um interlocutor. Neste caso, qualquer pessoa cuja indústria esteja preparada para sofrer mudanças à medida que os computadores se tornarem mais inteligentes — ou seja, todos nós — pode aprender algo.

8

Devo Ficar ou Devo Ir?

COMO NAVEGAR NO MUNDO PÓS-FIDELIDADE

Um dos primeiros empregos de Patty McCord, na década de 1980, foi como recrutadora da Seagate Technology, líder em fabricação de produtos de armazenamento de computadores. Ela percebeu rapidamente que só conseguiria fazer bem seu trabalho se entendesse realmente a mentalidade dos engenheiros mais disputados, aqueles de que a empresa precisava para criar a robótica sofisticada necessária para produzir seus discos rígidos. Quanto mais ela entendia suas esperanças, sonhos e hábitos, mais conseguia identificar as pessoas certas e convencê-las a ingressar na Seagate. Ela desenvolveu alguns truques ao longo do caminho. Redes de engenheiros espalhavam dicas de restaurantes obscuros em shoppings abertos em que fazia-se a melhor comida indiana ou coreana da Califórnia. McCord visitava esses restaurantes, muitos dos quais pediam que os clientes colocassem seus cartões de visita em um pote de vidro no balcão de entrada para ganhar uma refeição grátis. Ela copiava as informações de contato dos cartões de visita, identificando alvos para o recrutamento.

O que a tornou boa no recrutamento — entender a mentalidade e as prioridades dos principais talentos da engenharia — foi o que a fez focar, com o passar dos anos, um pensamento mais estratégico. Ela não queria apenas se concentrar em preencher uma lacuna; mas sim entender a estratégia por trás da criação de uma organização de alto desempenho em que esses engenheiros e outras pessoas talentosas pudessem criar ótimos produtos. Assim, ingressou na Sun Microsystems, naquela época, uma das empresas mais importantes do Vale do Silício, em uma função mais estratégica,[1] e depois foi para uma empresa de software chamada Borland, e então para uma pequena startup, a Pure Software, como chefe de recursos humanos. Reed Hastings era o CEO.

Hastings inicialmente a contratou devido ao seu histórico de recrutamento, considerando o processo de atração de competentes desenvolvedores de software como a principal qualidade de um departamento de recursos humanos. Ao longo de 4 grandes aquisições e uma oferta pública inicial, McCord pode ver de perto todas as dimensões estratégicas da construção de uma grande e lucrativa empresa. Quando a empresa foi comprada em 1997, ela e outros gerentes seniores ficaram desempregados (apesar de receberem boas indenizações) e ela se voltou para projetos de consultoria.

Até mais ou menos um ano depois, no caso, quando ela e Hastings se esbarraram no estacionamento de uma loja de artigos para escritório perto de Santa Cruz, Califórnia, cidade à beira-mar a 90 minutos ao sul de São Francisco, onde ambos moravam. Ele estava comprando um medidor de postagens. Ele estava enviando DVDs para si mesmo para testar se quebrariam na postagem. Era o foco de sua nova ideia de negócio — enviar filmes pelos correios. Pareceu ridículo para McCord; aquela era a era das fitas cassete VHS e do domínio da cadeia de locadoras de vídeos Blockbuster. Os aparelhos de DVD custavam US$1 mil, e eram um privilégio dos nerds ricos viciados em tecnologia como Reed Hastings e um grupo muito diminuto.

Algumas semanas depois, ela recebeu uma ligação de Hastings tarde da noite. Ele a convidou para se juntar à empresa, administrando recursos humanos. Ela se lembra de ter dito a ele: "Volte a dormir. É só uma ideia idiota. É a ideia de negócio mais idiota que já ouvi na minha vida. Segundo, já trabalhei com você em uma startup. E, terceiro, estou feliz. Vou de bicicleta para o trabalho. Meus filhos sabem meu nome. Não há motivos para eu fazer isso." Mas, respondeu Hastings, e se eles pudessem criar a empresa dos seus sonhos? E se pudessem transformar todas as ideias sobre como desenvolver uma cultura de alto desempenho do zero, comparando com a Pure, na qual passaram todo o tempo integrando aquisições e lidando com pessoas e sistemas já estabelecidos?

"Então eu disse a ele: agora estou interessada", lembrou McCord. E foi assim que ela se juntou a uma pequena empresa chamada Netflix.

O CONJUNTO DA CULTURA E O SIGNIFICADO DE LEALDADE

Quando conversei com McCord, em 2018, no pátio de uma cafeteria a poucos quarteirões da praia de Santa Cruz, a Netflix era uma das empresas mais interessantes, respeitadas e valiosas do mundo, com uma capitalização de mercado de US$139 bilhões e notável poder na indústria do entretenimento, resultado de um gasto de US$8 bilhões em um único ano dedicados à criação de programação original.[2] Sabendo disso, é fácil esquecer como as coisas eram precárias na Netflix, e por quanto tempo isso durou.

Quando McCord chegou à empresa, no final de 1998, os negócios pontocom estavam a pleno vapor na corrida do ouro, e o burburinho sobre a Netflix estava borbulhando; ela poderia se tornar um portal da internet para amantes do cinema, algo como o Yahoo, diziam seus entusiastas. Mas — e isso também aconteceu com muitas outras empresas interessantes da época — sua economia simplesmente não funcionava. A empresa perdia dinheiro enviando esses DVDs para as pessoas, além de investir em funcionários para expansão em outras áreas, como publicação de resenhas de filmes online e venda de espaço de publicidade em seu site. Tudo estava sendo subsidiado pelos dólares de capital de risco que estavam perto do fim em 2000, quando os investidores perceberam quantas das promissoras empresas em que investiram eram uma miragem. A Netflix arrecadou US$50 milhões em abril de 2000, um dos últimos acordos desse tamanho antes do fechamento total dos mercados, mas era óbvio que esse valor teria que durar até que a empresa se tornasse lucrativa. Portanto, a empresa precisava reduzir sua taxa de perdas. Para reduzir essa taxa, McCord supervisionou a demissão de um terço da equipe, incluindo praticamente todos os envolvidos em áreas não essenciais, como conteúdo e publicidade.

Sua função era planejar os pacotes de indenizações e, mais importante, definir como as demissões seriam informadas. Por sua experiência com demissões em empregos anteriores, ela tinha uma ideia de como fazer isso. O que McCord queria evitar a todo custo era um processo prolongado de funcionários que se sentissem inseguros quanto à perda de seus empregos, combinados com um longo processo depreciativo de despedidas. De acordo com sua experiência, tanto quem está sendo demitido quanto quem permanece na empresa se beneficiam de um processo rápido e eficiente, por mais doloroso que seja.

Na época, a empresa era pequena o suficiente para ter reuniões semanais no estacionamento de sua sede em Los Altos. Em uma daquelas manhãs de sexta-feira, Hastings e McCord anunciaram não apenas que demissões estavam em andamento, mas que começariam naquele dia. "Não vamos dizer a eles que parte da empresa será demitida eventualmente", disse McCord. "Eu disse: 'Parte da empresa será demitida, e se o seu gerente chamá-los para uma reunião, você está incluído nisso. Temos muitos lenços de papel. Sinto muito.'" Os gerentes foram instruídos a contar àqueles que seriam demitidos de forma direta e apresentar-lhes um pacote de indenização naquela manhã, e então voltar sua atenção para aqueles que permaneceriam na empresa.

Ainda assim, eles continuaram perdendo dinheiro. A salvação veio com o barateamento dos DVD players. Naquele Natal, os preços dos aparelhos caíram para menos de US$100, e foram o presente preferido dos americanos. E, na maioria dessas caixas — nesse momento, a única forma significativa de marketing da Netflix, que já estava sem dinheiro —, havia um folheto em forma de bilhete que oferecia um teste gratuito do serviço de DVD por correio. Os negócios começaram a crescer rapidamente — mas o dinheiro ainda era escasso. Aparentemente, cada centavo que entrava era direcionado para a compra de DVDs e seu envio aos clientes. As coisas eram precárias; a Netflix manteve seu crescimento explosivo em sigilo, pois não queria que a Blockbuster ou outro concorrente mais capitalizado aparecesse e a dominasse com recursos mais profundos. Felizmente para a Netflix, a Blockbuster parecia vê-la como um mosquitinho irritante e não como uma verdadeira concorrente.[3]

À medida que o crescimento da Netflix se tornava mais sólido, a empresa começou a considerar uma oferta pública inicial, que ocorreria em 2002. Então, McCord e Hastings perceberam que tinham outro problema. Sua equipe consistia de dezenas de funcionários dedicados e entusiasmados que resistiram às vacas magras, mas nem todos eram a escolha certa para seus trabalhos no que estava se tornando uma empresa maior.

Por exemplo, no começo, a Netflix comprava DVDs de um atacadista, pagando essencialmente o mesmo preço que qualquer locadora de vídeo de bairro. Agora, a empresa estava se tornando uma das maiores compradoras de DVDs e fechando acordos diretamente com estúdios de cinema. A pessoa que era perfeitamente adequada para o gerenciamento das relações com os fornecedores na configuração anterior não era a mesma pessoa ideal para negociar um acordo complexo de dezenas de milhões de dólares com a Disney ou a Twentieth Century Fox.

"Fiz duas preparações para IPO e percebi que muitas dessas pessoas eram inadequadas para o que estávamos nos tornando", disse McCord. "Nosso pessoal adorava mesmo essa startup sem regras, né? Mas agora nos tornaríamos uma empresa pública. Agora cuidaríamos daquelas questões sofisticadas das grandes empresas."

Isso criou um dilema. Ao contrário de 2 anos antes, a questão não era mais uma crise de caixa que exigia demissões. Foi preciso decidir o que fazer com os bons e dedicados funcionários, cujas habilidades e experiência não eram mais compatíveis com o que a empresa precisava.

"Precisamos de alguém com experiência em contabilidade sofisticada, e a pessoa nesse cargo é maravilhosa e trabalha duro, mas realmente não tem as habilidades certas. Preciso de pelo menos um CPA, e ela não o possui e realmente não quer possuir. E ela meio que sonha em trabalhar como massoterapeuta." Uma opção seria colocar um funcionário como esse em um "plano de gerenciamento de desempenho", o eufemismo corporativo para uma janela limitada dada a um trabalhador com desempenho abaixo do esperado para melhorar ou ser demitido. Para McCord, isso parecia simplesmente cruel — basicamente punindo um funcionário e criando uma situação desagradável, mesmo que o funcionário não tivesse feito nada errado.

Esse foi um momento de construção para a cultura da empresa. Ela e Hastings debateram o assunto nas diversas viagens de carro indo de Santa Cruz, por uma estrada sinuosa na montanha, até Los Altos. E, no comitê executivo, os principais líderes tinham longas conversas sobre o que fazer com pessoas como essa contadora.

"Tivemos conversas intermináveis sobre lealdade", disse ela. Dentre os altos executivos que vieram de indústrias em que as pessoas costumam passar décadas em uma empresa, apenas um desempenho verdadeiramente ruim historicamente resultaria em uma demissão. O diretor de marketing vinha da Procter & Gamble, a icônica empresa de bens de consumo; o diretor financeiro vinha do setor bancário; já o chefe do produto era apenas, como lembra McCord, um cara sensível. A questão que sempre surgia era, como ela disse: "E a lealdade? O que devemos a essas pessoas?"

McCord defendeu uma demissão rápida e educada, acompanhada de uma grande indenização. Em sua opinião, essa abordagem poderia ter sido difícil — tanto para os funcionários demitidos quanto para seus ex-colegas —, mas não era cruel. "O que é realmente cruel é fazer alguém fracassar", disse. A sensação que ela tinha era de que grande parte do mundo corporativo havia desenvolvido uma aversão doentia à honestidade em suas relações com os funcionários. Mesmo quando os negócios se tornaram mais cruéis e as velhas normas sobre a lealdade ao empregador se dissiparam, os gerentes e recrutadores mantiveram o hábito de fingir que funcionários ficariam eternamente em suas vagas naquela empresa. McCord tem um desprezo particular pela tendência de se referir a um local de trabalho como família. No dia seguinte à grande leva de demissões em 2000, ela lembra que se sentou em uma cadeira e disse: "Nós não somos sua família, ok? Não perdemos parentes. Perdemos nossos colegas e amigos, e eles vão trabalhar em outro lugar, e vão viver o resto de suas vidas, felizes, se tudo der certo. 'Família' é uma péssima analogia."

Esse espírito tornou-se parte da cultura da Netflix — empresa que ela entrou para ajudar na construção. Mas McCord e Hastings não estavam apenas debatendo essas questões durante o tempo que passavam juntos no carro e nas reuniões do comitê executivo. Eles também estavam passando isso para o papel. Para eles, a cultura que estavam construindo na Netflix era algo importante e especial — que estavam criando um ambiente ideal para pessoas criativas e altamente qualificadas desenvolverem produtos fantásticos. Eles debateram diferentes metáforas para essa organização de alto desempenho que construíam. Se não eram uma família, o que seriam? McCord lembra-se de sugerir o paralelo de uma companhia de balé, com os melhores artistas trabalhando juntos. Hastings sugeriu atletas olímpicos — mas o fato de tantos esportes olímpicos serem atividades individuais, e não atividades de equipe, enfraqueceu a aplicação da metáfora para o mundo colaborativo de uma empresa moderna.

Eles preferiram uma metáfora diferente: um clube de esporte profissional — no qual se entende que todos devem se destacar no que fazem, nenhum contrato com uma equipe dura para sempre e uma pessoa cujas habilidades não atendem mais às necessidades da equipe será respeitosamente e educadamente cortada. E foi isso que entrou nos slides que McCord e Hastings apresentariam aos novos funcionários durante as sessões de integração. Chegaram a mais de cem slides. Aqui temos alguns destaques dessa primeira versão (que os líderes da Netflix revisam constantemente).

Um desempenho adequado recebe um pacote de indenização generoso.

Somos uma equipe, não uma família.

Agimos como um time profissional, não como um time de recreação infantil.

A lealdade é um bom estabilizador... Mas lealdade ilimitada a uma empresa em decadência ou a um funcionário ineficaz não é o nosso objetivo.

Para McCord, colocar tudo isso no papel e apresentar aos funcionários recém--contratados seria um exercício de honestidade. E tornou explícita uma realidade, antes implícita, em muitas organizações modernas.

Numa manhã, em 2009, durante o trajeto para o trabalho, Hastings mencionou a McCord um novo produto que conhecera na noite anterior. Ele possibilitava que as pessoas publicassem online seus slides do PowerPoint. "Será que as pessoas usariam o produto?", questionou McCord. "Publiquei nossos slides sobre cultura esta manhã", respondeu Hastings.[4]

"Meu Deus, por que você fez isso?", perguntou ela. A apresentação em si era um tanto amadora — a intenção, afinal, era que seu uso fosse apenas interno. Mais importante, seu medo era que isso assustasse candidatos que pensavam em trabalhar na Netflix. Alguns funcionários que viram a apresentação durante a orientação pareciam apavorados com as implicações de tudo isso — mas ela lembra que essas geralmente eram aquelas pessoas que não davam certo na empresa. Então, ela cruzou os dedos e esperou que não fosse tão ruim.

Em seguida, duas coisas aconteceram. Primeiro, o conjunto de slides de cultura da Netflix, como seria chamado, se tornou viral. A versão original de 2009 postada no SlideShare estava em 17,9 milhões de visualizações quando conversei com McCord em 2018. Segundo, as pessoas que cogitavam trabalhar na Netflix descobriram os slides, e isso moldou as conversas em suas entrevistas, tornando-as mais honestas sobre como trabalhar na empresa poderia se encaixar em suas carreiras de forma mais ampla. De forma automática, os candidatos que apareciam eram atraídos pela cultura da Netflix, e nem o entrevistador ou o entrevistado precisavam fingir que trabalhar na empresa significaria formar um vínculo vitalício.

O FIM DA LEALDADE

Pense na história da Netflix pela perspectiva daqueles sumariamente demitidos naqueles diferentes episódios. Se você fosse um vendedor de publicidade da empresa em 2000, ou um contador desqualificado em 2002, seria um dos sortudos primeiros funcionários de uma das maiores histórias de sucesso comercial do século XXI. E, no entanto, seria demitido, sem ter feito nada de errado.

Então é assim agora? Todo trabalho e toda organização são fundamentalmente uma coisa só, no sentido de que um bando de agentes livres está sempre indo e vindo, contratados apenas enquanto a empresa os considerar úteis e o funcionário não tiver uma oferta melhor? Usando uma metáfora diferente, o relacionamento de um funcionário com seu empregador parece ter se tornado menos parecido com um casamento e mais parecido com uma série de ficadas.

Às vezes parece que é assim mesmo. Todos conhecemos empresas veneráveis e bem-sucedidas que anunciam demissões em massa, e nem sempre está passando por grandes dificuldades financeiras. Um exemplo semialeatório das manchetes de negócios no início de 2018. a Kimberly-Clark anunciou o corte de 5 mil a 5.500 postos de trabalho "em um esforço para reduzir as despesas, pois enfrentava uma concorrência mais acirrada por produtos básicos como lenços, toalhas de papel e lenços umedecidos", como o *New York Times* descreveu.[5] Nesse trimestre, suas vendas aumentaram 5% em relação ao ano anterior.[6] A mudança da lealdade mútua entre empregador e empregado para um cenário mais parecido com o descrito nos slides de cultura da Netflix está sendo esboçado há décadas. Em 1998, por exemplo, quando a gigante aeroespacial Boeing enfrentou forte concorrência global, seus executivos realizaram um retiro onde decidiram mudar a forma como falavam sobre a organização. "Mais equipe, menos família" era o mantra, conforme descrito no livro apropriadamente intitulado *Free Agent Nation (Nação de Agentes Livres,* em tradução livre), de Daniel H. Pink, publicado em 2001, quando a Netflix ainda estava focada em quantos DVDs conseguiria enviar pelos correios.

Por algumas décadas após a Segunda Guerra Mundial, as grandes empresas realmente adotaram uma atitude paternalista; se você trabalhasse razoavelmente e ficasse fora de problemas na General Motors, na Eastman Kodak ou em qualquer uma das outras gigantes, seu emprego estaria garantido por toda vida. Essa era evoca algum tipo de nostalgia nebulosa que vale a pena deixar de lado — entre outras coisas, essa barganha estava disponível principalmente apenas para homens brancos, e muitas empresas eram complacentes e falharam na adaptação às mudanças tecnológicas e às demandas dos consumidores.[7] Mas não há dúvidas de que algo grande mudou.[8]

Há vários motivos. A globalização significa que as empresas enfrentam uma concorrência mais acirrada, portanto, a pressão para uma revisão constante de sua força de trabalho cresceu, para estar de igual para igual com o ritmo de qualquer empresa no mundo que seja líder em seu setor. Os sindicatos têm muito menos poder do que antes. Em 1985, 30% dos funcionários de economias avançadas eram membros de sindicatos, caindo para 17% em 2015; apenas Islândia, Bélgica e Espanha tiveram taxas crescentes de sindicalização nesse período.[9] E os executivos de empresas de capital aberto enfrentam mais pressão do que nunca para maximizar o valor agregado a seus acionistas, mesmo que seja à custa de seus funcionários.

Para ver na prática como as mudanças na gestão corporativa tornam os empregadores menos focados na lealdade a seus trabalhadores, considere a icônica Procter & Gamble. Em 2017, o investidor e ativista Nelson Peltz argumentou que a fabricante de creme dental Crest, detergente Tide, lâminas de barbear Gillette e muitos outros produtos de consumo estava sendo mal administrada. Seu fundo de cobertura, Trian Partners, travou uma batalha pelo controle da empresa, em que publicou, dentre outras coisas, uma apresentação de 94 páginas articulando seu caso. Uma página apontava, com desdém, que dos 33 altos executivos da

P&G, apenas três contavam com mais de três anos de experiência profissional em outras empresas, e o tempo médio na empresa era de 29 anos.

Em outra época, isso poderia caracterizar uma empresa de qualidade — um lugar com lealdade mútua para com seus executivos —, em vez disso, agora é tido como um ponto de dados apresentado por um investidor que visa "destronar" os atuais gerentes da empresa! O seguinte se mostra ainda mais surpreendente: Trian perdeu por pouco a batalha entre os acionistas, mas em um gesto de benevolência, Peltz recebeu uma posição no conselho administrativo. O fato de que o voto dos acionistas era basicamente dividido igualmente colocou o conselho e a equipe de gerenciamento em alerta sobre a necessidade de adaptar muitas das recomendações de Peltz. Não se surpreenda se esses dados sobre gerentes da P&G e sua longevidade na empresa parecerem muito diferentes dentro de alguns anos.

Para entender como essas mudanças na economia e na gestão corporativa se traduziram em uma realidade diferente para os trabalhadores, imagine um jovem aspirante a executivo hipotético. Chamaremos a empresa de LargeCo e nosso jovem funcionário será chamado de Bob. (Desculpem-me pela natureza de gênero do nome; durante o auge do paternalismo corporativo, quase todos os trabalhadores de categoria executiva eram homens.)

Digamos que Bob seja contratado para um programa de trainee de administração logo após a faculdade, aos 22 anos, com um modesto salário — hipoteticamente uns US$30 mil ao ano. (Suponhamos que todos os números neste exercício estejam ajustados pela inflação.) Bob sobe na hierarquia, passando de trainee a executivo júnior, gerente de uma pequena equipe, chefe de um grande departamento e chegando a talvez presidente da divisão, ou um cargo na diretoria. Parte da prática comum das empresas nessa época era a concessão constante e previsível de aumentos com base no tempo de casa. Para simplificar, digamos que a LargeCo conceda a Bob um aumento de 5% a cada ano. Aos 65 anos, se aposentando no cargo de executivo sênior, o salário de Bob estará em US$244.490. Portanto, seus ganhos são parecidos com uma linha reta no gráfico da página anterior.

Mesmo durante a era das empresas com grande foco em lealdade, esse agradável caminho linear de rendimentos mascarava uma realidade distinta em termos do valor que Bob realmente gerava para a empresa. Tudo começa lá no início mesmo: em seu primeiro ano, Bob provavelmente não valia nem o modesto salário que recebia; talvez seu valor anual real para a empresa em termos de receita e lucro adicionais seja de apenas US$20 mil. Mas enquanto aprende o ofício, seu valor aumenta rapidamente. Aos 25 anos, ele ganharia apenas US$35 mil, mas geraria um valor de US$50 mil! Essencialmente, o investimento da LargeCo em Bob está finalmente começando a render frutos. Isso pode se repetir por vários anos, até que, talvez, ocorra uma recessão e os negócios esfriem tornando Bob menos valioso; as pessoas simplesmente não compram mais os produtos que sua unidade vende. Então começa a recuperação, os lucros aumentam e com eles o valor de Bob. Talvez alguns anos depois disso, Bob tenha alguns problemas de saúde e não possa mais fazer tantas viagens de negócios e trabalhar até tarde com clientes como antes, e seu valor decai em relação aos seus ganhos. Mas, então, seu valor se recupera, e mais uma vez o lucro da LargeCo ultrapassa o salário que a empresa paga a Bob. Então, talvez quando Bob chegar à casa dos 60 anos, executivos mais jovens assumam a liderança da empresa e Bob se torne ultrapassado — mas continue com seu título e salário impressionantes, funcionando como uma figura de estado mais velha e subempregada, até que chegue a uma boa idade para se aposentar.

Histórico de Compensação de Bob na Antiga Economia
Pagamento anual, de acordo com a idade de Bob

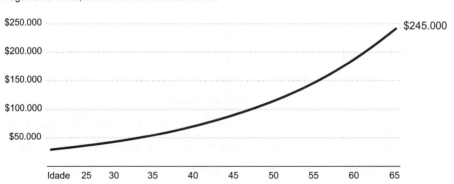

DEVO FICAR OU DEVO IR? 223

O ponto é que, na era da lealdade, empresa e funcionário tinham um acordo implícito: a empresa toleraria os períodos em que o salário excederia o valor gerado pelo funcionário, mas, em contrapartida, o funcionário não teria problemas com os períodos em que o valor que gerasse ultrapassasse em muito seu salário. Assim, nesse gráfico, o salário de Bob ao longo de sua carreira e seu valor gerado acumulados têm valores idênticos: US$4,53 milhões.

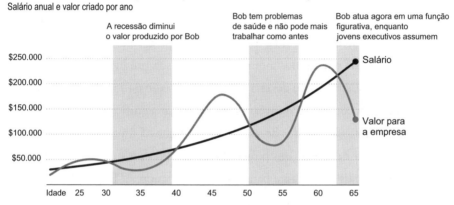

O Salário de Bob Nem Sempre Foi Equivalente ao Valor Criado por Ele
Salário anual e valor criado por ano

Nessa atual era de deslealdade, porém, as coisas funcionam de maneira diferente. Em cada um dos pontos no qual o valor de Bob fica abaixo de seu salário, as áreas cinzentas do gráfico, há um risco significativo de demissão. Devido às forças descritas acima — competição global, falta de poder entre sindicatos e intensa pressão dos acionistas —, Bob provavelmente será demitido aos trinta e poucos anos, quando a primeira recessão atingir o mercado. Caso contrário, seu trabalho estará novamente em risco quando não conseguir fazer horas extras devido a problemas de saúde. Ou então, os executivos mais jovens assumindo a empresa provavelmente expulsarão Bob quando ele tiver 61 anos, em vez de pagar a ele um alto salário por mais quatro anos para não fazer quase nada. Este é apenas um modelo simples que descreve o que a maioria das pessoas que trabalhou em uma grande empresa no século XXI já sabe. Mas não basta identificar as causas ou descrever as mudanças. A questão é o que fazer com elas. E a resposta está no nosso pequeno gráfico sobre Bob e a LargeCo.

OS PRINCÍPIOS QUE IMPORTAM: HONESTIDADE E RECIPROCIDADE

Durante sua carreira, Bob desfrutou de um acordo implícito de que os períodos em que seu salário excedia o valor gerado e aqueles em que o contrário acontecia, de alguma forma, se equilibravam. Os filhos de Bob, entrando no mercado de trabalho agora, devem sempre atentar que o importante é não ter ilusões sobre o acordo implícito atualmente: você continuará na equipe enquanto for útil à nossa organização.

Para ter alguma expectativa de acumularem ganhos equivalentes ao quanto seu pai alcançou ao longo da vida, os filhos de Bob precisam ser mais impacientes e agressivos do que seu pai nos momentos em que sua produção de rendimentos supera o salário. Esse é — ou deveria ser — o outro lado da compreensão do risco que seu trabalho corre caso o inverso aconteça. Isso significa trabalhar para ter uma visão clara dos momentos de sua carreira em que há uma vantagem genuína — quando acaba de liderar um projeto bem-sucedido ou sua função específica se torna muito mais importante para o sucesso da empresa. E quando esses momentos chegam, é a hora de pedir um aumento substancial e estar preparado para procurar oportunidades em outras empresas, em caso de rejeição da proposta.

Isso não significa que os filhos de Bob devam ser mercenários sem alma que abandonarão seus empregos assim que outra empresa lhes oferecer um pouco mais de dinheiro ou uma tarefa um pouco melhor. O que está implícito aqui é que eles precisam ter em mente dois grandes princípios ao tomar uma série de decisões cruciais sobre permanecer no atual empregador ou partir para um novo: reciprocidade e honestidade.

A verdade é que muitos empregadores mantiveram alguns elementos do modelo paternalista e de lealdade, em graus variados. É um contínuo, não uma escolha binária feita pelos empresários. A estratégia sensata, então, é garantir que seu grau de lealdade à empresa esteja alinhado corretamente com o grau de lealdade da empresa para com você.

A empresa ajudou a pagar alguns de seus cursos executivos ou confiou a você um projeto para o qual era subqualificado, mas que lhe deu a oportunidade de crescer? Quando a pessoa do cubículo ao lado tinha um filho pequeno e precisava sair mais cedo na maioria dos dias, como os chefes recebiam isso? Essa organização tende a recompensar o bom desempenho com aumentos antes mesmo que as pessoas os solicitem, ou recompensa apenas aqueles que receberam ofertas de outras empresas?[10] Talvez o mais importante: As demissões são raras e restritas a motivos específicos ou são uma prática comercial bastante rotineira?

Reid Hoffman, fundador do LinkedIn, é franco ao entregar quantas organizações recorrem à ideia de lealdade. "As empresas contam essa historinha aos funcionários porque sabem que, de certa forma, gostariam que tivessem um compromisso unilateral com a empresa", disse-me ele. "O que, francamente, é inconcebível. E imoral. Mas os funcionários também sabem disso e, mais cedo ou mais tarde, eles se cansam e anunciam: 'Começo agora minhas duas semanas de aviso prévio, porque vou para outra empresa.'"

Isso não significa que os funcionários devam simplesmente largar um emprego sempre que surgir algo melhor. A abordagem mais ética, ele argumenta, é ter certa lealdade e dedicação a cada projeto ou tarefa principal que se assume, além de considerar a possibilidade de mudar apenas quando esse projeto estiver terminando. "Existe essa ilusão de que ainda estamos nos anos 50 ou 60, e estamos comprometidos com a empresa para toda a vida, e como sabemos que é uma mentira, não entramos nesse assunto. O ponto principal da 'Aliança'" — a construção de Hoffman sobre como os acordos empregatícios devem funcionar em uma organização moderna, descrita em seu livro bem no título[11] — "é dizer: Olha, entrem nesse assunto, e o façam de maneira estruturada em que se é explícito sobre como investirão um no outro e, se alguma parte quebrar esse pacto dentro desse prazo, deu tudo errado. E aí pode-se dizer que houve uma traição."

Como Reed Hastings da Netflix me disse em um e-mail: "A lealdade não é ilimitada, como no conceito que temos de amizade ou casamento. É sobre estabilidade. Portanto, se uma pessoa tiver um trimestre ruim, não há motivo para desespero. O mesmo se aplica a um trimestre ruim de uma empresa. É eficiente

226 COMO VENCER NO MUNDO DO TUDO OU NADA

nos enxergarmos através de janelas de curto prazo, considerando os custos de troca de ambos os lados."

A ideia de aplicar princípios de reciprocidade e honestidade no modo como pensamos sobre lealdade também implica no conceito de lealdade sendo aplicado mais a indivíduos do que a grandes organizações. Antigamente, era completamente lógico que as pessoas mantivessem uma lealdade primária à empresa, pois ela podia prometer em troca um emprego estável até a idade da aposentadoria, seguido por uma pensão confortável. Mas, na maioria das organizações do século XXI, nenhum gerente, diretor de recursos humanos ou até mesmo um CEO pode fazer essa promessa. Eles sequer podem garantir que eles mesmos estarão empregados em um ano. Isso significa que a lealdade aos indivíduos dentro de uma empresa pode significar mais do que a lealdade à empresa como um todo. Quando um chefe específico garante que você desfrute de experiências, promoções e valiosos aumentos salariais, você deve algo a essa pessoa e pode pensar cuidadosamente antes de se mudar para uma nova equipe ou uma nova empresa, mesmo que a própria empresa não ofereça padrões sistemáticos de lealdade mútua à sua força de trabalho.

E, por fim, temos a recompensa. As recompensas de um emprego podem tomar várias formas, nem todas financeiras. Já é difícil descobrir como avaliar o salário em comparação com os bônus de desempenho contrastados com as opções de ações ao considerar duas ofertas de emprego. É ainda mais difícil quando adicionamos a essa conta as dimensões não financeiras. Pode valer a pena sacrificar alguma recompensa financeira para conseguir um emprego em uma organização que confia responsabilidades aos novos funcionários e permite que eles cresçam, ou que permite uma grande flexibilidade de horários, em comparação com uma empresa que trava as pessoas às funções para as quais são contratadas ou em que os chefes têm expectativas estritas de como, quando e onde as pessoas trabalham. Então, tenha uma visão holística da recompensa — o pacote completo do que o emprego traz. Ainda assim, as implicações dos gráficos acima, mostrando o salário de Bob, são impressionantes.

Se Bob, atualmente, corre o risco de ser demitido sempre que o valor do que ele produz ficar abaixo do salário que recebe, mas, de outra forma, não ajustar suas demandas salariais, ele acaba em uma espécie de situação "cara você ganha, coroa eu perco" com seu empregador. Para manter a mesma compensação que o cenário de antigamente permitiria ao longo de sua carreira, ele precisará ser um pouco mais mercenário quando estiver gerando muito mais valor do que recebe. Obviamente, não é fácil ter informações suficientes para saber quando essa hora chega e quando esses momentos surgem para garantir uma oferta de outra empresa, ou habilmente persuadir seu patrão atual a adequar sua remuneração ao mercado.

Mas escolher esses momentos para extrair seu valor do mercado — quando acaba de lançar um produto muito bem-sucedido, por exemplo, ou quando houver uma grande demanda por pessoas com suas habilidades exatas — é ainda mais importante neste mundo em que a lealdade por si só provavelmente não será recompensada.

Ao longo de uma longeva carreira, é provável que haja alguns pontos cruciais muito importantes para seus ganhos em longo prazo e satisfação no trabalho. Muitas vezes, eles tomam a forma da decisão entre partir para uma nova empresa ou permanecer no local em que você já trabalha. Devo ficar ou devo ir?

Há uma vaguinha especial no inferno para os gerentes que apelam para culpa e lealdade para convencer uma pessoa a permanecer no emprego quando se trata de uma empresa que não oferece lealdade semelhante à sua força de trabalho. A resposta precisa depender não das palavras, mas de como a empresa realmente *se comporta*. Muitas das pessoas que têm as carreiras de maior sucesso na era de baixa lealdade que vivemos compreendem isso quase que de forma inata e, ao longo de sua carreira, aplicaram o princípio da reciprocidade e honestidade. Uma dessas pessoas é Catriona Fallon, e sua história mostra muito sobre como esses princípios podem se desenvolver quando surgem esses pontos cruciais na carreira.

CATRIONA FALLON E ACERTANDO OS PONTOS CRUCIAIS

A carreira de Fallon no mundo corporativo começou com 1,75 segundos em um lago a nordeste de Atlanta, nos Jogos Olímpicos de Verão de 1996. Ela dedicou os seis anos anteriores de sua vida a treinar como remadora olímpica, perdendo casamentos e aniversários de amigos, morando em uma casa compartilhada a 3.000km de sua família para treinar e, além disso, dedicando toda a sua energia para tentar ganhar uma medalha de ouro para os EUA. Sua equipe — oito remadoras e um comandante gritando comandos — estava invicta há 18 meses e era a favorita para vencer em Atlanta. Mas alguns erros táticos sutis foram sua ruína. A equipe romena ganhou o ouro; a dos EUA ficou em 4º lugar, perdendo uma medalha de bronze para a Bielorrússia por essa pequena margem de 1,75 segundos em uma corrida de 2km.

"Foi absolutamente devastador", disse. "Tomamos algumas decisões erradas. Sabíamos que não estávamos fora de forma. Erramos quanto ao barco, o tipo de remo que usamos. Perdemos para nós mesmos."

Ela precisava tomar uma decisão. Aos 26 anos, ela poderia se recuperar e voltar a treinar para tentar novamente a medalha de ouro nos Jogos Olímpicos de 2000.

Ou poderia começar uma carreira mais convencional, focando um tipo diferente de sucesso. O que pesou a balança para o mundo corporativo? Ela "meio que decidiu que não valia a pena" investir mais quatro anos de suor e labuta dedicados a seus sonhos olímpicos, ela disse. "Eu pensava que tinha aprendido as lições que precisava aprender e precisava seguir outra coisa."

Essa outra coisa, inicialmente, era um trabalho em nível básico de marketing na Oracle, no qual ajudou a definir estratégias para vender pacotes de software corporativo — gerenciamento de relacionamento com clientes, compras estratégicas e similares — para grandes empresas. O trabalho foi bom e, em pouco tempo, ela estava no comando de equipes de três a cinco pessoas, mas logo estava tentando traçar o futuro de sua carreira. "Meu mindset era sempre perguntar: 'O que vem a seguir? Qual é o próximo passo?'", disse Fallon. "E todos meus superiores que eu respeitava tinham um MBA, e certa experiência em consultoria. E eles tinham carreiras bastante interessantes."

Foi assim que ela decidiu ir para a Harvard Business School no outono de 1999 e depois para a McKinsey, como associada no escritório de São Francisco, depois de sua formatura em 2001. Ela aprendeu a abordagem rigorosa e metódica da análise dos problemas, que tornam as principais empresas de consultoria um terreno fértil para futuros executivos, enfrentados pelas grandes empresas e ainda tinha uma espetacular vista da ponte Golden Gate enquanto fazia isso. Mas a crise das pontocom e sua companheira recessão significavam que não havia trabalho suficiente para todos. Como é habitual para grandes empresas de consultoria com poucos negócios comparativamente à quantidade de funcionários, o plano era cortar postos de trabalho, atingindo principalmente a equipe de tecnologia de São Francisco, incluindo Fallon.

Foi uma lição inicial sobre uma realidade central da economia moderna: mesmo fazendo as coisas certas, é preciso estar pronto para enfrentar os obstáculos. Nas palavras de Fallon: "Mesmo tendo um MBA de Harvard e trabalhando na McKinsey, você pode ser demitido. Portanto, não gaste seu bônus de contratação, porque ele pode ser o seu sustento por algum tempo."

Ela encontrou seu próximo emprego no departamento de pesquisa do banco de investimentos Piper Jaffray. Em vez de ajudar as empresas a resolver problemas complexos, ela se viu essencialmente do outro lado da mesa, tentando julgar quais empresas de software tinham boas perspectivas e quais não. Foi um curso intensivo em modelagem financeira. E, logo, ela entendeu a importância da dimensão das comunicações do trabalho: talvez metade do seu tempo fosse dedicado a conversar com executivos corporativos tentando reunir qualquer detalhe que fosse útil para tornar suas projeções e modelos mais precisos; a outra metade era para comunicar essas conclusões aos investidores em busca de conselhos sobre em que investir. Fallon gostava do trabalho e estava se saindo bem. Mas, depois de dois anos, um ex-colega foi para o Citigroup e a incentivou a fazer o mesmo. Por um lado, o Piper Jaffray foi onde ela se iniciou como analista de pesquisa, e eles assumiram esse risco, apesar da sua falta de experiência, em uma época em que ela precisava muito de um emprego. No antigo mundo da lealdade mútua, esse poderia ser o tipo de momento em que ela manteria seu senso de obrigação, confiante de que seria recompensada mais tarde. Mas esse não é o mundo em que vivemos. O Citigroup oferecia uma plataforma maior, mais exposição e a oportunidade de avançar em uma organização maior. E também mais dinheiro, o que o Piper não conseguiu competir. "Eles disseram: 'É uma ótima oferta, boa sorte.'", lembrou Fallon. Como seu chefe havia apoiado fortemente seu progresso, Fallon lançou mão do princípio da reciprocidade. Ela cumpriu um aviso prévio extraordinariamente longo antes de sair da empresa, para ajudá-lo a passar pela temporada de rendimentos trimestrais e ter mais tempo para encontrar seu substituto. "Ele era um chefe muito solidário, então não quis deixá-lo em apuros."

Em quatro anos no Citigroup, Fallon construiu uma reputação como uma das principais analistas de software, mídia e publicidade. Ela ganhava bem e tinha orgulho de seu trabalho. Mas seu objetivo era conseguir se tornar gerente operacional, supervisionando uma equipe; mesmo como analista de pesquisa sênior, havia apenas uma pessoa sob sua supervisão. Enquanto isso, uma crise financeira global explodiu, colocando em cheque o futuro do setor bancário. Ingressar em um megabanco como o Citi pode parecer a coisa mais segura do mundo, mas, em 2009, o número de funcionários da empresa reduziu em 57.500 pessoas, uma queda de 18% em um único ano.[12] "Havia tanto que não sabíamos sobre o setor, parecia uma marcha fúnebre", disse Fallon. Quando um recrutador a abordou sobre um trabalho que focava mais gerenciamento operacional, ela não hesitou em fazer essa mudança. E, com isso, ele pôde até mesmo ter ajudado alguém que seria demitido involuntariamente no Citi.

Seu novo emprego era na gigante de hardware Hewlett-Packard, como diretora de estratégia e desenvolvimento corporativo, uma função que era uma espécie de combinação de suas duas linhas de trabalho anteriores, pesquisa de mercado e consultoria de gerenciamento. Seu trabalho consistia em estudar as estratégias dos concorrentes, examinar as empresas que a HP desejaria adquirir e reportar suas descobertas aos principais executivos e ao conselho de administração. Normalmente, quando uma pessoa é chamada por uma nova empresa, seu trabalho envolverá algo semelhante ao que ela já fez — a maioria dos empresários não quer se arriscar com uma pessoa nova na empresa *e* no trabalho que ela estará desempenhando. Seguindo esse padrão, Fallon estava basicamente assumindo um conjunto de habilidades que aprendeu antes, em outro lugar — habilidades de análise das estratégias, pontos fortes e fracos de empresas de tecnologia — e as colocando em prática para ajudar os executivos da HP a entender melhor seus concorrentes e possíveis alvos de aquisição.

Mas — outro padrão comum — é mais fácil tentar coisas novas quando já estamos dentro de uma organização e confiamos nos principais tomadores de decisão. Foi isso que aconteceu nos próximos dois cargos que Fallon assumiu na empresa. Primeiro, ela ajudou a supervisionar as relações com os investidores da HP e, com isso, começou a compreender a comunicação com o mundo externo. Ela escrevia roteiros para a diretora financeira usar durante as teleconferências com os investidores e a preparava para as perguntas que provavelmente precisaria responder aos analistas. Era um momento de crise. Em 2011, o diretor executivo Mark Hurd foi acusado de uso indevido dos recursos da companhia e mentir ao conselho sobre seu relacionamento com um terceirizado; ele foi forçado a sair pelo conselho. Para Fallon, foi um curso intensivo sobre como os modelos elegantes que ela havia elaborado em sua carreira são limitados quando se trata do mundo mais problemático do gerenciamento de crises.

Seu próximo cargo significou uma grande promoção, para uma só função que reunia todas as suas experiências anteriores. Ela se tornou vice-presidente de estratégia e planejamento financeiro no mercado mundial. Finalmente, Fallon estava supervisionando uma grande equipe, em uma época em que a nova CEO Meg Whitman tinha um programa agressivo de redução de custos, e ela estava trilhando seu sucesso como gerente. "Estava aprendendo a navegar por uma grande organização de marketing, como influenciar as decisões, construir credibilidade e dar suporte para as coisas."

232 COMO VENCER NO MUNDO DO TUDO OU NADA

De fato, a HP ofereceu a ela exatamente o que todos buscam em um empregador: a chance de crescer e desenvolver novas habilidades. Em outra época, os executivos em ascensão que haviam conseguido um emprego assim não se afastariam de forma alguma — eles buscariam formas de acumular cada vez mais responsabilidades e potencialmente permanecer na empresa por décadas. Entretanto, Fallon mudou de ambiente depois de quatro anos. Por que ela atendeu a ligação de um recrutador perguntando se estaria interessada em se juntar a uma empresa de software chamada Cognizant Technology Solutions como chefe da equipe do CFO.

"Eu poderia ter continuado minha trajetória com saltos que me ensinariam cada vez mais sobre os negócios da HP", disse Fallon, "mas não acho que me tornaria gerente-geral em um ano" — assumir responsabilidade por lucros e perdas em uma unidade de negócios, no caso. "E desde o meu primeiro dia na HP aconteciam cortes contínuos de custos. Eu fazia parte disso, ajudando-os a descobrir como direcionar ou otimizar uma organização." Não era claro quanto tempo ela levaria até chegar a administrar um negócio na HP. Mas era óbvio que não havia razão inerente para pensar que manter sua lealdade à empresa seria recompensado no futuro; na verdade, ela poderia ser vítima da próxima onda de corte de custos. Era claro que a vaga que lhe ofereceram na Cognizant poderia oferecer um caminho direto para tornar-se diretora financeira, ou até mesmo CEO, um dia.

Desde o início, seu trabalho na Cognizant se tratava de uma tarefa com prazo de validade — um excelente exemplo do conceito de "missão" de gerenciamento de carreira que discutimos anteriormente. Após cerca de 18 meses supervisionando a integração de um punhado de empresas que foram adquiridas — uma tarefa específica (e difícil), com o entendimento de que, assim que isso fosse feito, ela precisaria encontrar alguma outra função desafiadora dentro da empresa, ou seguir em frente. "Essa cultura proveniente da equipe de gerenciamento era muito transparente e apoiava a progressão na carreira." Ela recebia bem, mas parte da remuneração também era a capacidade de desenvolver experiência em mais habilidades necessárias para um CFO. E funcionou. O caminho era sinuoso, e com muitas paradas, mas Fallon agora estava pronta para ser CFO, com experiência em todos os diferentes aspectos do trabalho. Primeiro, ela atuou nessa função em uma empresa chamada Marin Software, depois na Silver Spring Networks — na qual teve uma experiência que talvez seja a maior personificação do significado fluido da lealdade nos negócios do século XXI. Ela ingressou na Silver Spring em março de 2017 como CFO. Após seis meses, a empresa foi comprada por uma rival chamada Itron por uma oferta irrecusável de US$830 milhões, uma bonificação 25% maior do que o valor de suas ações.

Há uma razão pela qual os gerentes seniores recebem acordos de pagamentos rescisórios nessas situações; os acionistas não querem que um CEO ou CFO se coloque contra uma oferta de aquisição atraente apenas para salvar seus próprios empregos. Nesse caso, Fallon ajudou a negociar um acordo que a deixaria desempregada mais uma vez, embora não sem uma indenização lucrativa por vários meses de trabalho. No fim, ela continuou como gerente-geral da empresa adquirida por vários trimestres, supervisionando a integração, o que a deixou com ainda mais sede de um cargo executivo, além de simplesmente supervisionar as finanças.

Se consultássemos o currículo de Fallon e não soubéssemos muito do modo como o mundo corporativo funciona, veríamos apenas uma série de cargos que soam parecidos. Mas se separarmos as habilidades reais que ela estava desenvolvendo a cada passo no caminho, começa a fazer mais sentido. Ao se tornar CFO em 2015, ela possuía uma profunda experiência em estratégia corporativa *e* análise financeira *e* relações externas *e* marketing. Muitos de seus movimentos foram praticamente laterais em termos de cargo, remuneração e prestígio. Mas cada um desses degraus laterais lhe permitiu adquirir experiências que tornaram possível a subida meteórica posteriormente. Há um paralelo com sua experiência como remadora de elite. "Mesmo quando era remadora, sabia que queria ir para as Olimpíadas, mas criava objetivos separados. O que eu tenho que fazer primeiro? Bem, primeiro quero quebrar os sete minutos no erg" — ou seja, remar o equivalente a 2km em uma máquina dolorosa por 7 minutos. "Então é preciso diminuir esse tempo em 20 segundos para 6 minutos e 40 segundos, e continuar diminuindo. Sempre defini objetivos intermediários. Se solidificasse a meta com muita ante-

COMO VENCER NO MUNDO DO TUDO OU NADA

cedência, fica muito incerto. Tenho mais certeza sobre o que está imediatamente à minha frente — os próximos 6, 9, 18 meses. Sei quais sinais procuro para me certificar de que estou avançando ou aprendendo mais."

A questão é que ela não teria errado se seguisse qualquer uma das duas direções — mostrando lealdade excessiva aos empregadores de forma que não a deixassem avançar, ou tão pouca lealdade que seus mentores e chefes sentiram que ela não conseguiria cumprir sua função ou a veriam como não confiável. Na história dela, a moral é sempre remar para a frente, esticando-se para terminar aonde se deseja chegar.

O PREÇO DA HONESTIDADE

Por que os slides sobre a cultura da Netflix tiveram tanto alcance? Afinal, apresentações de 125 slides sobre políticas de recursos humanos cheios de gráficos amadores normalmente não são sensações virais.

É difícil comprovar, mas acho o seguinte: a relação entre empregador e empregado que Patty McCord e Reed Hastings expuseram naquele documento descrevia da forma mais genuína como a maioria das organizações trabalha no século XXI em oposição àquela conversa que normalmente ouvimos de recrutadores e executivos. Por mais brutal que a descrição da cultura da Netflix possa parecer de primeira, ela essencialmente codifica princípios de honestidade e reciprocidade no relacionamento, que equivalem a uma versão mais verdadeira da honestidade, justiça e ética do que os tipos de mentiras que circundam o conceito de lealdade, ainda comum no mundo corporativo. As pessoas suportariam uma demissão devido a uma mudança nas necessidades de sua empresa com mais facilidade se não tivessem sido enganadas sobre a natureza desse relacionamento.

Em 2012, a Netflix foi a catalizadora de mais uma reinvenção, que a transformaria em um grande obstáculo para a indústria do entretenimento. A produção de *House of Cards,* a primeira programação original de grande sucesso da empresa, estava em andamento. A empresa de envio de DVDs por correio estava se transformando no que era a sua própria subsidiária, focando extrair o lucro que restava em uma unidade cada vez menor, enquanto os executivos voltavam sua atenção para o crescente negócio de streaming. E para Patty McCord, os princípios que codificou nos slides da cultura estavam se tornando pessoais. Como relembra, ela e Hastings começaram a perceber que ela não era mais a pessoa certa para atuar como diretora de talentos da empresa em que a Netflix estava se tornando — sua carreira na indústria de tecnologia e em ambientes de startups não combinava bem com um colosso de entretenimento global.

"Esse ano de 'término' foi realmente doloroso. Quero dizer, eu estava exausta. Trabalhava lá muito, muito tempo. E, às vezes, é hora de começar de novo." Perguntei-lhe como Hastings comunicou que era sua hora de se afastar generosamente e seguir em frente. Ela fez uma pausa. "Como ele me disse? Nem sei. Nós dois percebemos, sabe? Trabalhávamos juntos todos os dias, e todo esse período foi muito difícil. Quando as pessoas me perguntam isso, eu penso: 'Quem quer sentar com um estranho e contar todos os detalhes de uma separação?'"

O que aconteceu com McCord em seguida é, para mim, a história mais interessante de todas. Ela partiu com uma boa indenização e dignidade. Então começou a aconselhar empresas iniciantes sobre sua cultura, escreveu um livro detalhando seu caso para uma compreensão mais honesta da relação empregado-empregador[13] e passou a dedicar um tempo para aproveitar o sol em Santa Cruz. Ela e Hastings ainda se esbarram na cidade de vez em quando, sempre lembrando o que realmente é um relacionamento com um chefe. "Nossa equipe executiva original ficou junta por dez anos", disse McCord. "É muito tempo. Sabe, é importante saber que seus colegas não sua família. Mas você pode ser amigo íntimo das pessoas com quem trabalha, para sempre, pelo resto de sua vida. Porém isso acarreta tudo que uma amizade exige. Significa que vocês não estão presos um ao outro e nem sempre será algo bonito."

9

Afinal, o Que É um Emprego?

COMO A ECONOMIA CONTRATANTE PODE SE ENCAIXAR NA SUA CARREIRA

No verão de 2017, conversei com duas mulheres para uma matéria que acabou sendo publicada no *New York Times*.[1] Uma delas se chamava Gail Evans. Ela teve uma infância pobre em Rochester, Nova York, e, quando jovem, nos anos 1980, trabalhava à noite como faxineira em uma das empresas mais inovadoras, respeitadas e lucrativas da época: a Eastman Kodak. O trabalho era árduo, mas Evans era ambiciosa; quando não estava trabalhando, tinha aulas na faculdade. Então, algo notável aconteceu: um gerente estava implementando um novo programa de planilhas para controlar estoques e precisava treinar a força de trabalho apegada à tradição para usá-lo. Alguém mencionou que Evans estava estudando ciência da computação e ela foi convocada para ministrar o treinamento. Quando finalmente se formou, a empresa a contratou para um cargo com chances de crescimento. Apenas 15 anos depois, Evans era a diretora de tecnologia de toda a empresa e, posteriormente, galgou uma excelente carreira com altos cargos em empresas como o Bank of America e a Microsoft.

A outra mulher com quem falei se chamava Marta Ramos. Ela morava em San Jose, Califórnia, e trabalhava como zeladora em uma das empresas mais inovadoras, respeitadas e lucrativas da época: a Apple. Seu trabalho era muito semelhante ao que Evans fazia na década de 1980 — aspirar tapetes, tirar o lixo, limpar os banheiros. Até o salário, com o devido ajuste à inflação, era praticamente o mesmo, embora com um pacote de benefícios muito mais módico na era moderna. A diferença maior era que Ramos quase não tinha interação com ninguém que trabalhava na Apple, e realmente não havia nenhuma oportunidade de avanço. Era contratada de uma empresa de limpeza terceirizada e não tinha perspectivas significativas de algo além.

O artigo que contava suas histórias teve um alcance enorme. Para mim, parte do motivo foi que os profissionais que atuam nos negócios modernos sabem que a mudança para mais contratações, terceirizações e trabalho freelance é generalizada e afeta as opções de carreira de quase todos. A terceirização de serviços de zeladoria e outros trabalhos de baixo custo, como seguranças e funcionários de lanchonete, é apenas um exemplo vívido de um desenvolvimento que afeta todos os tipos de trabalhadores.

É difícil exagerar a profundidade de como a mudança nos últimos 40 anos soaria para alguém do início da década de 1980, por exemplo. Entre os gigantes da tecnologia do Vale do Silício, os funcionários tradicionais podem desenvolver softwares, mas geralmente são os terceirizados que o testam à procura de erros, revisam as postagens de redes sociais em busca de possíveis violações dos termos de serviço e trabalham como recrutadores tentando atrair a próxima onda de engenheiros. A Apple ganha bilhões de dólares vendendo telefones montados por uma empresa diferente, a Foxconn.

Minha história sobre Evans e Ramos focou a contribuição dessas mudanças para a desigualdade geral, que, tenho certeza, são substanciais.[2] Mas isso também tem implicações potencialmente radicais para quem esteja navegando por uma carreira corporativa. A própria definição de "trabalho" está mais fluida do que antes. As grandes empresas colocam todo tipo de trabalho em um contínuo no qual somente um subconjunto da mão de obra é empregado em período integral.

Então, como esses acordos não tradicionais podem ou devem se encaixar na carreira de um profissional ambicioso? Para responder à pergunta, é válido começar pelo motivo pelo qual esses arranjos existem em primeiro lugar, e esta, pelo visto, é uma pergunta mais interessante do que parece. E começa com a questão ainda maior de, primeiramente, por que as *empresas* existem.

A TEORIA DA FIRMA E A ERA DA TERCEIRIZAÇÃO

Por que as empresas existem? Esse tipo de pergunta pode parecer óbvia para a maioria das pessoas, mas há gerações de economistas que dedicam-se a discuti-la. Pode-se imaginar que haja algum estado natural em que todo o trabalho ocorre como transações separadas. Em vez de ter uma empresa com funcionários que chegam parar trabalhar todos os dias e recebem um salário por seus serviços, todas as tarefas podem ser contabilizadas individualmente. O mais próximo possível disso na realidade pode ser algo como uma pequena rede de freelancers que aceitam projetos e trabalham de projeto em projeto.[3]

Na década de 1930, um jovem economista britânico chamado Ronald Coase viajou pelo coração industrial dos EUA analisando como as empresas manufatureiras funcionavam. Ele procurou entender por que, exatamente, as empresas estavam organizadas daquela forma. Seu grande insight foi que, em parte, as empresas existem porque os custos de transação desse sistema hipotético baseado no mercado eram muito altos. Por exemplo, no meu trabalho no *New York Times,* sou pago a cada duas semanas, em troca de produzir um suprimento constante de conteúdo sobre economia. Se fosse preciso que eu negociasse meu pagamento a cada matéria, todo o tempo e esforço que meu chefe e eu dedicássemos a essa discussão seriam desperdiçados.

Mas esse insight por si só não responde à pergunta de por que as empresas existem da forma que existem. Afinal, quase todas contam com uma mistura de funcionários em tempo integral e outras formas de trabalho. As páginas do *Times,* seguindo nesse exemplo, incluem artigos escritos por funcionários em tempo integral e freelancers. Quando uma empresa contrata um consultor externo ou um escritório de advocacia, é essencialmente a mesma coisa. E essa questão pode ser levada para além da força de trabalho. Que outros insumos uma empresa produz, e quais ela compra? As empresas sempre tomam decisões desse tipo. Quando uma empresa deve desenvolver ferramentas de software para seus funcionários usarem internamente e quando deve comprar um software pronto? Uma fabricante de canetas esferográficas deve comprar o eixo de plástico da caneta de um fornecedor ou fabricar o próprio do zero? Ou talvez fabricá-lo em aço bruto? Cada um desses casos é uma questão de saber se um insumo específico deve ser produzido internamente ou se o ideal é confiar no mercado externo.

Oliver Williamson foi além da ideia construída por Coase, aprofundando a racionalidade desses "limites" de uma empresa.[4] A chave, ele argumentou, dependia da eficácia com que um contrato com uma entidade externa podia ser elaborado e executado. Um típico gerente intermediário toma milhares de decisões ao longo de um mês e seria impossível especificar os detalhes de cada uma delas em um contrato.

E ainda temos o problema da "espera". Se todos os funcionários fossem freelancers e todos os insumos comprados no mercado aberto, existiria um risco perpétuo de parceiros de negócios explorarem o fato de que você precisa deles. Se meu trabalho para o *Times* fosse inteiramente como freelance, o que me impediria de dobrar meu preço no momento em que surgem notícias importantes e meus serviços se tornam mais necessários? De fato, quanto mais conhecimentos e habilidades especializados envolvidos, e quanto mais essencial for o trabalho, menos inclinada será a empresa a usar trabalho por contrato, porque isso a tonaria mais vulnerável.

Tudo isso sugere que as empresas devem manter as funções internas que se mostram essenciais para seu futuro e quando a realização bem-sucedida é um conceito ambíguo. Por outro lado, para as coisas menos necessárias ao sucesso da empresa e onde há maior facilidade de produzir um contrato que cubra todas as bases, a terceirização no mercado aberto pode fazer mais sentido.

De qualquer forma, essa é a teoria. Graças a ela, Coase e Williamson ganharam o prêmio Nobel em economia. E isso explica muito bem a diferença entre Gail Evans e Marta Ramos. Os serviços de zeladoria são um excelente exemplo de um tipo de terceirização que faz sentido sob essa teoria. Nenhuma das vantagens estratégicas da Apple é consequência de uma forma especialmente boa de limpar seus escritórios a cada noite. É fácil elaborar um contrato que esclareça o que a empresa de serviços de limpeza precisa fazer para ser paga. Nenhum problema no procedimento deve ser uma preocupação da Apple; se a empresa de limpeza aumentar seus preços, basta a Apple mudar de terceirizada. A maioria dos funcionários da Apple sequer notaria a diferença.

Percebam que esta lista nem mesmo inclui uma menção à compensação. Em teoria, pelo menos, não há motivo para um trabalho terceirizado pagar menos do que um trabalho similar que não o seja. Isso implica que as empresas tradicionais pagavam alguns de seus funcionários além das taxas de mercado antes de terceirizarem suas funções — o que, em face disso, parece irracional. No entanto, há evidências convincentes de que, pelo menos no caso de uma função que exija menor qualificação, a terceirização diminui os salários. Os economistas Arindrajit Dube e Ethan Kaplan em um estudo descobriram que a terceirização dos trabalhadores nas décadas de 1980 e 1990 resultou em uma redução salarial de 4% a 7% para zeladores e 8% a 24% para guardas de segurança.[5] Deborah Goldschmidt e Johannes F. Schmieder encontraram resultados semelhantes na análise dos dados administrativos alemães, com uma queda de 10% a 15% nos salários de empregos com baixa qualificação que foram terceirizados em comparação com aqueles que não foram.[6]

A razão para isso pode pairar mais sobre psicologia e cultura do que estritamente na economia. Se você for o CEO de uma grande empresa que renda muito lucro, provavelmente não se preocupará muito em cortar custos pagando aos guardas de segurança e zeladores o salário mais baixo possível, mas depois de terceirizar essas funções e isso passar a ser problema de outra pessoa, seu departamento de compras exigirá o menor preço possível.

A realidade é que o aumento do trabalho por contrato e terceirizado criou um mercado de trabalho bifurcado. De um lado, pessoas com habilidades avançadas, bons salários e muitas oportunidades, e do outro, profissionais contratados por meio de contratos limitados, vistos como um custo a ser minimizado. Há uma implicação óbvia para uma pessoa ambiciosa navegando por uma carreira: evite o contrato de trabalho, se possível. Embora definitivamente essa narrativa seja verdadeira, ela simplifica demais as coisas. Conheço pessoas que trilharam carreiras brilhantes, gratificantes e lucrativas fazendo parte da força de trabalho de não funcionários como contratados independentes ou freelancers. E o que entendemos disso? Quando e como a vida do não funcionário pode fazer parte de uma grande carreira? A resposta pode estar em algumas falhas no entendimento acadêmico da teoria da empresa. Como de costume, o mundo real é um pouco mais complexo — assim como as implicações para os profissionais que o navegam.

REGRAS DE ARBITRAGEM E OUTROS MOTIVOS REAIS PARA TERCEIRIZAR

Matthew Bidwell estava imerso em toda essa teoria empresarial quando era aluno de pós-graduação no curso de administração no MIT, no início dos anos 2000. Mas, enquanto trabalhava em sua dissertação e partiu para lecionar nas faculdades de administração, primeiro na INSEAD e depois na Wharton, Bidwell encontrou algo bem diferente.

"A forma como os acadêmicos pensam, o que é feito internamente e o que é terceirizado remonta a Coase e Williamson", disse Bidwell. "Consegue redigir um bom contrato? Alguma das partes precisa fazer um grande investimento nesse relacionamento? É difícil demitir um ao outro?" Mas, de acordo com ele: "Fiquei chocado na primeira vez que lecionei para uma turma de MBA. Era a área em que eu tinha mais conhecimento, e o conjunto de ideias de que eu menos conseguia persuadi-los".

Para sua dissertação,[7] Bidwell integrou o departamento de tecnologia da informação de um grande banco (não identificado) e conduziu pesquisas e entrevistas estruturadas na tentativa de compreender por que eles tomaram certas decisões em termos de terceirização de algumas funções, mas não de outras. E aquela bela e teórica história não era confirmada pelos dados. A capacidade de criar bons contratos ou a importância do projeto não previam necessariamente se seria terceirizado.[8] Na verdade, tudo se resumia à política interna.

A terceirização, por um lado, possibilitava o que Bidwell chamou de "arbitragem de regras internas". O banco tinha regras muito mais rígidas para a contratação de funcionários do que para a assinatura de contratos com profissionais independentes ou para a contratação de uma empresa que fizesse o serviço. Parte disso se deve ao fato de que demitir um funcionário que se tornasse desnecessário seria mais caro e criaria mais dor de cabeça do que a rescisão de um contrato. Como um gerente explicou a Bidwell: "Não é a mesma coisa, e o processo de aprovação e a burocracia que um fornecedor enfrenta são muito mais fáceis do que contratar um funcionário."

Além disso, contratar empresas externas, às vezes funcionava como um mecanismo para forçar os "clientes" internos — unidades de negócios, como o departamento de empréstimos para o consumidor do banco — a serem mais claros sobre suas necessidades. Quando os funcionários do banco trabalhavam em algum projeto, esses clientes internos podiam, constantemente, mudar suas solicitações, já no caso dos terceirizados, eles eram forçados a especificar suas necessidades com antecedência, pois elas precisavam constar no contrato.

E, o mais importante, a política interna se desenvolveu como uma tensão entre os gerentes seniores, focados em minimizar custos, e os gerentes de projetos, que apenas buscavam os melhores recursos para realizar o trabalho. Assim, em projetos no qual o trabalho era considerado relativamente simples, os gerentes seniores pressionavam pela terceirização do trabalho em mercados estrangeiros com custos de mão de obra mais baixos — mesmo que isso criasse desafios logísticos e de comunicação muito maiores para o gerente de projetos. Em trabalhos mais complexos, as funções eram invertidas — geralmente, o desejo de contratar terceirizados de integração de sistemas sofisticados (e caros) para orientar o trabalho vinha dos gerentes de projeto, e os gerentes seniores se recusavam a pagar esse custo.

Enquanto isso, o controle desse processo dependia da influência política de um determinado gerente na empresa. "Há um departamento que rendeu nove dígitos para a empresa no ano passado e tem seus próprios desenvolvedores, que trabalham para eles há anos", Bidwell ouviu de um gerente de tecnologia do banco. "Se eles não quiserem usar [fornecedores offshore], ninguém pode obrigá-los.

As conversas geralmente terminam com 'Quanto de dinheiro você rendeu ao banco no ano passado?'."

Suspeito que essas observações da pesquisa de Bidwell ressoem com quem trabalhou em um grande ambiente corporativo tentando decidir quais tipos de trabalho contratar e o que atribuir aos funcionários. Sim, a história simplista de "manter os cargos essenciais internamente e terceirizar o resto" pode ajudar na explicação. O mesmo pode acontecer com a teoria de Coase-Williamson de "terceirizar se for fácil redigir esse contrato".

Essas justificativas para o uso de contratos de trabalho também representam algumas más notícias para os trabalhadores dentro desses contratos: existe a implicação da redução de custos como o motivo principal para que certas funções sejam designadas para fora dos limites da empresa e que os salários e benefícios danificados que os pesquisadores encontraram no ramo dos zeladores e seguranças também devem ser esperados por aqueles profissionais que desempenham funções mais qualificadas. Elas também implicam que uma pessoa ambiciosa deva aceitar contratos de trabalho apenas como o último dos recursos — que o único caminho para uma boa remuneração e um futuro brilhante reside em um emprego tradicional na folha de pagamento de uma grande e lucrativa empresa.

Mas as idiossincrasias do mundo real do que impulsiona o trabalho por contrato que Bidwell observou sugerem que isso pode não ser tão simples. Talvez haja zonas na economia contratante em que o trabalho possa ser tão remunerador e oferecer tantas oportunidades de longo prazo quanto qualquer emprego convencional. Com certeza, podemos ver exemplos intrigantes do uso mais inovador de acordos trabalhistas não convencionais em lugares surpreendentes — até mesmo em uma empresa na vanguarda de uma tendência de terceirização anterior que focava apenas em cortar custos.

GE, GENIUSLINK E TRABALHO VARIÁVEL VERSUS FIXO

A General Electric foi pioneira na transferência do trabalho realizado por funcionários em sua folha de pagamento para vários acordos contratuais. O período em que Jack Welch atuou como diretor executivo na década de 1980 foi inovador ao afastar as funções rotineiras da folha de pagamento interna da empresa, terceirizando o trabalho de TI para empresas da Índia e de outros países com baixos salários, e geralmente eliminando o foco tradicional de que todos que participam da fabricação dos produtos da GE receberiam um salário da própria empresa. "Para aqueles que conhecem o histórico de terceirização de TI", a revista *CIO* escreveu uma vez, "GE e offshoring são praticamente sinônimos".[9]

E funcionou, tanto quanto conseguiu avançar. O esforço de Welch para retirar as funções não administrativas e administrativas da folha de pagamento da GE — e frequentemente desempenhadas por profissionais com salários mais baixos — era parte de seu bem-sucedido esforço para reduzir custos e focar o crescimento das partes mais lucrativas do negócio. Sem dúvida, a empresa em sua versão moderna ainda tem muito foco na redução dos custos sempre que possível — ainda mais depois de um 2017 financeiramente desastroso. Mas, agora, isso começa a tomar um sentido diferente.

A estratégia da era Welch consistia em transferir o trabalho de funcionários em período integral altamente remunerados nos EUA para funcionários com salários mais baixos de uma empresa terceirizada na Índia que praticamente desempenhavam o mesmo trabalho por uma fração do custo. Agora, a GE está focada menos em simplesmente pagar salários mais baixos para funções rotineiras e mais na criação da tecnologia que eliminaria completamente essas funções rotineiras. Ao mesmo tempo, a natureza dos negócios e sua tecnologia subjacente estão mudando de formas que a força de trabalho terceirizada se torna mais desejável. Os motores a jato, turbinas elétricas e outros produtos que a empresa fabrica estão cada vez mais complexos tecnologicamente, e as equipes de engenharia que os fabricam precisam frequentemente de ajuda muito avançada e especializada em alguma área da robótica ou inteligência artificial — mas, às vezes, apenas para resolver um único problema discreto, não como um trabalho contínuo. Enquanto isso, na área comercial, a GE tem sido uma grande cliente de empresas de consultoria muito caras, como McKinsey e Bain — mas, às vezes, os tipos de questões que eles foram contratados para resolver poderiam ser mais bem respondidas com outras abordagens. Se você estiver tentando vender equipamentos para concessionárias de energia elétrica e for preciso uma análise das estratégias de preços, talvez um contrato de curto prazo com um CFO de concessionárias que esteja disponível no momento possa gerar recomendações mais úteis do que uma dúzia de jovens com MBAs sendo escravizados por seis semanas.

Muitas empresas aspiram chegar à posição de plataforma dominante para combinar trabalhadores autônomos com empresas que podem querer engajá-los. Graças à internet, hoje, é mais fácil do que nunca encontrar alguém com a experiência ou o conhecimento técnico certo para fornecer auxílio temporário.

Em 2013, Dyan Finkhousen, uma veterana da GE Capital, recebeu a missão de tentar ajudar a empresa a tirar proveito dessas possibilidades de uma forma mais sistemática. Ela lidera o que a empresa chama de GeniusLink, uma plataforma destinada a ajudar os gerentes da GE a usar um conjunto de freelancers globais e contratar talentos com mais eficácia. A plataforma até mesmo executou projetos para fazer crowdsource de soluções para difíceis desafios técnicos; em um desses projetos, uma jovem engenheira indonésia chamada Marie Kurniawan descobriu como reduzir em 84% o peso de um suporte de motor, recebendo US$7 mil por isso.[10]

Pode parecer trivial à primeira vista, mas quando Finkhousen fala sobre como a empresa procura usar esse grupo de talentos, fica claro o quanto suas implicações poderiam ser radicais. "Pense na unidade básica de trabalho não sendo mais o trabalho ou o funcionário em período integral", disse. "Digamos que ela agora é a tarefa e o conjunto de habilidades."

"É assim que eu vejo", completou. "Para ter sucesso como líder de negócios na GE, precisamos dar um passo para trás e inverter completamente nossa forma de pensar no fornecimento de recursos para nossos negócios. Primeiro, antes mesmo de pensarmos nas pessoas, precisamos pensar no que pode ser digitalizado, e quais tecnologias existentes poderiam oferecer isso." Ou seja, primeiro descubra se a função que você quer desempenhar pode ser automatizada. "Como segundo passo, [devemos] examinar todo o restante e pensar nos recursos variáveis que poderiam gerar melhores custos, velocidades ou resultados para esse restante." "Recursos variáveis" neste caso é o termo usado para vários tipos de trabalho por contrato, o que significa que seu uso pode aumentar e diminuir dependendo das necessidades. "Então, e somente então, deveríamos pensar em quais recursos fixos precisamos manter como nossos funcionários em período integral." Ela argumenta que apenas as funções que se fazem necessárias por mais de um ano devem ser executadas por funcionários em período integral. Quase todo o resto, menos o trabalho com uma missão crítica mais sensível, pode ser visto como uma alternativa ao trabalho em tempo integral.

A remuneração varia muito, tanto em valor quanto em sua estrutura. Para profissionais que dominam as habilidades mais solicitadas, como engenheiros de software de alto nível ou executivos corporativos experientes, pode chegar a US$300/hora ou mais. O que Finkhousen descreveu não é simplesmente jogar grandes partes do trabalho da empresa no colo de uma força de trabalho por contrato para economizar dinheiro com a diminuição da remuneração, tal qual a terceirização da GE no estilo anos 1990 para a Índia. Muito pelo contrário, é algo mais amplo. Em um mundo corporativo em que cada vez mais trabalhos são baseados em projetos e tarefas, a GE está tentando alinhar melhor seu uso de talentos com as instáveis necessidades da empresa. Dado que suas práticas de gerenciamento foram historicamente copiadas por todo o mundo corporativo — a onda de terceirização indiana dos anos 1990 é um excelente exemplo —, isso pode ser visto como uma indicação do que está por vir em muitos outros lugares.

Isso implica que mais do trabalho a ser realizado caberá a freelancers e profissionais por contrato. Isso também significa que esses não são necessariamente becos sem saída, como as experiências de Marta Ramos como zeladora terceirizada. Então, em que situações e termos o contrato de trabalho pode ser um caminho perfeitamente viável para um profissional ambicioso e qualificado? Quais são as compensações e como podemos explorar plenamente os benefícios enquanto minimizamos os custos?

248   COMO VENCER NO MUNDO DO TUDO OU NADA

Para descobrir isso, fui ao encontro de um jovem tecnólogo freelancer que fazia essa vida funcionar bem a seu favor; sua história é instrutiva. Mas primeiro, me encontrei com seu agente.

UM ENGENHEIRO DE SOFTWARE ENTRA EM UMA AGÊNCIA DE TALENTOS

Michael Solomon descobriu ainda jovem que havia uma indústria na qual poderia usar jeans para trabalhar, se divertir, sair com estrelas do rock e ganhar bastante dinheiro. Como empresário na indústria musical, ele ajudou a guiar as carreiras de John Mayer, Vanessa Carlton e outros artistas populares. Até, pelo menos, o surgimento do compartilhamento de arquivos, que tornou obsoleto o antes lucrativo negócio de venda de músicas em CDs — resultando em uma considerável escassez de opções para quem ainda tenta ganhar dinheiro no mercado da música.

Em 2010, a empresa de Solomon criou um aplicativo móvel para os superfãs de Bruce Springsteen em parceria com o cantor e sua equipe de gerenciamento. Coube a Solomon buscar alguns desenvolvedores de software freelancers que pudessem construir o produto. Ele localizou as pessoas certas e depois viveu o que pareceu ser uma experiência estranha enquanto fechavam o acordo. "Eles não estavam se representando bem no que eu considerava como uma negociação", disse Solomon. "Começamos com uma oferta baixa, e eles simplesmente aceitaram. Imaginei que haveria algum tipo de negociação." A equipe de Solomon se sentiu mal, porque sentia que estava explorando a falta de traquejo de negociação dos engenheiros, e, por fim, decidiu por conta própria aumentar sua compensação.

Em um ponto durante o avanço do projeto, os engenheiros pararam de fornecer atualizações ou responder a e-mails. O que aconteceu: eles encontraram um obstáculo técnico e não queriam admitir que havia algum problema até que fosse resolvido.

Solomon e seu sócio, Rishon Blumberg, perceberam que esses engenheiros precisavam dos mesmos serviços que eles prestavam aos músicos. Os artistas confiam que seus empresários negociem valores e administrem seus negócios com eficiência. E os engenheiros precisavam de alguém que desempenhasse esse papel. Desse insight nasceu a 10x Management, uma empresa que representa talentos técnicos de alto nível. O nome deriva da noção, comum aos círculos da tecnologia, de que os melhores desenvolvedores de software são dez vezes mais valiosos do que os desenvolvedores comuns. "Percebemos que existe um ciclo em todos os setores onde há talento, sejam músicos, atores ou atletas", disse Solomon. "Há um período no qual eles são precariamente explorados e, então, há um outro em que as forças do mercado são impostas, porque agentes e empresários aparecem para ajudar a impedir que essas pessoas sejam exploradas, já o outro lado é representado pela sindicalização, que ainda não aconteceu nesta indústria."

Seus clientes vivem por todo o mundo; há até quem prefira trabalhar de uma praia na Tailândia. Muitos trabalharam na equipe de algumas empresas de tecnologia famosas como Apple, Google ou Facebook. As empresas que os contratam normalmente precisam que algum problema técnico difícil seja resolvido. Quando eu e Solomon nos encontramos, no início de 2018, por exemplo, a tecnologia de blockchain e as criptomoedas estavam em alta demanda, então o pequeno número de engenheiros que conheciam blockchain como a palma de suas mãos poderia firmar contratos lucrativos com qualquer empresa que considerasse uma oferta inicial de moeda ou outras iniciativas.

Solomon descreve a mentalidade de uma empresa que pensa em contratar um de seus clientes em vez de um funcionário convencional: "Com as startups, eles podem pensar que pagar US$200/hora a um desenvolvedor R pareça realmente caro, então eles vão contratar alguém em período integral e pagando US$200 mil/ano, ou seja, US$100/hora. Mas há quanto tempo está procurando por alguém? Se forem oito meses, quanto você deixou de produzir nesse tempo? E quando encontrar esse profissional que aceitará US$200 mil por ano, quanto tempo ficará com essa pessoa na empresa? Quanto ela receberá de patrimônio líquido? Quanto você pagará pelo aluguel de seu espaço de trabalho? Como as férias remuneradas serão fatoradas?"

250   COMO VENCER NO MUNDO DO TUDO OU NADA

Somando tudo isso, antes que você perceba, algumas centenas de dólares por hora para um engenheiro talentoso em um contrato de duração limitada parece uma opção tentadora.

Mas a verdadeira pergunta que tinha para Solomon era como a equação é vista pela perspectiva do trabalhador — no caso de seus clientes, aquelas pessoas com muitas opções em termos de empregos convencionais e bem remunerados. Quais são as compensações? Para aqueles que encontram real sentido dessa vida — quais são os traços de personalidade e as ambições que tornam uma pessoa com a opção de um trabalho corporativo bem remunerado mais adequada a uma carreira que mais parece com a de uma estrela do rock focada em shows? Para encontrar essa resposta, visitei um dos clientes de Solomon, a alguns milhares de quilômetros de distância, no melhor restaurante nepalês de Salt Lake City, Utah.[11]

O QUE ACONTECE QUANDO UM ENGENHEIRO DO GOOGLE VIRA FREELANCER?

Sam Brotherton cresceu em uma pequena cidade chamada Conyers, na Geórgia, na qual desenvolveu um profundo apreço pela matemática; seus fins de semana eram dedicados às competições de matemática, disputando a resolução de problemas com equipes de outras escolas. "Eu era um nerd", disse ele. "Digo, ainda sou um nerd, mas nerd para valer no ensino médio." Foi o suficiente para que ele entrasse em Harvard.

Brotherton não estava muito focado em sua futura carreira quando estudante, mas precisava de dinheiro. Ele se candidatou a um emprego de meio período em uma pequena empresa de consultoria de pesquisa de mercado e rapidamente percebeu que, ao desenvolver habilidades de programação mais sofisticadas, poderia aumentar seu valor de mercado. Ele aprendeu a linguagem de programação Python, e, do nada, começou a ganhar dinheiro suficiente em seu trabalho de meio período que causaria inveja na maioria dos estudantes universitários. "Se entre suas opções estão trabalhar na biblioteca por US$15/hora ou aprender linguagem de código de computador e ganhar US$75/h, obviamente escolherá a segunda", disse. Ele se mudou para Los Angeles em 2012, depois de terminar a faculdade, onde a mulher que se tornaria sua esposa fazia sua pós-graduação, e logo conseguiu um emprego em ciência de dados como um dos primeiros funcionários do aplicativo de comunicações anônimas Whisper. Depois de um ano, ele decidiu que a vida em uma startup não era sua praia. Ele buscava mais estrutura, e tinha mais vontade de escalar nos fins de semana do que ver seu trabalho se misturar profundamente com sua vida social, o que é comum em pequenas empresas com equipes tão próximas como no Whisper em seu estágio inicial. Então ele se candidatou a um emprego no Google; com sua experiência no campo de aprendizado em máquinas, a equipe de processamento de linguagem natural com sede em Los Angeles não perdeu tempo para contratá-lo.

A reputação do Google como um paraíso para seus engenheiros procede, segundo Brotherton. A (deliciosa) comida é grátis, além de outras vantagens bem conhecidas. O mesmo vale para os salários relativamente altos e a boa segurança no emprego oferecidos pela empresa. Mas, para os tipos de pessoas com a capacidade mental dos engenheiros de primeira linha, o maior apelo é todo o aprendizado que pode ser extraído das pessoas ao seu redor. "Eles realmente têm uma cultura liderada pela engenharia a ponto de contratar basicamente dezenas de milhares de pessoas inteligentes e deixá-las fazer praticamente o que quiserem, e disso surgem a página de pesquisa do Google, o Gmail e o Google Maps", disse Brotherton. "Também há muitas falhas, mas, em geral, é um lugar maravilhoso para se trabalhar como engenheiro." Ele aprendeu bastante no sentido técnico — trabalhou no Gráfico do Conhecimento, a reprodução estruturada do Google do conhecimento mundial que fortalece a capacidade de seus produtos responderem da forma certa quando você digitar "quando é o próximo voo para Nova York" ou "qual é a capital de Moçambique". Mas o aprendizado mais importante que Brotherton recebeu foi sobre como as equipes trabalham em uma organização de primeira linha. "Coisas básicas, como tratar seus colegas de trabalho, motivar as pessoas, não é algo que aprendemos trabalhando de forma independente. Isso só pode ser aprendido quando somos parte de uma equipe. O gerenciamento não precisa ser uma coisa ruim. Não precisa ser personificado por uma figura de autoridade dizendo o que fazer. Pode ser apenas alguém que permita que você faça as coisas que você faria de outra forma e que remova os obstáculos do seu caminho. Eu diria que realmente absorvi esse conceito enquanto estive lá."

Ouvindo Brotherton descrever todas as coisas impressionantes de trabalhar no Google, fiquei um pouco confuso. Por que ele deixaria um trabalho bem remunerado em uma organização de classe mundial com um chefe que ele realmente respeitava para se tornar um engenheiro de software R?

Parte dessa resposta residia em geografia e estilo de vida. Brotherton e sua esposa moravam em Culver City, a apenas 10km dos escritórios do Google, em Venice, mas a viagem poderia levar 45 minutos; o trajeto era terrível. Ele queria morar em uma cidade menor, principalmente porque eles se preparavam para começar uma família (seu primeiro filho nasceu no início de 2018).

Brotherton também estava começando a enxergar as limitações de uma carreira em uma grande empresa. Ele não sonhava em se tornar um executivo sênior, considerando todos os sacrifícios que implicariam em termos de qualidade de vida. "Eu estava começando a ficar entediado", disse ele, "porque vivia em uma utopia tecnológica e poderia trabalhar em qualquer coisa que quisesse, mas não tinha o mesmo senso de buscar a conclusão que teria em uma empresa na qual cada projeto importava".

Ainda assim, a ideia de deixar um emprego tão seguro em ir em direção ao desconhecido era um pouco aterrorizante. Brotherton conseguiu alguns contratos por meio de suas conexões mundiais em tecnologia de Los Angeles antes de se demitir. Ele comprou uma casa em Salt Lake City e, no início de 2016, depois de menos de dois anos no Google, foi até o chefe para anunciar sua demissão do que havia sido, em muitos aspectos, um emprego dos sonhos.

Nos dois anos seguintes, ele trabalhou com a empresa de Solomon, que o conectou a mais clientes em potencial. Quando Brotherton começou a negociar por conta própria, ele cobrava US$150/hora nas empresas que o contratavam; como qualquer bom agente, Solomon aumentou sua taxa para US$250/hora, e também lidava com a complicada tarefa de cobrar quando um cliente demorava a pagar. Os projetos variavam. Um particularmente interessante foi com a I.am+, fabricante de fones de ouvido premium e outros hardwares musicais, fundada por Will.i.am, do grupo de hip-hop Black Eyed Peas. Brotherton trabalhou no software que permitia que os fones de ouvido entendessem comandos de voz, que foi posteriormente licenciada à Deutsche Telekom AG para alimentar um chatbot de atendimento ao cliente.[12]

Então, quais são as compensações desse tipo de trabalho econômico de ponta que Brotherton escolheu? Para ele, há muitas.

O que ele mais ama é a liberdade — a sensação de que ele pode escolher no que trabalhar e quando. Ele aproveitou as fantásticas pistas de esqui perto de Salt Lake City para esquiar 40 vezes durante o inverno de 2017–2018 — algo que ele não teria feito se estivesse na folha de pagamento de uma grande empresa que esperaria que ele estivesse no escritório regularmente para participar de reuniões.

A outra face dessa moeda é que ele às vezes sente falta do ritmo de um escritório. Embora muitas vezes acabe colaborando com outras pessoas, incluindo alguns outros programadores contratados com os quais mantém um relacionamento profissional contínuo, a grande maioria de seu trabalho é realizada de forma solitária. Solomon descreve um pouco de paradoxo em termos do que é necessário para ter uma carreira viável como engenheiro por contrato. Um freelancer bem-sucedido precisa ser extrovertido o suficiente para lidar com os clientes, mas não tão extrovertido que sinta-se solitário sem os aspectos sociais de um ambiente de escritório mais tradicional.

"Se você realmente deseja estar em uma equipe, cercado de pessoas, e precisa desse feedback ou validação constante, não acho que seja a escolha certa para você", disse Solomon. Por outro lado, se você for totalmente recluso, também não dará certo. "É preciso ter bom traquejo social. Não ficamos trancados em um armário fazendo programação, será preciso conversar com outro engenheiro. Temos que lidar com um cliente, que pode ser um CTO ou um engenheiro que entende do seu trabalho, ou, em outros casos, pode ser uma pessoa leiga que depende de você e precisamos ter firmeza suficiente para recuar quando um erro for cometido." As grandes empresas precisam tanto de talento em programação que eles podem até mesmo fazer vista grossa caso ele seja um pouco antissocial.

Para que esse plano de carreira faça sentido, é preciso ser solitário o suficiente para não sentir muita falta dos detalhes da vida no escritório, mas não tanto que não consiga estabelecer interações de sucesso com seus clientes. A outra grande desvantagem é que o contrato por trabalho não oferece o mesmo senso de propósito e identidade que ser empregado de uma organização de alta qualidade oferece. Brotherton brinca sobre como, quando participou da reunião de cinco anos de sua turma em Harvard, as pessoas o encaravam sem saber o que dizer quando ele contava que trabalhava como engenheiro freelancer, presumivelmente imaginando silenciosamente se esse seria um eufemismo para "estou desempregado". Ele não é o tipo de pessoa que se apega a questões de status, mas até mesmo ele dá o braço a torcer de que, ao voltar da reunião, ponderou se valeria a pena pensar melhor em se tornar funcionário remoto de uma empresa famosa.

Além disso, um contrato de trabalho freelance como esse não oferece um caminho prático para o andar executivo; caso sua vontade seja administrar uma grande organização, é infinitamente mais provável chegar lá gerenciando equipes cada vez maiores na empresa, não executando algum projeto — mesmo que ela seja muito importante — em um contrato de três meses. Essencialmente, Brotherton precisa retirar sua identidade e valor próprio de outras coisas que não uma impressionante empresa que paga seu salário — sua família, atividades recreativas, a satisfação inerente de resolver problemas técnicos difíceis. Isso não é para todos.

Então, temos as dimensões financeiras. Brotherton me contou que, de alguma forma, ganha mais do que ganhava como engenheiro na equipe do Google — mas com isso vem um risco consideravelmente maior. É fácil imaginar um cenário na próxima recessão no qual o Google não demita engenheiros qualificados, mas a demanda por contratos de trabalho seja extinta. Então, ele me disse que se concentra na economia que faz, que é maior do que seria caso ele fosse um funcionário interno.

Ele e Solomon mencionam a importância de fazer a contabilidade correta- mente ao comparar a remuneração entre um trabalho convencional e o estilo de vida de freelancer. Quanto um empregador pagaria por plano de saúde? Quanto a empresa contribui para o seu plano de aposentadoria? Você está contabilizan- do adequadamente as férias remuneradas, licença médica e licença maternidade/ paternidade? E, então, ainda temos as despesas inevitáveis: Brotherton precisa comprar seu próprio computador e software, além de pagar um contador para lidar com seus impostos mais complicados, e a empresa de Solomon recebe uma comissão. De fato, a renda bruta de freelancer deve ser substancialmente mais alta do que a de um funcionário interno equivalente, e essa proporção depende de que esse freelancer faça as contas de forma correta.

Por fim, é difícil mensurar um benefício para as relações tradicionais empre- gatícias, mas um candidato a funcionário efetivo precisa pensar cuidadosamente. Parte de ser membro da equipe de uma empresa estabelecida é a oportunidade de expandir suas experiências e habilidades em novas direções. Todas as recomen- dações para se tornar um funcionário ótimo de Pareto discutidas anteriormente neste livro serão mais fáceis de executar quando se está na folha de pagamento de uma empresa. As experiências e habilidades que você está desenvolvendo fazem *parte da remuneração que você recebe em troca do seu trabalho*. Por exemplo, se você for um bom engenheiro na equipe de uma empresa, pode ter a oportunida- de de assumir um projeto em uma esfera diferente, que estará um pouco fora de sua alçada. Pode ser que você seja incentivado a interagir com noções de vendas e finanças e com dimensões de marketing de um novo produto, o que pode permi- tir um caminho para empregos mais altos. É por meio dessas experiências cumu- lativas ao longo de uma carreira que nos tornamos funcionários mais capazes.

Porém, com trabalho freelance, as empresas só têm interesse na contratação de profissionais que tenham experiência comprovada no trabalho em questão. Não há um incentivo para investimento em longo prazo no desenvolvimento do fun- cionário. A empresa não se importa se, no final, você se tornará um terceirizado ótimo de Pareto, da mesma forma que se preocupa em desenvolver funcionários para tal. Portanto, esse ônus recai sobre Brotherton e pessoas como ele — estudar a tecnologia de ponta e cultivar constantemente novas habilidades. Uma das formas pelas quais Brotherton faz isso é escolhendo cuidadosamente quais contratos assinar, baseando-se, em parte, se ele será exposto a uma tecnologia emergente que pode, em longo prazo, agregar valor a suas habilidades. Ironicamente, ele disse, o fato de tantas pessoas na economia da tecnologia freelance pensarem dessa forma significa que a compensação pode realmente ser melhor quando se trabalha com tecnologia antiga e desatualizada do que com suas melhores e mais recentes versões.

Voltando para o meu hotel, depois do jantar com o Brotherton, pensei um pouco sobre Gail Evans e Marta Ramos. Embora seja óbvio que a contratação e a terceirização podem ser uma ferramenta para as empresas minimizarem seus custos e, no processo, criarem oportunidades menos gratificantes para seus funcionários, também é óbvio que esse não é o fim da história. Quando li a pesquisa de Matthew Bidwell sobre por que as empresas usam contratos limitados para alguns tipos de trabalho e outros não, e conversando com Dyan Finkhousen na GE sobre como o trabalho de crowdsourcing e outros modelos alternativos se encaixam no futuro da empresa, e com Solomon e Brotherton sobre as recompensas reais de ser um contratado técnico, percebi um denominador comum.

Quando você contempla aceitar um contrato ou trabalho freelance como um passo na carreira profissional, tudo é situacional. Qual é a natureza da oportunidade — *por que* a empresa está usando um contrato para esse trabalho? Isso combina com sua personalidade e ambições? Você calculou adequadamente o valor real da remuneração e descontou as compensações quanto à identidade e as oportunidades de aprendizado, e todo o resto? Nesse caso, assine logo esse contrato.

10

Um Quarto de Milhão de Horas

E VIVENDO UMA VIDA ÓTIMA DE PARETO

A ideia central por trás deste livro, como você já percebeu se leu até aqui, é a seguinte: o cenário econômico evoluiu de formas que favorecem empresas grandes, globais e avançadas em termos digitais; para prosperar nesse mundo, um profissional ambicioso deve compreender como diferentes tipos de conhecimento funcional se encaixam; a melhor forma de chegar a esse ponto é ter uma carreira um tanto sinuosa, permitindo a exposição a vários tipos de especialização. Ao longo dos nove capítulos anteriores, exploramos as forças que criaram esse cenário econômico e, devido a tais mudanças, os modos pelos quais uma pessoa consciente navegando por este mundo pode ter as melhores chances de obter sucesso.

Vale a pena parar e perguntar: O que significa "sucesso"?

O título deste livro foi escolhido com cuidado e com um toque de ambiguidade intencional. No início do planejamento deste projeto, minha ideia era escrever um guia de remuneração na economia moderna — o que é preciso para ser pago. Mas quanto mais pensava nisso, mais percebia que era um conceito muito redutivo. Claro, há quem considere maximizar seus ganhos e ficar rico como a definição de "vencer". Mas nem todos consideram voar em jatos particulares e ter uma enorme casa de veraneio como o objetivo fundamental de suas carreiras. Há quem extraia satisfação mais de um senso de construção de império — administrar uma grande organização.[1] E, claro, para outras pessoas, uma carreira de sucesso pode significar algo mais simples ainda: conseguir realizar um trabalho envolvente, com compensação suficiente para viver confortavelmente e ter tempo livre suficiente para desfrutar de atividades mais relaxantes. No capítulo anterior, Sam Brotherton representa um exemplo de quem definiu o sucesso dessa forma.

Incluí "Como Vencer" no título deste livro porque vencer é um conceito suficientemente subjetivo que abrange todas essas prioridades e outras. As ideias exploradas nos capítulos anteriores são úteis, caso suas ambições sejam chegar a um grande escritório executivo ou refletir sobre um diferente conjunto de prioridades. Acho que isso ficou mais claro para mim no início deste projeto, quando me sentei com um homem chamado Nick Lovegrove.

ABRINDO OS FOLES

Lovegrove entrou na McKinsey como um jovem consultor em 1982, quando seu escritório em Londres era um sonolento posto com sede em um antigo clube de cavalheiros de Mayfair, perto do St. James's Palace, no início de uma carreira com muitos zigue-zagues. Ele se tornaria um dos principais consultores em estratégia de mídia europeia durante a confusão dessa indústria nos anos 1990, depois, no início dos anos 2000, trabalhou como consultor de políticas do primeiro-ministro britânico Tony Blair e depois liderou o escritório da McKinsey em Washington por seis anos, seguido por passagens, mais tarde em sua carreira, em funções de negócios públicos na Albright Stonebridge e, por fim, Brunswick. Conversei com ele porque é o autor do livro *The Mosaic Principle* (*O Princípio do Mosaico*, em tradução livre), que apresentava interseções com os temas deste livro.[2]

Conversamos sobre a tensão inerente entre ser um especialista e um generalista no mundo corporativo — como a complexidade tecnológica dos negócios modernos demanda um conhecimento especializado mais profundo, mas paradoxalmente pode oferecer as maiores recompensas para quem pode combinar tópicos, enxergar ligações entre especialidades, falar diferentes idiomas e traduzir as interações entre tribos. Falando sobre as diferentes fases de uma carreira de sucesso, Lovegrove usa a metáfora de um fole, um daqueles dispositivos que você abre ou fecha para soprar o fogo.

"Há períodos em sua carreira em que você busca fechar os foles e restringir o foco, porque realmente é preciso agir com inteligência sobre alguma coisa", disse. "Depois, temos períodos em que desejamos abrir e liberar nossas restrições de alguma forma."

No início dos anos 2000, quando Lovegrove chegava ao máximo de sua capacidade como consultor da indústria de mídia, esse mercado dava sinais de fraqueza. "O trabalho da mídia secou. A bolha pontocom, o boom e a ascensão e queda, de certa forma, destruíram os modelos de negócios. Ninguém tinha dinheiro. Todos estavam empacados. Então você se pega pensando: 'Meu conhecimento tem zero valor comercial no momento.' Na consultoria, se você se concentrou em algo que não está mais em voga, não está em demanda, é preciso ampliar. E essa é a parte mais complicada. A parte da redução é relativamente fácil. É como escolher uma especialização, escolher um curso na faculdade. Após a escolha, basta fazê-lo pelo tempo que puder. A expansão é a parte mais difícil, porque queremos encontrar um gancho, um ponto de conexão que nos permita evoluir." No caso dele, era perceber as ligações entre as questões políticas no centro da concorrência no setor de mídia: regulamentações governamentais dos setores de telecomunicações e transmissão. Ele se reposicionou como especialista na interseção de políticas públicas e negócios em geral. Isso o levou a trabalhar com o governo britânico e depois mudar-se para Washington.

Ele argumentou que essa capacidade de reinvenção pessoal é parte do que separa profissionais com longas carreiras gratificantes daqueles que se veem paralisados ou frustrados. "Nas empresas de consultoria, se não houver demanda por um tipo específico de serviço, há a opção de se reinventar, reiniciar ou sair e

260   COMO VENCER NO MUNDO DO TUDO OU NADA

fazer outra coisa. Essa linguagem de reinicialização era muito usada. Mais tarde, passei muito tempo em comitês de avaliação na McKinsey, e geralmente perguntávamos se as pessoas tinham a capacidade de se reiniciar. Haviam sido reiniciados no passado? Demonstraram que podem realmente mudar seu foco? Percebo agora que estávamos perguntando de forma inerente: 'Eles tinham amplitude suficiente para recorrer ou utilizar quando esgotassem os caminhos em sua própria especialidade?'" É aí que a analogia de Lovegrove e alguns dos conceitos da primeira parte deste livro se cruzam. O que realmente contribui para uma carreira de sucesso — que combina longevidade e sucesso financeiro com engajamento intelectual e senso de propósito — é a capacidade de expandir e mudar de direção constantemente, além de conseguir aplicar habilidades aperfeiçoadas em um trabalho dentro de algum novo contexto. É um modo distinto de descrever o tipo de carreira sinuosa e em zigue-zague descrita no Capítulo 3, que representa o melhor caminho para se tornar um funcionário ótimo de Pareto ou, caso você sonhe com a gerência, um executivo ótimo de Pareto.

"Quanto mais penso nisso, as mudanças no mundo dos negócios desde que o deixei para trás, nos últimos 30, foram maiores do que nos 30 anos anteriores a esse ou a qualquer período que analisemos. Os computadores e a globalização tornam este um período transformador. E isso significa que as pessoas que se esforçaram para alcançar o sucesso são hábeis no gerenciamento disso. Elas provavelmente tiveram consideráveis experiências internacionais. Conseguem lidar com a complexidade. E provavelmente fizeram ajustes significativos na carreira ao longo do caminho. É improvável que tenham feito uma coisa exclusivamente."

Lovegrove leva essa ideia muito além dos limites dos conselhos de carreira. Ele vê essa abordagem de gerenciamento de carreira intimamente ligada às realidades mais amplas do que é necessário para ter uma vida gratificante. Ele enfatiza uma forte bússola moral, relacionamentos profundos com os outros e o cultivo de amplos interesses intelectuais.

Ao ouvir Lovegrove esboçar essa filosofia, comecei a me preocupar com o fato de as ideias deste livro estarem retratando o gerenciamento de carreira por perspectivas muito limitadas. Afinal, se o objetivo deste livro é falar sobre "ter tudo" na economia moderna, e isso não se limita à definição de ganhar mais poder e mais dinheiro, como esses conceitos de otimização de Pareto e compreensão do cenário econômico em que todos operamos se aplica à vida fora das atividades restritas no trabalho?

A resposta pode estar em alguns cálculos simples.

UMA VIDA ÓTIMA DE PARETO

Tipicamente, pelo menos nos EUA, uma pessoa se forma na faculdade aos 22 anos. Da mesma forma, tradicionalmente, ela se aposenta aos 65 anos. Há muita variação em ambas as afirmações, é claro — muitas pessoas começam ou terminam sua vida profissional em idades diferentes. Mas para essa pessoa arquetípica, 43 anos se passarão entre uma cerimônia de formatura da faculdade e uma festa de aposentadoria.

Esses 43 anos somam 15.706 dias, incluindo o dia bissexto de 29 de fevereiro a cada 4 anos. Não podemos esquecer dele.

Se tiver cerca de 8h de sono por noite, sobram 16h por dia. Multiplique essas 16h pelo número de dias durante uma carreira profissional e teremos 251.292h nos primeiros anos de trabalho de um adulto. Vamos chamar de um quarto de milhão de horas para simplificar.

Durante esse quarto de milhão de horas, um trabalhador profissional passará por todas as maçantes reuniões, descobertas emocionantes, vendas bem-sucedidas e decepções que a vida profissional pode oferecer. Mas isso não é tudo. Esse quarto de milhão de horas também incluirá todas as noites com um futuro cônjuge, as tardes passadas assistindo ao seu time de esporte favorito perder um grande jogo, qualquer produção escolar estrelada por seus filhos e todo domingo à tarde passado cochilando no sofá.

Ao apresentar a ideia de uma carreira ideal de Pareto, analisamos como o objetivo é alcançar uma fronteira eficiente, criando qualquer combinação de conhecimentos necessários em sua profissão. Você pode não ser o melhor estrategista corporativo do mundo e nem ser o melhor engenheiro de software, mas, voltando à frase de AJ Liebling, seu futuro será brilhante se você for melhor em estratégia corporativa do que qualquer um que seja um melhor engenheiro de software e melhor engenheiro de software do que qualquer um que saiba mais sobre estratégia corporativa.

Essa ideia da otimização de Pareto consiste realmente em maximizar algo contra uma restrição vinculativa. Mas lembrem-se do seguinte: as 250 mil horas de trabalho com as quais você precisa lidar durante a sua carreira profissional são a maior e mais vinculativa restrição de todas.

O objetivo de qualquer um de nós não pode ser simplesmente maximizar uma fronteira — ganhar mais dinheiro, ter o título mais impressionante ou supervisionar o maior número de funcionários. A única forma remotamente sensata de pensar em uma carreira é em termos Lieblinguescos — comparar diferentes elementos de seus objetivos de vida. É um exercício de otimização. Não se trata apenas de ganhar dinheiro, mas ganhar o máximo de dinheiro possível, além de ser um ótimo pai e cônjuge. Não é sobre ter as mais impressionantes responsabilidades executivas; o importante é ter o título mais impressionante possível, e também trabalhar em uma organização de que você se orgulhe e considere satisfatória.

Várias vezes, durante minhas entrevistas com as pessoas que protagonizam as histórias contidas neste livro, me impressionei com a frequência com a qual perguntas cruciais sobre o progresso na carreira esbarravam em elementos profundamente pessoais da vida. Entre tantas conversas, havia aspectos de como equilibrar uma carreira com relacionamentos pessoais ou a responsabilidade financeira acarretada em ter filhos pequenos. As escolhas de carreira não existem no vácuo. Não somos robôs que realizam uma tarefa específica em troca de uma recompensa específica. Sua carreira é o modo como você passará grande parte desse quarto de milhão de horas, e a meta de todos nós é otimizar com base no que realmente nos importa.

O que volta ao motivo pelo qual este livro se trata de "ter tudo", em todos os seus significados possíveis, não "ganhar o máximo de dinheiro possível" ou "tornar-se o CEO de uma empresa da lista da Fortune 500". Mas não se engane, as pessoas que conseguem se tornar bilionárias ou chegam ao topo do mundo corporativo fizeram algumas escolhas diferentes na otimização do que a maioria das pessoas. Elas podem ter sacrificado tempo com suas famílias, diversão, sono ou todos os itens acima, e provavelmente usaram suas 250 mil horas de maneira diferente do que o profissional médio. E isso é bom, desde que tenham feito essas escolhas deliberadamente e com total consciência sobre a natureza das trocas que estavam fazendo.

Devido às muitas mudanças na economia do século XXI, o cenário de carreira atual é algo que nossos avós mal reconheceriam. Este livro tem como objetivo falar dessas mudanças e suas implicações para a navegação na vida profissional. Mas, mesmo que a tecnologia e o cenário competitivo mudem ao nosso redor, essa dura restrição de um quarto de milhão de horas não mudará. Então, o que realmente conta como levar a melhor no mundo do tudo ou nada? É ser atencioso e fazer uma série de escolhas que garantam que, ao fim de suas 15 milhões de horas, você possa relembrar as escolhas que fez — entre trabalho e lazer, dinheiro e satisfação pessoal, e assim por diante — e esteja confortável com elas.

Na introdução, argumentei que a economia moderna é como um amplo e tempestuoso oceano, e cada um de nós que administra uma carreira está tentando navegar por ele com um pequeno barco desgovernado por forças fora de nosso controle. Mas, quando armados de uma compreensão dos ventos e correntes, que este livro tem objetivo de fornecer, nossa situação fica melhor. Os mares podem não ser calmos, mas a navegação pode ser melhor se conhecermos os desafios à frente.

Boa navegação.

Apêndice

Principais aspectos: *O que lembrar deste livro*

Introdução

A economia do século XXI favorece cada vez mais empresas grandes, complexas e tecnologicamente avançadas. Este livro fala da navegação por essa realidade.

Tem mais chance de prosperar nesse ambiente quem abraça a fluidez dos negócios da era digital como uma oportunidade e cuidadosamente estuda a economia de seu setor. Pessoas ambiciosas de nível baixo e médio precisam entender a dinâmica dos negócios que antes era prioridade apenas dos executivos seniores.

Essa é uma habilidade que qualquer pessoa pode cultivar, se tiver a mentalidade certa. Adaptabilidade e capacidade de reinvenção são detalhes que podemos desenvolver, como ampliar-nos sobre as novas áreas em ambientes de baixo risco, como faculdade ou empregos no início da carreira.

Este livro quer ajudar pessoas ambiciosas a seguir uma carreira nessa economia em constante mudança, da mesma forma que um marinheiro deve entender os ventos e correntes.

266 APÊNDICE

Capítulo 1: A Ascensão dos Agregadores

Os tipos de organizações que dominam a economia moderna são dramaticamente maiores e mais complexos do que seus semelhantes das gerações passadas, combinando muito mais pessoas e habilidades muito mais avançadas.

Isso significa que é impossível que qualquer pessoa tenha uma compreensão profunda do que acontece em todos os cantos dessas empresas, e isso dificulta a eficácia do trabalho em equipe.

Por sua vez, isso quer dizer que as pessoas que conseguem preencher as lacunas entre os diferentes tipos de especialização tornam-se especificamente valiosas. Seu objetivo é se tornar uma dessas pessoas, que podem ser chamadas de "agregadoras", porque ajudam as equipes a se unirem efetivamente.

O primeiro passo para se tornar uma pessoa agregadora é entender como sua função se encaixa no cenário mais amplo da sua organização. Tenha certeza de que entende como sua empresa ganha dinheiro e como sua função, e as funções dos departamentos adjacentes, ajudam ainda mais nesse aspecto.

Também há tipos ruins de agregadores — aqueles que agilizam processos com burocracia extra sem realmente ajudar a impulsionar os projetos. Você não quer ser esse tipo de pessoa agregadora.

Qual é a diferença entre bons agregadores e maus agregadores? Os bons são funcionários ótimos de Pareto. Essas são aquelas pessoas que não conseguem ter maior habilidade em uma área relevante para seus trabalhos sem sacrificar algo em outra.

As organizações precisam de pessoas no meio da curva de Pareto, que possuam uma quantidade razoável de habilidades em duas ou três áreas; geralmente são os gerentes-gerais. Também precisam de pessoas que se aprofundem em uma área e tenham apenas uma leve exposição a outra, mas é preciso que elas sejam extraordinárias em seus trabalhos.

A questão principal é que, se você estiver abaixo dessa curva, descubra a maneira mais rápida de chegar à fronteira do ótimo, tornando-se ainda melhor em sua principal área de foco ou ampliando sua experiência em uma segunda ou terceira área.

Capítulo 2: Adequando-se ao Padrão de Pareto

Pode ser desafiador descobrir qual mistura de conhecimento e habilidade devemos cultivar para nos tornarmos ótimos de Pareto no nosso setor. Pergunte a si mesmo que combinações de habilidades provavelmente serão recompensadas pelo mercado e cultive aquelas que lhe faltam.

Acumular habilidades que geralmente não são encontradas ao mesmo tempo na mesma pessoa pode ser particularmente valioso: um engenheiro que desenvolveu sua capacidade de vendas, por exemplo, ou um profissional de finanças que entenda de desenvolvimento de software.

Monitore os anúncios de vagas de empregos das empresas consideradas vanguardistas em seu campo para entender que tipos de habilidades e combinações provavelmente estão em alta à medida que o restante da indústria tenta alcançá-las. Essas ideias se aplicam ainda mais fortemente caso seu objetivo seja chegar a gerente sênior. Os executivos do nível da diretoria quase por definição devem entender de várias áreas de especialidade funcional e como elas se cruzam.

Quem quer assumir o cargo de CEO e outros cargos importantes deve aproveitar todas as oportunidades ao longo do caminho para ampliar sua experiência em diferentes áreas funcionais (marketing, finanças, operações e assim por diante), e em diferentes geografias, para se tornar um candidato atraente.

Capítulo 3: O Poder do Mindset

Ao longo de uma carreira, há muitos incentivos para nos especializarmos e melhorarmos no que já somos bons. Mas muitas vezes há vantagens surpreendentes em ser um generalista que se desloca por entre diferentes especialidades; vale focar a fortificação dos nossos pontos fracos, em vez daqueles em que já temos experiência.

APÊNDICE

A ideia de uma escada de carreira é defasada. Em vez de um caminho linear até o topo da hierarquia, hoje as carreiras de sucesso tendem a seguir uma "carreira estruturada", na qual movimentos laterais ou descendentes em diferentes disciplinas não são apenas aceitáveis, mas frequentemente cruciais para, eventualmente, chegarmos mais alto.

Quando avaliamos uma oportunidade de emprego, não devemos considerar apenas nossas chances de promoção. Devemos observar o que ela pode oferecer em habilidades e experiências que nos colocarão em uma boa posição para cercar-se de opções interessantes, independentemente da mudança dos ventos econômicos.

Pense em cada trabalho como uma "missão" de dois a quatro anos em que você pretende realizar uma tarefa específica, ou obter um tipo específico de experiência ou habilidade, e após esse tempo, encontrará algo novo a ser realizado, seja na mesma empresa, ou em um lugar diferente.

Treine-se para ter uma "crise dos três anos" em qualquer trabalho que tiver. No primeiro ano em um novo emprego, você ainda está testando e explorando o caminho. No segundo ano, é quando as mudanças acontecem. No terceiro ano, é quando você se acomoda, e chega a hora de buscar aquele desconforto e novas experiências.

Isso está relacionado à ideia de um "mindset de crescimento", que é frequentemente discutida em um contexto psicológico. É a versão de gerenciamento de carreira para uma abordagem ao mundo que envolve abrir sua mente para novas experiências e ir atrás do desconhecido.

Não pense nessas etapas da carreira como uma sequência de trabalhos como uma espécie de pintura guiada por números que podemos traçar com antecedência. É preciso dar uma série de saltos, como se estivesse pulando de uma vitória-régia para a outra, sem ter certeza de para onde estamos indo.

Em qualquer cargo, o que realmente importa para o seu crescimento em longo prazo é o que você leva em termos de experiência. Pode-se descobrir uma narrativa coerente em sua carreira com o benefício da retrospectiva.

APÊNDICE   269

Capítulo 4: Como o Big Data Pode Melhorar sua Performance

A explosão da capacidade na computação tornou possível uma análise muito mais rica de como as pessoas trabalham e o que as torna bem-sucedidas em um ambiente profissional.

Embora a maior parte desse trabalho seja conduzida pela gerência sênior e tenha como objetivo tornar as organizações mais bem-sucedidas, gera lições que os indivíduos devem usar para melhorar seu desempenho, da mesma forma que os jogadores de beisebol podem usar análises estatísticas avançadas para melhorar seus resultados e aumentar seu valor.

Bons jogadores se concentram nas informações que controlam e tendem a gerar sucesso ao longo do tempo, em vez de resultados finais. Da mesma forma, procure dados que indiquem quais ações provavelmente gerarão sucesso futuro e se comporte de acordo.

Por exemplo, uma grande empresa de software criou lições práticas sobre um trabalho de big data que provavelmente também se aplicarão a outras configurações de negócios:

- O ideal é que as semanas de trabalho tenham de 40h a 50h. Os gerentes que trabalhavam muito mais do que isso, principalmente à noite e nos fins de semana, tendiam a ter funcionários menos engajados.

- Se você for um gerente, conduzir frequentes reuniões particulares com seus subordinados diretos, mesmo que curtas, tende a gerar mais sucesso ao longo do tempo para ambos os lados.

- Trabalhe assiduamente na construção de sua rede de contatos dentro da sua organização; quanto mais pessoas você conhecer, maior a probabilidade de ser feliz e bem-sucedido.

270 APÊNDICE

Mantenha a mente aberta e ouça o que os dados e análises estão dizendo sobre seu desempenho. Nem sempre se encaixará nos seus instintos e nem sempre será bom de ouvir.

Capítulo 5: A Economia da Gestão

O papel de um gerente é tornar seus funcionários mais produtivos, economicamente falando — produzir mais valor econômico em qualquer quantidade de trabalho.

Em uma economia da informação, isso geralmente não significa apenas pressionar para que os funcionários trabalhem mais; geralmente significa criar um sistema que faça com que seu trabalho produza mais lucros do que em um sistema menos eficaz. Alcançar uma produtividade mais alta, economicamente falando, é crucial para atingir compensações mais altas. Portanto, como trabalhador, seu dever é procurar gerentes e sistemas que elevem o valor do produto do seu trabalho e, caso se torne gerente, cabe a você procurar formas de agregar mais valor ao trabalho de seus funcionários.

As diferenças entre empresas bem gerenciadas e mal gerenciadas são grandes e persistentes. Um bom gerenciamento essencialmente funciona como uma tecnologia que algumas organizações possuem e outras não.

Isso tende a criar efeitos de tudo ou nada em todos os pontos dos negócios modernos, um ciclo no qual as empresas mais bem administradas são as mais rentáveis e, portanto, por meio de reputação e altos salários, podem recrutar os melhores candidatos e, assim, consolidar suas vantagens.

Procure emprego nas empresas mais bem-administradas e bem-sucedidas, se possível, nas quais provavelmente trabalhará com outros profissionais de alto desempenho que complementarão suas próprias habilidades, tornando todos mais produtivos.

Capítulo 6: Navegando pelo Mundo do Tudo ou Nada

Mais indústrias estão sendo dominadas por um punhado de empresas grandes e altamente lucrativas. Há várias razões para isso.

- Investimentos intangíveis, como software e patentes, tornam-se mais importantes para os produtos modernos do que o capital físico, como imóveis e máquinas.

- Os efeitos das redes de contatos passam a predominar em mais setores, situações em que quanto mais pessoas usam um produto ou serviço, mais valor ele terá para todos.

- O crescente poder de mercado de grandes empresas em alguns setores criou incentivos para a consolidação.

- A regulamentação governamental pode consolidar as vantagens de grandes empresas politicamente conectadas e dificultar que concorrentes os desafiem.

- As autoridades antitruste tornaram-se mais tolerantes a fusões entre grandes empresas, mesmo em mercados em que há relativamente pouca concorrência.

A ascensão dessas empresas famosas significou um aumento na demanda pelos profissionais agregadores ótimos de Pareto discutidas nos dois primeiros capítulos, dada a complexidade tecnológica e dos negócios.

Mas isso não significa que estas empresas sejam as únicas em que vale a pena trabalhar. Assim como há contrapartidas para diferentes modos de investimento — empresas em crescimento, empresas de valor, startups — o mesmo vale para o trabalho em diferentes tipos de empresas.

As empresas "vencedoras" são as famosas lucrativas; empresas "aspirantes" são as startups que desejam se tornar vencedoras um dia (ou serem adquiridas por uma); "esquecíveis" são as empresas em dificuldades.

Nas empresas vencedoras, as lucrativas e renomadas, existe a segurança de um salário constante e a noção de que, se fizer um bom trabalho, haverá uma hierarquia clara para galgar posições. Mas é fácil ficar isolado em uma área específica, e é preciso se esforçar mais para encontrar motivação interna e bons mentores, se a intenção for ser empreendedor e superar os limites.

Nas empresas aspirantes, a remuneração financeira tende a ser baixa e representada por ações de alto risco. Há pouca estrutura burocrática, o que pode ser irritante. Mas parte de sua remuneração reside na chance de ir além de seus próprios limites, mais do que faria em uma empresa mais estabelecida.

Em empresas esquecíveis, podemos identificar uma mistura da inércia burocrática das vencedoras e do risco financeiro das aspirantes. Entretanto, frequentemente, essas empresas têm pontos fortes subavaliados, e o processo de descoberta e aprimoramento delas pode ser gratificante, tanto financeira quanto psicologicamente.

Capítulo 7: Quando o Software Devorou o Mundo

Quase todos os grandes negócios, desde energia e agricultura até finanças e mídia, são, agora, em importantes detalhes, negócios de software. Uma carreira de sucesso nos negócios do século XXI é sinônimo de conhecimento digital.

Isso não significa que todos precisam ser programadores, e nem deveriam. Ainda há um importante espaço para os não tecnólogos nessas indústrias, contanto que saibam trabalhar efetivamente nesse ambiente.

As funções mais ameaçadas pela inteligência artificial e outras tecnologias avançadas são aquelas que envolvem qualquer tipo de processo repetitivo, em vez de improviso e reação a um ambiente fluido.

A busca por uma carreira que provavelmente não será substituída pela tecnologia traz como opções o foco nesse tipo de trabalho de improvisação ou tornar-

-se uma das pessoas que impulsiona o uso de tecnologia avançada para suplantar outras funções.

A chave é pensar com ambição em como as tecnologias emergentes podem tornar possível o trabalho tradicional com mais eficiência, tornar-se a pessoa que reinventa um trabalho tradicional e não quem terá seu trabalho reinventado.

Para se tornar o automatizador de uma indústria e não o automatizado, é importante desenvolver a habilidade de "helicóptero", subindo e descendo no nível de detalhes técnicos, para conseguir se comunicar com outras pessoas que possuem diferentes tipos de conhecimento.

Capítulo 8: Devo Ficar ou Devo Ir?

A ideia de um emprego ser um relacionamento para toda vida entre um empregador e um empregado é defasada, mas ainda não atualizamos a linguagem sobre esse contrato implícito.

Pense em um trabalho dentro de uma organização de alto desempenho da maneira como um atleta profissional pensa em seu contrato com uma equipe — um relacionamento com duração limitada, que terminará quando as necessidades da equipe e as habilidades do atleta não forem mais compatíveis.

Quando estiver em um ponto crucial da sua carreira, no qual deve decidir se fica na empresa ou se aceita uma outra oferta, recorra aos princípios de honestidade e reciprocidade.

Alguns empregadores ainda demonstram mais lealdade e investimento em longo prazo do que outros; seja igual a eles, mais relutante a sair se uma oferta melhor aparecer.

Capítulo 9: Afinal, o Que É um Emprego?

Uma das maiores mudanças no cenário corporativo da última geração é o uso mais difundido de talentos autônomos e por contrato, em oposição a tradição de funcionários em período integral.

274 APÊNDICE

Para que uma carreira na economia freelancer seja atraente e potencialmente lucrativa depende muito do motivo pelo qual as empresas estão terceirizando esse tipo específico de função.

Uma racionalização dessa modalidade é que ela permite que as empresas foquem sua competência principal; um efeito colateral da contratação de funções não essenciais é que abaixar preços se torna mais fácil, ou seja, salários mais baixos para quem desempenha esse trabalho.

Mas, na prática, as firmas terceirizam o trabalho por todo tipo de motivos, alguns dos quais realmente não se tratam de minimizar custos, mas de restrições burocráticas ou a necessidade de adicionar velocidade e agilidade.

Um contrato de trabalho nestes termos pode ser parte de uma carreira remunerada e agradável, caso você tenha a personalidade, habilidades e ambição certas.

- É preciso ser tolerante ao risco e trabalhar proativamente para continuar por dentro das mais recentes tecnologias e formas de operar em seu campo.

- Sua autoestima e identidade devem derivar de algo além de ter um empregador popular e de prestígio.

- É preciso ser sociável o bastante para interagir diretamente com os clientes, mas, ainda, estar confortável trabalhando isoladamente a maior parte do tempo e não dentro das características de uma cultura de escritório.

- É preciso sentir-se confortável com a ausência de um caminho óbvio para gerenciar uma grande equipe ou chegar ao cargo de executivo sênior.

- É preciso organização e disciplina suficientes para fechar a conta, calculando adequadamente as compensações envolvidas em ter que pagar por benefícios, equipamento de trabalho e similares.

Capítulo 10: Um Quarto de Milhão de Horas

As ideias deste livro têm como objetivo ajudá-lo a alcançar o sucesso na sua carreira. Mas, na verdade, é bom pensar no sucesso de maneira mais ampla.

Em média, os adultos têm cerca de 250 mil horas de trabalho desde a formatura na faculdade até sua aposentadoria. O objetivo real é otimizar as diferentes áreas da vida — carreira, família, hobbies — de maneiras satisfatórias.

A ideia da otimização de Pareto se aplica a esses compromissos mais amplos, não apenas a adquirir habilidades em diferentes áreas funcionais que possam contribuir para uma carreira de sucesso.

Notas

Capítulo 1

1   Detalhes das técnicas de produção usadas nas versões de 1933 e 1976 de *King Kong* foram extraídos do livro de Ray Morton, *King Kong: The History of a Movie Icon from Fay Wray to Peter Jackson* (Applause Theatre and Cinema Books, 2005).

2   Os números da "equipe" neste capítulo são retirados das listas de "elenco e equipe" do IMDB de cada filme, com todos os membros do elenco e os dublês excluídos da contagem para tentar chegar ao número total de trabalhadores dos bastidores envolvidos na produção de cada filme. Para o filme de 1933, a contagem de 21 profissionais de efeitos visuais inclui equipes de efeitos especiais e efeitos visuais.

3   As estatísticas das bilheterias dos filmes são extraídas da análise do autor acerca de dados publicados pelo site BoxOfficeMojo.com [conteúdo em inglês]. Isso inclui apenas filmes distribuídos nos EUA e, portanto, exclui muitos filmes produzidos em outros mercados e que nunca foram exibidos nos EUA. Mas parece razoável supor que os filmes produzidos fora dos Estados Unidos que alcançam o sucesso de bilheteria em massa em seu mercado doméstico terão alguma divulgação — mesmo que apenas em um único cinema de um mercado único — nos EUA; e o equivalente vale, de forma razoável, para o mercado global de filmes em geral. Por exemplo, a lista de 2017 inclui o filme chinês *Wolf Warrior 2*, que faturou apenas US$2,7 milhões em bilheteria nos EUA, mas, na China, foi um arrasa-quarteirão com uma receita de US$854 milhões.

4   Essa dinâmica do tudo ou nada explica o que pode parecer um paradoxo: o custo de produção de um filme *em qualquer nível de complexidade* é, hoje, menor do que nunca, mas os orçamentos dos maiores lançamentos atuais são mais altos do que jamais foram. As barreiras à entrada são baixas — com câmeras digitais e software de edição amplamente disponíveis, quase qualquer um pode criar um filme, e vemos hoje a produção de mais filmes do que nunca. Mas isso torna ainda mais importante que os filmes com o maior apoio financeiro e artístico se diferenciem, com os efeitos visuais mais impressionantes, atores mais carismáticos e roteiros mais divertidos.

5   Revelant e a equipe que construiu a Barbershop ganharam um prêmio de realizações técnicas da Academia de Artes e Ciências Cinematográficas por seu trabalho. Esses

278 NOTAS

prêmios não trazem consigo o glamour do tapete vermelho do Oscar, mas sua estatueta veio das mãos da atriz Margot Robbie.

6 Isso foi dito por Morieux em uma entrevista, mas se você quiser entender melhor seu pensamento e como corrigi-lo, consulte o livro *Seis Regras Simples: Como Gerenciar a Complexidade sem se Complicar,* escrito com Peter Tollman (Alta Books, 2019).

7 Chris McCann, "Scaling Google with Eric Schmidt", https://medium.com/cs183c--blitzscaling-class-collection/class-8-notes-essay-reid-hoffman-john-lilly-chris-yeh--and-allen-blue-s-cs183c-technology-84ebbbaf6fa7.

8 Morten T. Hansen, "IDEO CEO Tim Brown: T-Shaped Stars: The Backbone of IDEO's Collaborative Culture", *Chief Executive,* 21 de janeiro de 2010.

Capítulo 2

1 Como uma pequena evidência da mudança, durante todo ano de 2000, a frase "cientista de dados" apareceu em apenas 129 artigos em inglês no banco de dados da Nexis. Em 2017, a ocorrência era de 500 ou mais por semana, geralmente com manchetes como "Cientista de Dados de 2020: A Carreira Mais Atraente do Século 21" (em inglês "Data Scientist of 2020: Sexiest Career of the 21st Century") , como a ITWeb Online publicou em dezembro de 2017.

2 O Burning Glass publica pesquisas sobre trabalhos híbridos e tópicos relacionados em seu site, www.burning-glass.com, que deve estar atualizado com informações mais recentes.

3 Niklas Pollard e Heather Somerville, "Volvo Cars to Supply Uber with up to 24,000 Self-Driving Cars", Reuters, 20 de novembro de 2017.

4 Os arquivos das postagens do blog *pmarca* de Andreessen estão disponíveis em https://a16z.com/2015/01/09/pmarca-blog-ebook/.

5 Cláudia Custódio, Miguel A. Ferreira, e Pedro Matos, "Generalists versus Specialists: Lifetime Work Experience and Chief Executive Officer Pay", *Journal of Financial Economics* 108, no. 2 (maio de 2013): 471–92.

6 A decadência no benefício de um MBA entre os programas de nível superior e médio foi impressionante. Um MBA de um programa classificado entre os cinco principais era equivalente a mais 13 anos de experiência profissional no peso que tinha para ajudar alguém a conseguir um emprego de destaque, enquanto um programa fora dessa classificação proporcionava um impulso de cinco anos. Ainda assim, considerando que os programas de MBA em período integral duram apenas dois anos, e alguns podem ser realizados em meio período enquanto os alunos ainda trabalham, parece haver uma recompensa decente, mesmo nos cursos de pós-graduação da área de administração nos programas de nível médio, embora, é claro, isso dependa em grande parte de detalhes dos custos das mensalidades e do dispêndio de oportunidade dos salários perdidos.

7 Para americanos e irlandeses a palavra se escreve "whiskey", para escoceses, canadenses e japoneses "whisky". Você pode escrever como quiser.

NOTAS   279

8   Mike Esterl, "CEO Bulks Up Beam, Aiming to Keep It Single", *Wall Street Journal*, 9 de outubro de 2012.

9   Amy Hopkins, "Matt Shattock on the 'East-Meets-West Phenomenon' of Beam Suntory", *Spirits Business,* 12 de abril de 2018.

Capítulo 3

1   Jennifer Merluzzi and Damon J. Phillips, "The Specialist Discount: Negative Returns for MBAs with Focused Profiles in Investment Banking", *Administrative Science Quarterly* 61, no. 1 (março de 2016): 87–124.

2   Para uma visão geral, consulte Neeru Jayanthi et al., "Sports Specialization in Young Athletes: Evidence-Based Recommendations", *Sports Health* 5, no. 3 (maio de 2013): 251–57.

3   Ajustando pela inflação, o balanço do Goldman em 1999 de US$231 bilhões equivale a US$339 bilhões no final de 2016, o que significa um crescimento de 153% em 17 anos.

4   Dentre os principais bancos de investimento: o Lehman Brothers faliu (muitos de seus ativos foram adquiridos pela britânica Barclays), o Merrill Lynch foi adquirido pelo Bank of America e o Bear Stearns foi comprado pelo JPMorgan Chase. A diferença entre banco de investimento e banco comercial tornou-se significativamente mais turva; o JPMorgan, o Bank of America e o Citigroup, em especial, são os principais agentes nas negociações, e, desde a crise, o Goldman Sachs e o Morgan Stanley foram organizados como holdings de bancos. Mas, por mais que esmiucemos, vários dados apontam para um setor bancário dos EUA mais concentrado entre as grandes empresas do que em 2007 ou 1997.

5   Para alguns funcionários do Goldman, o título "diretor executivo" é usado no lugar de "vice-presidente", especialmente fora dos EUA. Os sócios do Goldman também são diretores administrativos (embora nem todos os diretores administrativos sejam sócios).

6   É difícil exagerar a cena peculiar quando um jornalista aparece para entrevistar um banqueiro no Goldman Sachs e quem está de terno cinza é o jornalista.

7   Mike Ozanian, "Murdoch Buys Control of New York Yankees Channel for $3.9 Billion", *Forbes,* 24 de janeiro de 2014.

8   A referência (reconhecidamente obscura) de 1966 a uma "carreira estruturada", a mais antiga nesse contexto no conjunto de dados Ngram do Google, é de uma monografia publicada pela California Personnel and Guidance Association, na qual era mencionado: "Uma carreira estruturada deve estar disponível permitindo que aqueles que não desejam permanecer nos empregos em que começaram se desloquem horizontal ou verticalmente quando as qualificações estiverem dentro do padrão esperado."

9   Gosto particularmente de *The Corporate Lattice: Achieving High Performance in the Changing World of Work,* de Cathy Benko e Molly Anderson (Harvard Business

280 NOTAS

Review Press, 2010). Leia também *The Career Lattice,* de Joanne Cleaver (McGraw-Hill, 2012).

10 Em seu livro *Faça Acontecer* (Companhia das Letras, 2013), Sandberg atribui a metáfora do trepa-trepa profissional a Pattie Sellers, escritora e editora de longa data da *Fortune.* Sandberg observa que "a capacidade de criar um caminho único com quedas ocasionais, desvios e até becos sem saída apresenta uma melhor chance de realização".

11 Uma outra razão pela qual gosto da metáfora de carreira estruturada é: como se estivéssemos escalando uma estrutura na vida real, os movimentos laterais são muito menos perigosos quanto mais baixo estivermos na hierarquia. Quanto mais alto, maior o risco de cair ao darmos um desses passos laterais. É muito mais arriscado, por exemplo, que um diretor de informações tente saltar para diretor financeiro — um risco maior de dar errado — do que para um funcionário de tecnologia iniciante passar algum tempo trabalhando no setor de planejamento financeiro.

12 Para um resumo desse argumento, leia o livro de Reid Hoffman, Ben Casnocha e Chris Yeh, "Tours of Duty: The New Employer-Employee Compact", *Harvard Business Review,* junho de 2013; para uma explicação mais longa e detalhada dessas ideias e de outras relacionadas, consulte o livro *The Alliance: Managing Talent in the Networked Age* (Harvard Business Review Press, 2014).

13 Case articulou sua defesa deste argumento para esta próxima geração de empresas importantes em *The Third Wave: An Entrepreneur's Vision of the Future* (New York: Simon & Schuster, 2016).

14 A Saudi Aramco, empresa petrolífera estatal saudita, venceu por pouco o Walmart como a empresa de maior receita do mundo em 2017, com US$510 bilhões versus US$481 bilhões.

Capítulo 4

1 Dieter Bohn, "Microsoft Surface Laptop Review: Worth the Wait", *The Verge,* 13 de junho de 2017.

2 Nick Pino, "Xbox One S review", *TechRadar,* 17 de novembro de 2017.

3 Esse número na verdade implicava que Hunter recebia um pagamento alto demais. Os Yankees assinaram um contrato de cinco anos com ele que incluía um total de US$4,75 milhões de compensação, portanto seus US$950 mil em remuneração anual eram mais altos que a estimativa de Gennaro de US$680 mil de produto de receita marginal da Hunter.

4 Stan Isle, "New Rating System Puts $ on Player's Value", *Sporting News,* 24 de março de 1979.

5 Os dados históricos acumulados são do Baseball-Reference.com, com base em estatísticas da Major League Baseball de 1876. Há alguma discordância quanto à inclusão de dados de uma liga anterior e alguns dados podem estar ausentes.

6 Leia seu livro *Diamond Dollars: The Economics of Winning in Baseball* (CreateSpace Independent Publishing, 2013).

7 L. Jon Wertheim, "All the Right Moves", *Sports Illustrated,* 30 de agosto de 2010.

8 Há outras formas de chegar à base, que são mais raras e menos controladas pelo rebatedor, incluindo se beneficiar do erro de um jogador da defesa e ser atingido por um arremesso.

9 Tecnicamente, o contrato incluía apenas US$225 milhões em valor adicional, mas combinado com a compensação já prometida pelos Reds, esse era o valor por toda a duração do contrato.

10 Paul Daugherty, "Joey Votto at Center of Scouts vs. Stats Debate", *Sports Illustrated,* 24 de maio de 2013.

11 O vídeo da entrevista está no YouTube: "Keith Hernandez Interviews Joey Votto on SNY—9/24/13", postado em 25 de setembro de 2013, pelo canal SNY.

12 Paul Daugherty, "Votto Makes No Apologies", *Cincinnati Enquirer,* 1 de outubro de 2013.

13 Jessica Leber, "The Immortal Life of the Enron E-mails", *MIT Technology Review,* 2 de julho de 2013.

Capítulo 5

1 Danny Meyer, *Setting the Table: The Transforming Power of Hospitality in Business* (HarperCollins, 2006), 61.

2 O artigo da capa, de Peter Kaminsky, foi intitulado "Why Ask for the Moon When He Already Has Three Stars" (Por Que Pedir a Lua Quando Ele Já Tem Três Estrelas), conta a saga de Meyer e Colicchio ao negociarem o contrato de arrendamento do espaço da Gramercy Tavern, contratar funcionários e tudo mais. A premissa ousada na capa ficou gravada na memória da maioria das pessoas e, segundo Meyer, resultou em alguns clientes decepcionados nesses primeiros meses.

3 Em 2009, eles lançaram um negócio, sob a tutela do Union Square Hospitality Group, oferecendo serviços de consultoria a outras empresas que buscavam melhorar o atendimento ao cliente; Salgado era sócia administrativa. Em 2017, ela e Meyer decidiram seguir caminhos diferentes e ela começou a oferecer serviços de consultoria sobre comportamento organizacional de forma independente.

4 Alfred D. Chandler Jr., "The Emergence of Managerial Capitalism", *Business History Review* 58, no. 4 (inverno de 1984): 473–503.

5 Alfred D. Chandler Jr., *The Visible Hand: The Managerial Revolution in American Business* (Belknap Press, 1977), 87.

6 Charles D. Wrege and Amedeo G. Perroni, "Taylor's Pig-Tale: A Historical Analysis of Frederick W. Taylor's Pig-Iron Experiments", *Academy of Management Journal* 17, no. 1 (1 de março de 1974): 6–27.

7 Peter F. Drucker, "The Manager and the Moron", *McKinsey Quarterly,* dezembro de 1967.

282 NOTAS

8   Peter F. Drucker, *Management Challenges for the 21st Century* (HarperBusiness, 2001), 20.

9   A campanha presidencial de Donald Trump foi consideravelmente menor, com apenas cerca de 130 funcionários diretos. Os dados são de Alex Seitz-Wald, Didi Martinez e Carrie Dann, "Ground Game: Democrats Started Fall with 5-to-1 Paid Staff Advantage", NBC News, 7 de outubro de 2016.

10   O vice-governador Swift estava como governador em exercício desde que o governador Paul Cellucci havia sido nomeado a embaixador.

11   Reconheço a ironia de que este livro é uma publicação de mercado de massa que você pode ter comprado em uma livraria de aeroporto, e agradeço por você acreditar que ele não atende aos padrões de ensino revisados pelos próprios colegas.

12   A lista completa das 18 práticas de gerenciamento e critérios de pontuação está descrita em "Measuring and Explaining Management Practices Across Firms and Countries", de Bloom e Van Reenen, *Quarterly Journal of Economics* 122, no. 4 (novembro de 2007): 351–408.

13   Para uma exploração completa dessas descobertas, consulte o trabalho de Nicholas Bloom, Raffaella Sadun e John Van Reenen, "Management as a Technology?" Harvard Business School Strategy Unit Working Paper 16–133, 8 de outubro de 2017.

14   Em 2008, Bill Bishop escreveu um livro intitulado *The Big Sort* que focava em como os cidadãos americanos estavam se dividindo em geografia, economia e política de formas que ele considerava prejudiciais para a nação. Bloom usa o termo focar apenas a dimensão econômica dessa autoclassificação, mas Bishop argumenta convincentemente que a dimensão de emprego e carreira dessa seleção é apenas um pequeno pedaço de uma mudança maior, que naturalmente só se tornou mais intensa desde a publicação de seu livro.

Capítulo 6

1   Essa estimativa é do artigo da *Forbes* "The World's Highest Paid Musicians of 2016", de Zack O'Malley Greenburg (30 de novembro de 2016). O ranking varia de ano para ano (Sean "Diddy" Combs ocupou o primeiro lugar em 2017, com Swift tendo ganhos estimados de meros US$44 milhões naquele ano) e não é totalmente confiável, suas estimativas tomam como base faturamento de shows e o valor dos acordos de licenciamento e merchandising. Direcionalmente, claro, é preciso: há um punhado de artistas de grande sucesso que faturam dezenas de milhões de dólares em um ano.

2   Esses dados consideram o que se classifica como "músicos e cantores" de acordo com as classificações de trabalho das estimativas nacionais de emprego e salário ocupacional de maio de 2016, publicadas pelo Bureau of Labor Statistics dos EUA.

3   Dois trabalhos anteriores e de vanguarda que capturaram o surgimento dessas dinâmicas do tudo ou nada foram *The Winner-Take-All Society: Why the Few at the Top Get So Much More Than the Rest of Us,* de Robert H. Frank e Philip J. Cook (Penguin, 1995), e a série de Steven Pearlstein "Winner Take All", no *Washington*

NOTAS **283**

Post, que começou em 12 de novembro de 1995, com o artigo "Reshaped Economy Exacts Tough Toll".

4   Para uma articulação particularmente persuasiva das questões em torno do antitruste e do poder de mercado, consulte o livro de Barry C. Lynn *Cornered: The New Monopoly Capitalism and the Economics of Destruction* (Wiley, 2010). Para mais informações sobre efeitos de rede, consulte *Platform Revolution: How Networked Markets Are Transforming the Economy and How to Make Them Work for You,* de Geoffrey G. Parker, Marshall W. Van Alstyne e Sangeet Paul Choudary (Norton, 2017). Como mencionado, para mais informações sobre o aumento da importância relativa da informação sobre o capital físico, consulte o livro de Jonathan Haskel e Stian Westlake's *Capitalism Without Capital: The Rise of the Intangible Economy* (Princeton University Press, 2018). De forma similar, o livro de Thomas H. Davenport e Jeanne G. Harris *Competing on Analytics: The New Science of Winning* vai fundo na importância da análise de dados como uma vantagem competitiva nos negócios modernos (Harvard Business Review Press, 2017).

5   Para uma visão geral desta pesquisa, consulte "Labor Market Monopsony: Trends, Consequences, and Policy Reponses" (Monopsonia do Mercado de Trabalho: Tendências, Consequências e Respostas a Políticas), um resumo publicado pelo Conselho de Assessores Econômicos do governo Obama em outubro de 2016 e disponível em https://obamawhitehouse.archives.gov/sites/default/files/page/files/20161025_monopsony_labor_mrkt_cea.pdf.

6   De forma mais clara, essas empresas operam muitas marcas: Marriott inclui empresas como Sheraton, Westin, Residence Inn, Ritz-Carlton e dezenas mais. Hilton inclui Hampton Inn e Waldorf-Astoria. Choice International inclui Comfort Inn, Econo Lodge e outras marcas de categoria mais popular. E essas empresas abrangem muitos acordos precisos diferentes, incluindo franquias, contratos de gerenciamento e, em alguns casos, propriedade direta.

7   Leia, por exemplo, Deirdre Bosa, "Airbnb Lashes Out at Marriott as Clash Between Silicon Valley and the Hotel Industry Intensifies", CNBC.com [conteúdo em inglês], 20 de novembro de 2017.

8   Jeremy Siegel identificou esse desempenho de longo prazo da Philip Morris/Altria em *The Future for Investors: Why the Tried and True Triumph over the Bold and New* (Crown Business, 2005).

9   Nos dados da pesquisa do Centers for Disease Control, em 1965, 42,4% dos adultos americanos fumavam e 37,4% em 1970; https://www.cdc.gov/tobacco/data_statistics/tables/trends/cig_smoking/index.htm [conteúdo em inglês].

10   Há uma lição interessante sobre desigualdade entre gerações aqui. Se o currículo educacional de Caldwell incluísse uma educação mais abastada, sem dívidas escolares e suporte dos pais, e se tudo desse errado, ele talvez estaria mais disposto a arriscar trabalhar no Google antes do IPO ou em uma startup ainda menor e mais arriscada. Parece notável que os dois mais famosos homens com ensino superior incompleto que se tornaram fundadores de empresas de tecnologia, Bill Gates e Mark Zuckerberg, venham de infâncias de classe média alta. Caldwell teve uma ótima carreira

284 NOTAS

e não precisa da pena de ninguém, mas ter uma família com dinheiro certamente facilita assumir riscos na carreira.

11   Este capítulo foi escrito no Microsoft Word; portanto, o trabalho de Caldwell sobre ferramentas de verificação gramatical e de revisão ajudou a evitar erros no texto. Quaisquer erros gramaticais remanescentes são culpa exclusiva do autor.

12   Rachel Witkowski, "How an IPO Recap Pulled HomeStreet from the Brink", *American Banker,* 8 de março de 2012.

Capítulo 7

1   Guy Trebay, "Brooks Brothers Celebrates 200 Years with a Party—in Florence", *The New York Times,* 11 de janeiro de 2018.

2   Marc Andreessen, "Why Software Is Eating the World", *The Wall Street Journal,* 20 de agosto de 2011.

3   Sarah Kent and Christopher M. Matthews, "Big Oil's New Favorite Toy: Supercomputers", *Wall Street Journal,* 10 de abril de 2018.

4   Attracta Mooney, "BlackRock Bets on Aladdin as Genie of Growth", *Financial Times,* 18 de maio de 2017.

5   Janice Eberly and Nicolas Crouzet, "Biggest Companies Get Bigger by Investing in Intangibles", *The Hill,* 31 de agosto de 2018.

Capítulo 8

1   Entre os formandos do início da década de 1990, a Sun Microsystems era formada por aqueles que se tornariam CEOs de empresas como Google (Eric Schmidt), Motorola (Edward Zander) e Yahoo (Carol Bartz).

2   John Koblin, "Netflix Says It Will Spend up to $8 Billion on Content Next Year", *The New York Times,* 16 de outubro de 2017.

3   O fracasso da Blockbuster em prever a ameaça competitiva da Netflix é um marco nos livros de história dos negócios. Relatos dão conta de que Reed Hastings ofereceu a Netflix à Blockbuster por meros US$50 milhões durante as vacas magras no ano de 2000. Consulte a matéria de Mark Graser, "Epic Fail: How Blockbuster Could Have Owned Netflix", *Variety,* 12 de novembro de 2013. Dito isso, John Antioco, executivo-chefe da Blockbuster na época, argumenta que investidores ativistas o impediram de competir mais agressivamente com a Netflix. Ele conta sua história em "How I Did It: Blockbuster's Former CEO on Sparring with an Activist Investor", *Harvard Business Review,* abril de 2011.

4   Esses diálogos são apresentados como McCord se lembra, quase uma década depois, e Hastings não contestou sua veracidade.

5   Michael Corkery e Amie Tsang, "Kimberly-Clark Cutting 5,000 Jobs amid Pressure on Prices", *The New York Times,* 23 de janeiro de 2018.

NOTAS 285

6   "Kimberly-Clark Announces First Quarter 2018 Results", comunicado de imprensa emitido pela empresa em 23 de abril de 2018. O lucro líquido da empresa caiu substancialmente; entretanto, isso decorreu principalmente de uma cobrança de US$577 milhões vinculada ao programa de reestruturação — ou seja, a indenização paga a todos os funcionários demitidos.

7   Usando como exemplo as duas empresas mencionadas neste parágrafo, a General Motors (e outras montadoras americanas) fabricou carros terríveis nas décadas de 1970 e 1980, mesmo quando os fabricantes japoneses avançavam rapidamente em direção à produção de veículos mais confiáveis. E, embora a Eastman Kodak fosse responsável pelas principais inovações que se tornariam parte da fotografia digital, ela ganhava tanto dinheiro com as tecnologias tradicionais de cinema nos anos 1990 que foi amplamente passada para trás à medida que a fotografia digital foi mais difundida.

8   Uma excelente história dessa mudança pode ser encontrada em *The End of Loyalty: The Rise and Fall of Good Jobs in Ameirca,* de Rick Wartzman (PublicAffairs, 2017).

9   Dados sobre associação a sindicatos em países avançados no Capítulo 4 de *OECD Employment Outlook 2017,* publicado pela Organização para Cooperação e Desenvolvimento Econômico, em 13 de junho de 2017.

10   Uma estratégia salarial comum, porém, frustrante, adotada por alguns grandes empresários é não ter aumentos padrão e gerais, nem mesmo para corresponder à inflação. Isso significa que a opção padrão é, em termos ajustados à inflação, um corte nos salários e, em vez de prejudicar o desempenho inferior — uma tarefa dispendiosa e desagradável —, o empregador pode simplesmente reduzir os salários anualmente até que todos peçam demissão voluntariamente.

11   Ben Casanocha, Chris Yeh e Reid Hoffman, *The Alliance: Managing Talent in the Networked Age* (Harvard Business Review Press, 2014).

12   Dados sobre os níveis de emprego do Citigroup no relatório anual da empresa em 2009, refletindo as funções em tempo integral no mundo todo no final de 2008 e no final de 2009.

13   Vale a pena ler o livro de McCord: *Powerful: Building a Culture of Freedom and Responsibility* (Silicon Guild, 2018).

Capítulo 9

1   Neil Irwin, "To Understand Rising Inequality, Consider the Janitors at Two Top Companies, Then and Now", *The New York Times,* 3 de setembro de 2017.

2   Leia, por exemplo, "Growing Apart: The Changing Firm-Size Wage Premium and Its Inequality Consequences", by J. Adam Cobb and Ken-Hou Lin (*Organization Science,* maio de 2017), que constata que, devido às grandes empresas não oferecerem mais remuneração premium para as camadas baixa e média do espectro salarial, a desigualdade salarial nos EUA entre 1989 e 2014 apresentou 20% de aumento.

3   Indiscutivelmente, plataformas de "gig economy" como a Uber também apresentam uma versão disso. Os motoristas da Uber decidem quando querem trabalhar com

286 NOTAS

base na demanda e suas próprias preferências, sem nenhuma autoridade central que os direcione sobre tal ou exatamente como fazer seu trabalho.

4 As ideias de Williamson são apresentadas em muitos trabalhos, ao longo de muitos anos. Para uma visão geral, consulte "The Theory of the Firm as Governance Structure: From Choice to Contract", *Journal of Economic Perspectives* 16, no. 3 (verão de 2002): 171–95.

5 Arindrajit Dube e Ethan Kaplan, "Does Outsourcing Reduce Wages in the Low-Wage Service Occupations? Evidence from Janitors and Guards", *ILR Review* 63, no. 2 (janeiro de 2010): 287–306.

6 Deborah Goldschmidt e Johannes F. Schmieder, "The Rise of Domestic Outsourcing and Evolution of the German Wage Structure", *Quarterly Journal of Economics* 132, no. 3 (abril de 2017): 1165–217.

7 Matthew Bidwell, "What Do Firm Boundaries Do? Understanding the Role of Governance and Employment Relationships in Shaping Internal and Outsourced IT Projects", PhD diss., MIT Sloan School of Management, 2004.

8 Ou, como Bidwell escreve na dissertação: "A descoberta mais impressionante é a semelhança com a qual os gerentes veem e tratam consultores e funcionários regulares. Isso sugere que a importância das relações de trabalho pode ter sido exagerada na teorização da gestão de recursos humanos." Página 80.

9 Stephanie Overby, "Offshore Outsourcing Pioneer GE to Hire 1,000 American IT Workers", *CIO,* 22 de agosto de 2011.

10 Elizabeth Stinson, "How GE Plans to Act Like a Startup and Crowdsource Breakthrough Ideas", *Wired,* 11 de abril de 2014.

11 O restaurante se chama Kathmandu Grill, se você estiver curioso.

12 Salvador Rodriguez, "Will.i.am's Startup Raises $117 Million, Enters Enterprise Market", Reuters, 6 de novembro de 2017.

Capítulo 10

1 Embora os objetivos de construir um império e maximizar a renda possam parecer alinhados, na realidade, eles são mais ortogonais. Certamente, é provável que o diretor executivo de uma grande empresa enriqueça nesse processo. Mas também existem pessoas que administram grandes organizações com salários mais modestos — no setor sem fins lucrativos ou no governo, por exemplo. E há quem seja altamente compensado, embora não estejam realmente gerenciando muitas pessoas, como traders de fundos de hedge de elite ou engenheiros de ponta.

2 Nick Lovegrove, *The Mosaic Principle* (PublicAffairs, 2016).

Índice

A

Abordagens de gerenciamento, 25

Aceitação social, 203

Adam Smith, 137

Adaptabilidade, 7

Administração científica, 139

Agregadores, 31–38, 266, 271

Airbnb, 163

Amazon, 188, 189, 195, 205

Ambiente corporativo, 65

Análise de pessoas, 111

Apple, 15

    Pay, 87

Arbitragem de regras internas, 243

Aspirante, 155, 175

Autoridades antitruste, 160

B

Basil Hayden's, 57

Beam Suntory, 57

Big Data, 8, 93

Blue River Technology, 191

Boa cultura, 132

Bonobos, 188

Boot Camps, 7

Boston Consulting Group, 22

288 ÍNDICE

Brainstorming, 122

Brooks Brothers, 187

Burning Glass Technologies, 40

Buttoned, 188

C

Capitalismo companheiro, 159–160

Capitalismo gerencial, 135, 139

Carreira estruturada, 63

Casa Branca, 4

Cenário econômico, 257

CEO, 267, 278, 279, 284
    fórmula secreta para se
      tornar um, 52

CFO, 55

CHICO (check-in-check-out), 89

CityBot, 16

Colaboradores individuais, 135

Complementaridade, 153

Conhecimento funcional, 39, 257

COO, 55, 179

Criptomoedas, 249

Curva de Pareto, 37–38, 266

D

Danny Meyer, 125, 141,
    142, 147, 154

Dimensões financeiras, 254

Disney, 190, 191

Druckerismo, 141

E

Economia da Gestão, 125

Economia Global, 14

Empresas
    aspirantes, 272
    esquecíveis, 272
    vencedoras, 272

Era digital, 4

Escada de carreira, 75

Especialistas, 65

F

Feedback, 120

Frederick Taylor, 146

Free Agent Nation, 219

G

General Electric, 7, 26

Generalistas, 65

Gerenciamento de carreira, 260

Gig economy, 285

Globalização, 220

Goldman Sachs, 7

Google, 251

Gramercy Tavern, 125, 130, 131

H

Hewlett-Packard, 230

Hibiki, 57

Hibridação, 43

ÍNDICE   289

Hilton, 161, 162, 163, 164, 165, 166

HomeStreet Bank, 181

HSBC, 86

I

Inteligência artificial, 204

J

Jim Beam, 57

Joe Letteri, 17

Jurassic Park, 17

K

King Kong, 11, 14

L

Lealdade mútua, 219

Lei dos rendimentos decrescentes, 156

LinkedIn, 52, 78, 225

M

Major League Baseball, 100

Maker's Mark, 57

Marco Revelant, 11. *Consulte também* King Kong

Matt McDonald, 143

MBA, 63

Mestre destilador, 57

Metadados, 117

Microsoft, 7, 115

Mindset, 63, 81, 111, 267

de crescimento, 268

Modelos de negócios, 3

Moneyball, 101

Mundo do tudo ou nada, 156, 185

N

Netflix, 97, 213, 234

O

Oakland Athletics, 101

Office Space, 136

Ótimo de Pareto, 33, 45–50, 63, 87, 134, 204, 257, 266, 267, 271

P

Padrão de Pareto, 39, 39–62, 267

Pensamento ativo, 45

Perspectiva de gerenciamento, 105

Peter Drucker, 146

Peter Jackson, 15

Philadelphia Inquirer, 2

Planeta dos Macacos, 7

Podcast, 4

Poder de mercado, 159

Princípio

de honestidade, 224

de reciprocidade, 224

Produtividade, 141

do trabalho, 141

290 ÍNDICE

Q

QR codes, 91

R

Rede
de freelancers, 239
Rede de contatos, 120
efeitos de, 158–159
Reid Hoffman, 225
Rendimento
crescente, 157
decrescente, 157
de escala, 156

S

Sabermetria, 101, 111
Shake Shack, 127
Smart money, 168
Software, 187
Startups, 6
Steven Spielberg, 15, 17
Sucesso
definição, 118
Susan Salgado, 125, 131, 142

T

Taylorismo, 141
Taylor Swift, 155
Técnica duplo-cego, 151
Tecnologia de blockchain, 249

Tesla, 44
The Baltimore Sun, 2
The Big Sort, 149
The New York Times, 2
The Wall Street Journal, 3
The Washington Post, 1, 2
Toki, 57
Trabalhador do conhecimento, 140

U

Underwriter, 40
Unilever, 57
Union Square Cafe, 125, 126, 128, 130, 131, 133, 142

V

Vale do Silício, 238
Vilfredo Pareto, 33
Vince Gennaro, 98

W

Wall Street Journal, 189, 190
Walmart, 7, 189

Z

Zestimate, 178
Zillow
visão do, 177

Projetos corporativos e edições personalizadas
dentro da sua estratégia de negócio. Já pensou nisso?

Coordenação de Eventos
Viviane Paiva
viviane@altabooks.com.br

Assistente Comercial
Fillipe Amorim
vendas.corporativas@altabooks.com.br

A Alta Books tem criado experiências incríveis no meio corporativo. Com a crescente implementação da educação corporativa nas empresas, o livro entra como uma importante fonte de conhecimento. Com atendimento personalizado, conseguimos identificar as principais necessidades, e criar uma seleção de livros que podem ser utilizados de diversas maneiras, como por exemplo, para fortalecer relacionamento com suas equipes/ seus clientes. Você já utilizou o livro para alguma ação estratégica na sua empresa?

Entre em contato com nosso time para entender melhor as possibilidades de personalização e incentivo ao desenvolvimento pessoal e profissional.

PUBLIQUE SEU LIVRO

Publique seu livro com a Alta Books.
Para mais informações envie um e-mail para: autoria@altabooks.com.br

 /altabooks   /alta-books   /altabooks   /altabooks

CONHEÇA OUTROS LIVROS DA **ALTA BOOKS**

Todas as imagens são meramente ilustrativas.

 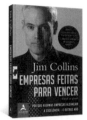

ROTAPLAN
GRÁFICA E EDITORA LTDA
Rua Álvaro Seixas, 165
Engenho Novo - Rio de Janeiro
Tels.: (21) 2201-2089 / 8898
E-mail: rotaplanrio@gmail.com